BOUAKÉ
LE DERNIER *COLD CASE* DE LA FRANÇAFRIQUE

DU MÊME AUTEUR

*Désespoirs de paix, l'ex-Yougoslavie de Dayton à la chute de Milošević*, Atlantica, 2001.

*Georges Marchais. L'inconnu du Parti communiste français*, L'Archipel, 2001.

*La Crise en Côte d'Ivoire*, La Découverte, 2006 (réédité en 2011).

*Le Scandale des biens mal acquis. Enquête sur les milliards volés de la Françafrique*, avec Xavier Harel, La Découverte, 2011.

*Nos Chers Espions en Afrique*, avec Antoine Glaser, Fayard, 2018.

Thomas Hofnung

# Bouaké

## *Le dernier* cold case *de la Françafrique*

Fayard

Couverture : Le Petit Atelier
Photo : Un des deux avions Sukhoï SU-25 « neutralisé » par les forces françaises en réponse au bombardement de leur base à Bouaké. © Pascal Guyot / AFP Photo
Cartes pages 310 et 311 : Philippe Paraire

ISBN : 978-2-213-72694-6
Dépôt légal : octobre 2024

*En mémoire de Jean-Pierre Le Mao,*
*mon beau deuxième père.*

*Pour Adam Hofnung,*
*le monde devant toi.*

« Toujours préférer l'hypothèse de la connerie à celle du complot. La connerie est courante. Le complot demande un esprit rare. »

Michel Rocard

# Avant-propos

En novembre 2004, la Côte d'Ivoire est coupée en deux, au bord de la guerre civile généralisée. Depuis une tentative manquée de coup d'État contre le président Laurent Gbagbo, en septembre 2002, des rebelles contrôlent la moitié nord du pays.

Liée à son ancienne colonie par un accord de défense, la France dispose d'une présence militaire permanente à Abidjan. En 2002, elle s'est interposée entre les belligérants, figeant leurs positions le long d'une ligne est-ouest baptisée « zone de confiance ». Le président Chirac, son gouvernement et son état-major tentent depuis de favoriser le retour à la paix.

En vertu des accords de Marcoussis, signés près de Paris début 2003, les rebelles sont censés rendre les armes, tandis que le régime de Laurent Gbagbo s'est engagé à organiser des élections démocratiques et transparentes.

Début 2004, l'intervention militaire française est passée sous mandat de l'ONU, des Casques bleus se sont déployés en Côte d'Ivoire. Mais sur le terrain, rien ne bouge, la tension croît de jour en jour entre les parties du conflit, tandis que la France est critiquée de toutes parts.

À la suite d'une énième et vaine tentative de lancer le processus de désarmement des rebelles, à la mi-octobre 2004, Laurent Gbagbo prépare une offensive militaire pour reprendre le contrôle du nord du pays sous les yeux de l'ONU. Et de la France…

*La première partie de ce livre raconte des événements historiques à hauteur d'humains. Les sources de ce récit hors du commun se trouvent dans les témoignages exclusifs recueillis au fil des ans par l'auteur et au cours des audiences du procès qui s'est tenu à Paris en mars-avril 2021, ainsi que dans l'enquête, détaillée dans la seconde partie.*

# I

# Le coup de Bouaké

D'abord un vrombissement, puis une ombre menaçante. L'adjudant-chef Pierrick Pavec scrute le ciel blanc au-dessus de Bouaké. Il est 13 heures passées, dans cette ville du centre de la Côte d'Ivoire. L'heure où, d'ordinaire, les soldats déjeunent en petits groupes, avant d'aller se reposer pendant quelques instants pour échapper à la touffeur.

13 h 15. Dans l'enceinte du lycée Descartes, qui sert de base logistique au détachement français déployé dans la zone, l'adjudant-chef Pavec et ses camarades assistent, en spectateurs (certains continuant même leur partie de cartes), à un premier bombardement par deux Sukhoï à quelques centaines de mètres, sur les positions tenues par les rebelles. Ces derniers, impuissants, ripostent avec des tirs peu précis à l'aide d'une mitrailleuse située tout près du camp français.

13 h 20. Les appareils sont toujours dans le ciel de Bouaké. Ils reviennent mais, cette fois, passent juste au-dessus du camp français. Du ciel, ce dernier est bien identifiable, avec son drapeau tricolore flottant au vent, ses véhicules blindés rangés au cordeau et sa croix rouge peinte sur le toit du bâtiment de l'infirmerie.

Les avions reprennent un peu d'altitude quand, subitement, l'un d'entre eux décroche et descend en piqué. C'est l'alarme. Le soldat Pavec court se mettre à couvert, le long des bâtiments de la « zone-vie » composée des chambrées, du foyer et de la salle Internet. Trop tard : l'un des Sukhoï se met dans l'alignement des bâtiments du lycée Descartes et lâche deux paniers d'une trentaine de roquettes[1]. L'adjudant-chef voit un énorme flash lumineux, puis plus rien.

*

Silence. La poussière, et le silence, pendant quelques secondes qui semblent durer une éternité. Puis les premiers cris. Plaqué au sol par le souffle, le capitaine Gattucci se relève. Il est presque étonné d'être indemne. Près de lui, un blindé est en feu. Très vite, des hommes s'efforcent d'éteindre l'incendie pour éviter l'explosion des munitions à l'intérieur du véhicule. À quelques mètres de lui, le militaire aperçoit un homme blessé. Il se précipite pour lui porter secours

1. Il s'agit de roquettes de 57 mm, de fabrication russe, comme l'indique l'ordonnance de mise en accusation devant la cour d'assises de Paris, datée du 7 janvier 2019.

et, avec l'aide d'un autre soldat, l'emmène à l'infirmerie, miraculeusement intacte – une roquette gît à quelques mètres de là, elle n'a pas explosé. Le capitaine a le temps d'apercevoir les bâtiments détruits par le bombardement, dont l'un menace de s'écrouler. Et aussi ce soldat encore assis sur un banc, immobile. Mort sur le coup. Bientôt, on relève une victime. Puis deux, trois, et d'autres encore... Sans compter les dizaines de blessés.

L'officier s'affaire dans l'infirmerie, il n'en sortira pas avant plusieurs heures. Il y fait une chaleur étouffante. Et pas d'eau, il faut compter sur les réserves du contingent[1]. Devant l'entrée du camp Descartes, les badauds, stupéfaits, commencent à affluer. Une chose impensable vient de se produire : le camp des Français a été bombardé en plein cœur du pays de Félix Houphouët-Boigny.

*

Non loin de là, à la Mission baptiste, qui sert de QG à la force d'interposition française, les soldats de l'opération Licorne ont entendu l'énorme explosion. Ils ont vu la fumée noire se dégager dans le centre de Bouaké et essaient de deviner quelle position des rebelles a été touchée : l'école des sous-officiers, un check-point ? Mais très vite, le colonel Patrick Destremau est prévenu par radio : c'est le camp militaire Descartes qui

1. Tout comme les communications GPS, le robinet a été coupé par le régime d'Abidjan au début de l'offensive des forces gouvernementales.

vient d'être visé par un « strike[1] ». Inimaginable. Les soldats français étaient totalement passifs. Pourquoi les prendre pour cibles ? Est-ce un tir délibéré ? Une bavure ? D'autres frappes peuvent-elles avoir lieu ? Une attaque au sol est-elle en cours ? Le camp va-t-il être pris d'assaut ?

Le colonel aurait besoin de quelques minutes pour prendre la mesure des dégâts. Mais déjà ses ordres fusent : il faut porter secours aux hommes, tout en assurant la sécurité du dispositif français. Celui qui est à la tête du régiment le plus décoré de France, le RICM (Régiment d'infanterie chars de marine), monte à bord d'un blindé léger et fonce vers Descartes. C'est un désastre. Il faut sécuriser le camp, éteindre les départs d'incendie, prendre en charge les nombreux blessés… et placer les morts à l'abri des regards.

L'officier supérieur donne l'ordre à l'un de ses subordonnés, le capitaine Jaminet, d'exfiltrer les deux humanitaires français retenus depuis plusieurs jours, tels des boucliers humains, dans l'hôpital de Bouaké par les rebelles. Le jeune capitaine s'exécute. Sur place, il fait une découverte macabre : la dépouille d'un soldat de Licorne. Dans la panique générale, le militaire gravement atteint y a été acheminé par une équipe de la Croix-Rouge locale.

Le capitaine Jaminet embarque dans son VAB (véhicule blindé) les deux humanitaires et le corps sans vie de son frère d'armes pour rejoindre la Mission baptiste.

1. Une frappe en langage militaire. Présent à Bouaké au moment de l'attaque, le sergent Yohann Daoudy en fait le récit circonstancié dans *D'une guerre à l'autre*, Éditions Nimrod, 2012.

Dans les rues en ébullition de Bouaké, soudain, il entend une clameur monter : les habitants applaudissent les véhicules de la force Licorne et jettent des pièces de monnaie sur leur passage. Il ne comprend pas. Ces derniers temps, la population les regardait d'un air hostile, leur reprochant de ne rien faire face aux bombardements de l'armée ivoirienne qui durent déjà depuis trois jours. Le capitaine Jaminet l'ignore encore, mais la rumeur s'est déjà répandue dans Bouaké : au sud, les Français ont riposté à ce raid meurtrier.

Plus loin, un des chefs rebelles, Chérif Ousmane, exulte : « Nous avons prié toute la nuit, Dieu nous a entendus ! » C'était moins une. Les soldats loyalistes étaient déjà dans les faubourgs de Bouaké.

## CHAPITRE 1

# Le feu orange de Paris

Deux jours auparavant, le jeudi 4 novembre 2004, à l'aube, l'armée ivoirienne a lancé son opération Dignité, un nom qui dit tout. Avec cette offensive préparée depuis de longues semaines, le régime d'Abidjan veut reconquérir la moitié nord du pays tombée aux mains des rebelles il y a plus de deux ans, à la suite d'une tentative ratée de coup d'État contre le président Laurent Gbagbo. Depuis, les forces loyalistes n'ont qu'une obsession : laver l'affront, venger leurs morts, montrer aux Ivoiriens, à l'Afrique et même au monde entier, qu'ils sont de vrais soldats !

Le plan de l'état-major est simple : une brève campagne de raids aériens doit permettre d'ouvrir la voie aux troupes au sol. Plusieurs fois par jour, les avions décollent de l'aéroport de Yamoussoukro, à cent kilomètres au sud, pour aller frapper les positions de l'ennemi : le QG des rebelles à Bouaké, l'ancienne école de formation des officiers située à deux pas du lycée Descartes, les check-points qui contrôlent les principaux axes vers le centre-ville, les maisons des chefs rebelles...

Depuis le début des raids, la plus grande confusion règne à Bouaké. La terreur vient du ciel, imprévisible. Équipés de quelques mitrailleuses de 12.7 mm et de kalachnikovs, les rebelles répliquent comme ils peuvent. Mais ils ne font pas le poids face aux bombardiers Sukhoï de Gbagbo. Les hommes de Chérif Ousmane sont nerveux. Ils empêchent les déplacements des soldats français de l'opération Licorne qui cherchent à mettre en sécurité les ressortissants étrangers pris au piège.

La population est en colère. Elle ne comprend pas l'attitude des troupes de l'ancienne puissance coloniale. Ne sont-elles pas venues pour préserver la paix et protéger les civils ? Or depuis trois jours, l'adjudant-chef Pavec et ses camarades observent les événements sans bouger. Retranchés dans leur casernement, ils comptent les raids et essaient de deviner quel objectif a été visé. Pour certains, c'est devenu presque un jeu, un passe-temps. Ils ne craignent pas les bombardements, ils ne sont pas partie prenante dans ce qui est en train de se passer. Non, leur inquiétude, c'est surtout un possible coup fourré des rebelles ulcérés par l'inertie des forces françaises.

Les soldats de Licorne n'ont pas peur, mais ils sentent bien que quelque chose ne tourne pas rond dans cette mission d'interposition. Sous mandat des Nations unies, ils sont censés agir en soutien des Casques bleus chargés de faire respecter le cessez-le-feu signé par les deux belligérants en 2003. Or, depuis le début des raids des forces de Gbagbo, Paris tergiverse, et l'ONU ne bouge pas, ne demande rien, regarde ailleurs. Au siège des Nations unies, à New York, le Conseil de sécurité a jugé urgent d'attendre : une réunion consacrée à la Côte d'Ivoire est prévue pour… le 9 novembre. Encore plusieurs jours à patienter.

Sur le dossier de la crise en Côte d'Ivoire, c'est Paris qui dicte le tempo. Le message est donc clair pour tout le monde : la France a décidé de donner carte blanche au régime d'Abidjan. Mais à la condition expresse que Gbagbo ne touche pas aux soldats français et limite les pertes civiles. Le 2 novembre, deux jours avant le début de l'offensive Dignité, le général Henri Poncet, qui commande la force Licorne, a demandé à voir le président à Abidjan à ce sujet. Bien renseigné, il sait que le régime ivoirien va passer à l'action. C'est imminent. Tous les voyants sont au rouge.

Ce jour-là, sur la piste de l'aéroport de Yamoussoukro, un avion de transport russe Antonov s'est positionné ostensiblement, comme par défi, devant le hangar occupé par l'armée française. Sous les yeux des quelques dizaines de militaires de Licorne qui stationnent sur place, les Ivoiriens ont débarqué du gros matériel, des stocks et encore des stocks de munitions. Et des hommes parlant russe sont sortis du ventre de l'Antonov. Des mercenaires[1].

Un peu plus tard, ce sont deux Sukhoï SU-25 – des avions de fabrication soviétique – qui ont atterri juste après avoir survolé en rase-mottes le poste des Français. À l'ombre de leur hangar, des militaires français chargés du renseignement n'en ont pas raté une miette : ils ont tout photographié au téléobjectif. En quelques jours, ces hommes du 2e régiment de hussards[2] vont

1. Depuis la chute de l'Union soviétique, de nombreux militaires russes, ukrainiens et biélorusses désœuvrés tentent de louer leurs services à l'étranger, dans les zones de conflit.

2. Basé à Haguenau, à 30 km au nord de Strasbourg, le 2e RH est chargé, indique le ministère de la Défense sur son site, de

prendre des centaines de clichés à travers une ouverture de quelques millimètres percée à travers la paroi : les mécaniciens, les pilotes à la silhouette massive venus de l'ex-URSS, les copilotes ivoiriens... Rien ne leur échappe : ce petit monde est photographié sous toutes les coutures. Et chaque jour, l'ensemble des documents est envoyé à la Direction du renseignement militaire (DRM) et à l'état-major des armées à Paris, pour être dûment analysé.

*

Ce 2 novembre, dans le bureau du président Gbagbo, le général Poncet se lance dans un cours de stratégie militaire face à son interlocuteur... interloqué :

« Vous êtes sûr que cela va marcher, votre truc ? interroge le chef militaire, dubitatif.

— J'ai les avions ! se rengorge Laurent Gbagbo.

— Vous avez les avions, mais ce n'est pas comme ça qu'on occupe le terrain au sol », assène le général Poncet, oubliant presque qu'il fait face au président d'un État souverain.

À ses côtés, l'ambassadeur de France à Abidjan, Gildas Le Lidec, prend le relais. Ce vieux routier de l'Asie et de l'Afrique se charge d'alerter Gbagbo des conséquences diplomatiques que provoquera

« renseigner par la combinaison d'observations discrètes et d'entretiens effectués avec des sources plus ou moins consentantes [...]. Lorsque cela est nécessaire, ajoute la Défense, le 2e RH contribue aussi à la neutralisation ou à la destruction des objectifs qu'il surveille en guidant les tirs directs et indirects d'unités terrestres ou aériennes ».

inévitablement la rupture du cessez-le-feu : « Si vous attaquez, vous risquez d'être condamné aux Nations unies et de vous isoler sur la scène internationale. »

Le président ivoirien fait mine de réfléchir, mais sa décision est déjà prise. L'air soucieux, il lâche à ses interlocuteurs : « Je suis sous la pression de mon armée, qui n'en peut plus d'attendre que les rebelles se décident à désarmer comme ils se sont engagés à le faire[1]. Si je ne fais rien, je risque un coup d'État... »

Avant de quitter le palais, le général Poncet évoque les lignes rouges à ne pas franchir : pas de frappes directes sur les populations civiles, ni sur les Casques bleus déployés dans la zone, ni a fortiori sur les soldats de l'opération Licorne. Sans quoi, prévient-il, l'armée française sera obligée de réagir. Laurent Gbagbo se veut serein : « L'opération Dignité vise exclusivement les rebelles, elle va durer moins d'une semaine, juste le temps de reprendre Bouaké. »

L'officier et le diplomate quittent le palais présidentiel, à moitié rassurés. Mais le message principal est passé : la force Licorne ne souhaite pas s'en mêler, elle ne s'opposera pas à l'attaque programmée par le régime d'Abidjan tant que celui-ci limite la casse. Paris ne veut surtout pas être happé par des combats qui pourraient entraîner des représailles sanglantes contre les milliers de ressortissants français qui vivent en Côte d'Ivoire,

---

1. En vertu des accords de Marcoussis, signés en France en janvier 2003, les rebelles étaient censés entamer leur désarmement avant le 15 octobre 2004 – engagement qu'ils n'ont pas respecté face à la mauvaise volonté du régime d'Abidjan de préparer des élections libres et inclusives, autorisant notamment la participation d'Alassane Ouattara, un musulman originaire du nord du pays...

principalement à Abidjan – ces huit mille « otages » en puissance[1]. En revanche, il faut impérativement que l'armée ivoirienne fasse vite et qu'elle ne se trompe pas de cible. Pour favoriser une bonne coordination entre les soldats de l'opération Licorne et l'armée de Gbagbo, un officier de liaison français est inséré au sein de l'état-major des forces ivoiriennes à Yamoussoukro. Il suffit que les soldats des forces armées nationales de Côte d'Ivoire (les Fanci) contournent les positions françaises et celles de l'ONU, et tout ira bien.

*

Deux jours plus tard, le 4 novembre, les Sukhoï au cockpit orné d'une avenante mâchoire de requin entament leur campagne aérienne. Ils sont pilotés par des vétérans de l'armée soviétique, des soudards parfois éméchés, au dire des militaires français[2]. À bord des SU-25, ils sont guidés par des copilotes de l'armée ivoirienne. « Des apprenants », confie un officier supérieur ivoirien[3], car ces sous-officiers ont été formés en France au pilotage d'Alpha Jet, pas des Sukhoï. Au sol, les forces rebelles sont dépassées. Les SU-25 filent dans le ciel de

1. Depuis des mois, la presse pro-Gbagbo et les Jeunes Patriotes chauffent à blanc la population et font monter la pression sur les Français. Quelques jours avant le début de l'offensive, le colonel Philippe Mangou a même prévenu très explicitement le colonel Patrick Destremau : « Nous avons 8 000 otages à Abidjan. » Entretien avec l'auteur, 22 février 2022.

2. C'est notamment ce qu'affirmera le chef d'état-major des armées françaises, le général Bentégeat, lors du procès sur le bombardement de Bouaké à Paris, en avril 2021. Cf. chapitre 14.

3. Entretien avec l'auteur, Abidjan, 12 mars 2024.

Bouaké en toute impunité. À l'abri dans leurs casernements, les soldats de Licorne restent les bras croisés.

Sur le terrain, la situation est des plus confuses. Les troupes ivoiriennes commandées par le colonel Philippe Mangou ont entamé leur mouvement vers Bouaké ce vendredi 5 novembre. Mais une colonne de soldats ivoiriens précédée d'une foule galvanisée par les Jeunes Patriotes, des civils totalement dévoués à la cause du président Gbagbo, a buté sur des Casques bleus marocains déployés dans la zone. Ces derniers ont tenu leur position, refusant de les laisser passer, et dans le plus grand chaos, la troupe hétéroclite des Ivoiriens a fait demi-tour. Les consignes du général Poncet n'ont visiblement pas été bien comprises…

Les bombardements ont continué toute la journée, mais où en est vraiment l'opération Dignité ? Le soir même, l'ambassadeur de France dîne à Abidjan chez le président du Conseil économique et social Laurent Dona Fologo. Il interroge cet homme au regard pétillant, un proche de Gbagbo et ancien journaliste formé en France. Le haut responsable ivoirien rebondit : « Eh bien, donnez-moi une seconde, on va le savoir tout de suite. »

Et il décroche aussitôt son téléphone pour joindre Laurent Gbagbo : « On touche au but, explique le chef de l'État. L'offensive terrestre finale sur Bouaké, c'est pour demain ! Je dois te laisser maintenant, j'ai un travail à finir. »

Le président ivoirien met fin à la conversation, car il peaufine son discours proclamant la victoire de Bouaké et la fin des hostilités. Une affaire de quelques heures, lui ont dit les militaires. Gbagbo n'y connaît rien, mais il leur fait confiance.

Ce soir-là, autour du président, les discussions vont bon train, certains de ses proches sont galvanisés par la victoire qui s'annonce. Il y a là quelques hauts gradés ivoiriens, mais aussi les « durs » du régime : l'épouse du président, Simone Gbagbo, son conseiller pour les affaires de Défense Kadet Bertin, mais aussi le pasteur et conseiller spirituel des époux Gbagbo, Moïse Koré.

« Il faut frapper les Français à Bouaké, martèle l'un. Ils n'oseront pas bouger avec tous leurs ressortissants à Abidjan. Comme après l'attentat de Beyrouth[1], ils vont quitter le pays. On sera enfin débarrassés d'eux ! » « C'est très risqué, rétorque un autre. On ne sait pas comment ils peuvent réagir. Surtout avec Chirac à l'Élysée[2]... »

Comme souvent, Laurent Gbagbo ne dit mot, il écoute les uns et les autres, songeur. Puis, soudain, il se lève et met un terme à ces palabres. Il est tard, la rédaction de son discours l'attend.

*

Depuis son QG niché au cœur du 43e BIMa (Bataillon d'infanterie de marine), la base militaire française permanente à Abidjan, le général Poncet fait son point de situation quotidien avec le chef d'état-major ivoirien.

---

1. En octobre 1983, quelques mois après l'attentat commis contre l'immeuble Drakkar où stationnaient les troupes françaises à Beyrouth qui avait fait 58 morts, le président François Mitterrand ordonnait leur retrait.

2. Propos rapportés à l'auteur par une source très proche du dossier, qui a requis l'anonymat.

Entouré de ses adjoints, le patron de Licorne interroge, patelin, clin d'œil à l'appui, le général Mathias Doué : « Alors, mon général, comment cela avance ? Vous êtes satisfait de la progression de vos troupes vers Bouaké ? » Sans attendre, il ajoute : « Vous veillez bien à la précision des frappes aériennes, hein ? »

Ces dernières semaines, le « 43 » a été survolé à plusieurs reprises par des hélicoptères militaires ivoiriens. Inquiet pour la sécurité de la base et de ses occupants, le général Poncet a même fait installer une batterie de missiles antiaériens dans le camp, sur le toit d'un immeuble où logent des familles de militaires.

Mais ce soir-là, le général Poncet se veut décontracté. Dans quelques heures, si tout se déroule comme prévu, la situation va se débloquer. Sous les bombardements des SU-25, les rebelles se débanderont, le pouvoir de Gbagbo atteindra son objectif : la prise de Bouaké. Et l'armée française pourra alors amorcer la fin de cette mission d'interposition intenable où elle prend des coups de tous les côtés. Un coup de maître pour le général Poncet, persuadé qu'il va réussir là où les politiques français ont lamentablement échoué depuis deux ans.

Le lendemain matin, Bouaké sort lentement de sa torpeur. Et toujours pas l'ombre d'un soldat ivoirien à l'horizon. Dans leurs casernements, les militaires de Licorne restent aux aguets, redoutant toujours une possible provocation des rebelles, à bout de nerfs. La progression des troupes loyalistes est suivie de très près, presque minute par minute, par l'état-major de Licorne, notamment grâce à son officier de liaison à Yamoussoukro.

Dans son QG de Bouaké, le chef du détachement de Licorne dans le secteur, le colonel Destremau, retient son souffle : les renseignements dont il dispose indiquent qu'une colonne de soldats ivoiriens approche à grands pas de la ville, elle va même passer sous peu devant sa caserne. L'armée française peut-elle fermer les yeux et faire comme si de rien n'était, alors qu'elle était censée veiller au respect d'un cessez-le-feu ? Dans Bouaké, des rebelles se cachent, d'autres ont déjà pris la tangente. Il n'y a plus guère que le chef de guerre Chérif Ousmane pour opposer une faible résistance[1]. Et puis soudain cette alerte en provenance de Yamoussoukro à 13 heures ; et puis soudain ce vrombissement entêtant dans le ciel de Bouaké ; et puis soudain cette apocalypse dans le camp Descartes…

À la fin de la journée, le bilan est très lourd : dix morts. Neuf soldats de la force Licorne et un civil américain[2] travaillant pour une entreprise ivoirienne, Africa Rice, à Bouaké. Terrorisé par les bombardements, il s'était réfugié sur la base française une demi-heure avant le raid, avec l'aide du consul de France à Bouaké, Georges Hélou. Les dépouilles ont été alignées derrière des planches de fortune, à l'abri des regards. Le camp Descartes relève aussi trente-huit blessés, dont une dizaine grièvement atteints. L'adjudant-chef Pavec

1. Entretien avec un ancien responsable des Forces nouvelles (rebelles), Alain Lobognon, Abidjan, 12 mars 2024.

2. De nombreuses rumeurs ont circulé sur la présence de ce ressortissant américain à Bouaké, soupçonné d'être un agent du renseignement de son pays. D'après un témoin résidant à Bouaké qui l'a bien connu, cet ancien *marine* ne cherchait pas à collecter du renseignement.

est l'un d'eux. Touché au bras et à la jambe, il a aussi été sévèrement brûlé sur plusieurs parties du corps. Le soldat est évacué en urgence vers Abidjan, puis Paris, direction l'hôpital d'instruction des armées Bégin.

À Descartes, c'est un tiers des effectifs qui est meurtri par le bombardement. Le plus lourd bilan pour l'armée française depuis l'attentat commis en octobre 1983, à Beyrouth. Ici, à Bouaké, les militaires français envoyés au cœur de la Côte d'Ivoire pour préserver la paix sont en état de choc.

# CHAPITRE 2

## La riposte

À Yamoussoukro, les deux Sukhoï SU-25 viennent de se poser sur la piste de l'aéroport. Il est 13 h 30, ce samedi 6 novembre, et tout est calme aux alentours. Les pilotes et copilotes descendent, casqués, de leurs aéronefs et rejoignent d'un pas rapide le hangar de l'armée ivoirienne, sous les jumelles des soldats français, postés à 600 mètres de là. Aussitôt, les techniciens s'affairent autour des deux avions. Ils inspectent l'état de la carlingue, et se préparent à refaire le plein de kérosène en prévision de la prochaine mission. La routine. Pas de temps à perdre.

*

Au même moment, dans son antre d'Abidjan, le général Poncet est sonné, comme K.-O. debout. Le camp Descartes bombardé, plusieurs victimes parmi les soldats français... Le patron de la force Licorne est sidéré : la veille encore, il devisait tranquillement au téléphone avec le chef d'état-major de l'armée ivoirienne pour avoir des nouvelles du front.

Tout se bouscule dans sa tête. Il se souvient de Beyrouth, et de l'absence de réaction des autorités politiques de l'époque à Paris, comme tétanisées... Une erreur de tir, une bavure ? Impossible ! Il ne peut s'agir que d'un terrible coup de poignard asséné par le régime Gbagbo dans le dos des Français. L'histoire ne peut pas se répéter, se dit-il. Poncet a bien prévenu le président ivoirien : Paris ne tolérera pas qu'un seul de ses soldats soit pris pour cible. Le général n'a qu'une parole, et il n'a pas été entendu.

Vite, le patron de Licorne doit se ressaisir. Il lui faut joindre à Paris celui qui l'a nommé à la tête de la force Licorne, le chef d'état-major des armées Henri Bentégeat.

*

Bentégeat et Poncet, deux hommes que tout semble opposer. Le premier est un officier courtois, affable, madré, un fin politique qui a l'oreille de Jacques Chirac, dont il a été le chef d'état-major particulier (1999-2002), avant d'être nommé par lui à la tête des armées[1]. Le second s'inscrit dans la lignée des chefs parachutistes à la française : carré, direct, une grande gueule, proche et craint de ses hommes tout à la fois. C'est Bentégeat qui, contre l'avis de son entourage, a choisi personnellement de nommer Poncet à Abidjan,

1. Henri Bentégeat est l'auteur de deux ouvrages qui témoignent de son goût pour la politique : *Chefs d'État en guerre* (Perrin, 2019) et *Les Ors de la République* (Perrin, 2021). Tout en affirmant que la crise en Côte d'Ivoire fut « l'opération militaire la plus longue et la plus délicate des deux mandats présidentiels », le général Bentégeat n'y consacre que cinq pages dans le premier ouvrage mentionné. Une concision qui a de quoi surprendre.

dans un contexte très tendu en Côte d'Ivoire, au cas où les choses tourneraient mal…

Car au-delà de leur opposition de style, les deux hommes partagent une même conviction : les politiques ne savent pas s'y prendre en Côte d'Ivoire ; les militaires, qui sont chez eux sur ce terrain, vont régler le problème. Pour sortir de ce guêpier, la haute hiérarchie à Paris a décidé de laisser Gbagbo passer à l'offensive contre les rebelles, avec l'assentiment des plus proches conseillers politiques de Chirac. Sur place, au plus près du terrain, Poncet est partagé, il sait qu'il joue gros. Il est responsable de la sécurité de ses soldats. Et il sait aussi combien celle des milliers de ressortissants français ne tient qu'à un fil. Mais si l'opération fonctionne, il en récoltera les lauriers, aux côtés du général Bentégeat. Quoi qu'il en soit, si le général Poncet a des doutes, il doit les mettre de côté et obéir. Les ordres de sa hiérarchie à Paris sont clairs : quand Gbagbo va attaquer, ne pas s'interposer, sauf si les rebelles tentent une percée vers le sud du pays.

Mais voilà, l'impensable vient d'avoir lieu. Dans son bunker du boulevard Saint-Germain à Paris, à deux pas de la Seine, le chef d'état-major écoute Poncet lui expliquer ce qui s'est produit à Bouaké il y a quelques minutes à peine. Il est abasourdi, lui aussi. Henri Bentégeat a dirigé le Régiment d'infanterie chars de marine (RICM) de Poitiers, celui qui a été visé à Bouaké. Il connaît personnellement plusieurs des soldats qui viennent d'être touchés au lycée Descartes. En tant que numéro un de l'armée, il se sent responsable des hommes et des femmes qu'il a sous ses ordres. Maintenant, il doit faire confiance au général Poncet.

C'est précisément pour faire face à une crise de cet acabit qu'il a choisi l'ancien patron des forces spéciales, l'homme qui a dirigé sans état d'âme l'évacuation des ressortissants français de Kigali, en avril 1994, aux premières heures du génocide au Rwanda.

Poncet ne fait pas l'unanimité au sein des armées, son supérieur le sait. Mais tous reconnaissent son professionnalisme. C'est un officier tout-terrain, qui n'hésite pas à engueuler ses hommes quand il est en colère, ou à distribuer les compliments quand ils lui paraissent mérités. Il leur donne parfois du « mes seigneurs » pour témoigner du respect qu'il leur porte. Poncet s'est forgé et endurci au fil des opérations menées par l'armée française, principalement sur les théâtres africains. Il a fait une grande partie de sa carrière au 3e Régiment parachutiste d'infanterie de marine (RPIMA), basé à Carcassonne. Le « 3e », dont la figure tutélaire est le général Bigeard, a été aux avant-postes dans les combats les plus durs en Indochine et en Algérie dans les années 1950, puis, après la décolonisation, de toutes les « Opex » (opérations extérieures) de l'armée française.

Formé à Saint-Cyr, le parachutiste Poncet a été projeté au Tchad, en Centrafrique, à Djibouti. Mais aussi au Liban : le 3e RPIMA a débarqué à Beyrouth à l'été 1982, peu après les massacres commis dans les camps palestiniens de Sabra et Chatila par des miliciens chrétiens libanais, sous l'œil des occupants israéliens. Beyrouth, là où le 23 octobre 1983, à l'aube, les paras du 3e RPIMA ont été réveillés en sursaut par l'explosion de l'immeuble Drakkar, situé tout près de leur campement. Pendant quatre jours et quatre nuits, les bérets rouges ont tenté de retrouver des survivants, extirpant cinquante-huit cadavres de leurs camarades des décombres. Un événement qui a marqué à jamais les paras, dont Henri Poncet, 34 ans à l'époque.

Drakkar, ce nom qui le hante lui vient donc immédiatement à l'esprit quand il apprend le bombardement de Bouaké. Comme à Beyrouth, les soldats français sont en mission d'interposition en Côte d'Ivoire. Comme à Beyrouth, ils ont été attaqués par surprise, sans pouvoir se défendre, sans combattre. Le général se souvient de ce qui s'était passé après l'attentat contre l'immeuble Drakkar : en représailles, Paris avait ordonné à l'aviation française de mener un raid symbolique sur une caserne vide du Hezbollah dans la plaine de la Bekaa, avant d'ordonner quelques mois plus tard le retrait du contingent français du Liban. En définitive, les auteurs de l'attentat d'octobre 1983 avaient gagné. Mais pas cette fois, pas en Côte d'Ivoire : c'est hors de question pour le commandant de la force Licorne.

Il avait bien tenté de prévenir Paris, de faire comprendre qu'on jouait avec le feu en laissant Gbagbo passer à l'attaque. De fait, une partie de la garde rapprochée du président ivoirien est composée d'ultras, des idéologues qui veulent chasser la France du pays, qui ne supportent plus la présence des anciens colons dans leur pays…

Le général Poncet éprouve un terrible sentiment de trahison, un mélange de rage et d'impuissance. Certes, c'est un avion de l'armée ivoirienne qui a frappé le camp Descartes, mais, aux yeux du « para », ils sont nombreux ceux qui ont une part de responsabilité dans l'impasse qui a conduit à ce drame.

En premier lieu l'ONU, qui a confié aux Casques bleus, épaulés par les soldats de Licorne (les forces dites « impartiales »), la mission impossible de s'interposer entre les belligérants. Comment faire respecter le cessez-le-feu, sans mandat robuste ni réels moyens ?

Et que dire de ces « milieux d'affaires franco-ivoiriens » qui n'en peuvent plus de cette partition entre le Nord et le Sud et font pression sur Paris pour sortir au plus vite de cette impasse en soutenant Gbagbo ? Il pense au groupe Bolloré[1]... qui contrôle le port d'Abidjan, principale porte d'entrée et de sortie des marchandises et des produits en tout genre pour l'ensemble de l'Afrique de l'Ouest. Son patron, Vincent Bolloré, vient d'obtenir à grands frais le renouvellement de sa concession par le président Laurent Gbagbo[2]. Mais il n'est pas tout seul à Abidjan. La France est le premier investisseur étranger en Côte d'Ivoire. Bouygues y contrôle la distribution de l'eau et de l'électricité. Le téléphone est français (avec France Télécom, et sa filiale Orange). La banque est française (avec la Société générale, le Crédit lyonnais, la BNP). Le transport aérien est français : Air France monopolise les dessertes vers l'Europe et détient la majorité du capital d'Air Ivoire.

1. Depuis le 21 novembre 2023 et la fusion du groupe Lagardère avec Vivendi, la famille de Vincent Bolloré détient également Hachette Livre, groupe auquel appartiennent les Éditions Fayard.

2. Entendu par la juge Sabine Khéris, chargée de l'enquête sur le bombardement de Bouaké, 6 avril 2016, l'homme d'affaires Jacques Dupuydauby accuse le groupe Bolloré d'avoir participé à l'acheminement des armes et des mercenaires biélorusses en Côte d'Ivoire. Le témoignage, non étayé, de ce rival de Vincent Bolloré en conflit avec lui sur la gestion de plusieurs ports en Afrique de l'Ouest est rapidement écarté par la justice.

Les grands hôtels d'Abidjan sont français (avec le groupe Accor), et Total contrôle plus du tiers de la distribution d'essence du pays[1]…

Surtout, aux yeux de Poncet, il y a tous ces responsables politiques français qui n'en finissent pas de tergiverser sur la conduite à tenir vis-à-vis de Gbagbo, peu estimé à Paris. Ils ont bien tenté de s'en débarrasser en douceur, en le dépossédant de tous ses pouvoirs au profit d'un Premier ministre de réconciliation avec les accords de Marcoussis (en janvier 2003), arrachés par le chef de la diplomatie française, Dominique de Villepin[2]. Avant d'estimer, quelques mois plus tard, que tout bien considéré, Gbagbo était peut-être l'homme de la situation.

Car comment espérer une sortie de crise avec cette nébuleuse rebelle aux allures de mafia, qui rackette en permanence les Ivoiriens sur les routes du nord du pays, pille les banques et pense surtout à s'enrichir en se livrant à toute sorte de trafics ? Et quid des deux principaux rivaux politiques de Gbagbo ? L'ancien président Henri Konan Bédié, chassé du pouvoir en 1999 lors du premier coup d'État de l'histoire de la Côte d'Ivoire indépendante, attend que le pouvoir

1. Lire Thomas Hofnung, *La Crise ivoirienne*, La Découverte, 2011, p. 84-85.

2. À l'issue de la signature des accords de Marcoussis, près de Paris, Laurent Gbagbo a été convoqué à l'Élysée pour avaliser le compromis et accepter la mise en place d'un gouvernement de réconciliation nationale. Lors de ces tractations, les ministères de la Défense et de l'Intérieur sont confiés à deux responsables rebelles, avec l'aval de Gbagbo, mis sous pression. Aussitôt la nouvelle connue, des émeutes antifrançaises éclatent à Abidjan. Finalement, les rebelles renoncent à ces deux portefeuilles.

lui revienne comme par enchantement. Quant à l'adversaire numéro un du régime de Gbagbo, Alassane Ouattara, il passe le plus clair de son temps à Paris, et reste toujours aussi ambigu vis-à-vis des rebelles qui disent avoir pris les armes pour qu'il puisse se présenter à la prochaine présidentielle en Côte d'Ivoire[1].

Procédant à un virage à 180 degrés, Paris a décidé de se tourner vers Gbagbo pour mieux le convaincre d'aller à l'élection à l'échéance de son mandat, en octobre 2005. C'est la mission délicate qui a été confiée à l'ambassadeur Gildas Le Lidec à Abidjan : coller à Gbagbo, l'écouter, le rassurer, le cajoler, le mettre en confiance, alors que ce dernier ne cesse de soupçonner l'ex-puissance coloniale de double jeu. L'objectif final recherché, comme disent les militaires, est de pousser le président ivoirien à organiser l'élection présidentielle dans moins d'un an… en espérant qu'il la perde.

*

Depuis son arrivée à Abidjan, en juin 2004, Henri Poncet a bien du mal à cacher son exaspération, et même une forme de mépris à l'égard de ces « incapables »

---

1. Lors du précédent scrutin, en octobre 2000, Alassane Ouattara avait été exclu de la présidentielle, les autorités de l'époque considérant qu'il n'avait pas pu prouver de manière certaine sa nationalité ivoirienne. Issu d'une communauté ethnique à cheval sur le Burkina Faso et la Côte d'Ivoire, de confession musulmane, Alassane Ouattara n'est pas considéré comme un « vrai » Ivoirien par les tenants de « l'ivoirité », un concept qui entend définir l'identité des habitants d'un pays où près du quart de la population est d'origine immigrée. Cf. *La Crise ivoirienne*, *op. cit.*, chapitre 2.

qui, à Paris, ne savent décidément pas ce qu'ils veulent. Cet homme de terrain s'est frotté au monde politique en travaillant dans les années 1990 au sein des cabinets des ministres de la Défense de l'époque[1]. Et il y a pris goût. En débarquant sur les bords de la lagune Ébrié, l'ancien patron des forces spéciales ne va pas se contenter de reconfigurer le dispositif militaire de Licorne, trop éparpillé selon lui. Il multiplie les réunions avec des diplomates de l'ONU, prend volontiers la parole dans la presse locale, court-circuite les canaux diplomatiques traditionnels. Au point que certains au sein de la communauté française d'Abidjan l'affublent rapidement du surnom de « proconsul » de la Côte d'Ivoire.

Évidemment, les relations n'ont pas tardé à se tendre entre le galonné et l'ambassadeur Le Lidec. Quelques semaines seulement après son arrivée à Abidjan, lors d'un déjeuner, le général explique à ses interlocuteurs ivoiriens qu'il n'hésitera pas, en cas de force majeure, à donner l'ordre d'évacuer les milliers de Français qui résident sur place. Furieux, le diplomate réplique devant des convives médusés par cette passe d'armes franco-française : « N'oubliez pas, mon général, que seul le représentant du président de la République est habilité à prendre cette décision, à savoir l'ambassadeur de France. »

En cas de force majeure… Ce samedi 6 novembre, dans son QG du 43e BIMa, le général Poncet fulmine en repensant à la récente visite en Côte d'Ivoire du conseiller Afrique de Chirac, Michel de Bonnecorse.

---

1. Henri Poncet a travaillé au sein des cabinets de Charles Millon, puis d'Alain Richard.

« Mon général, il faut commencer sans délai le désarmement des rebelles au Nord, comme le prévoient les accords de Marcoussis », lui a dit le diplomate qui à Paris occupe l'ancien bureau de Jacques Foccart, au 2, rue de l'Élysée. Comme si cette tâche était dévolue à la force Licorne, alors qu'elle incombe à l'ONU ! Près de deux ans après la signature des accords de Marcoussis, en vérité, rien n'a bougé. Les rebelles refusent toujours de désarmer, Laurent Gbagbo est sous la pression d'une partie de son armée qui ne supporte plus de rester l'arme au pied et la France est prise en tenailles entre les deux parties. La pire des situations.

Voilà, pour Poncet, le résultat de toutes ces tergiversations et de toutes ces manœuvres nauséabondes dans le marigot franco-ivoirien : neuf soldats de Licorne, neuf de ses « seigneurs », viennent de trouver la mort à Bouaké ! Des dizaines sont blessés, dont certains grièvement.

Désormais, il est aux commandes, avec sa garde rapprochée qu'il a choisie avant son départ pour Abidjan, une poignée d'officiers fidèles. Lui, le « para », l'ancien du Rwanda et du Liban, est en première ligne, et c'est à lui que revient de prendre les décisions qui s'imposent. Comment le régime ivoirien a-t-il osé s'en prendre à la force Licorne ? Au téléphone avec le chef d'état-major à Paris, Poncet insiste : on ne peut pas rester les bras croisés, il faut riposter, et tout de suite. Après ce sera trop tard, la politique va reprendre ses droits. L'heure n'est plus aux états d'âme.

Henri Bentégeat l'écoute, il réfléchit à toute vitesse. Il va devoir prévenir Chirac. Le président sera furieux. Au début de l'offensive des forces ivoiriennes, le 4 novembre, n'a-t-il pas demandé à ses conseillers de clouer au sol l'aviation ivoirienne[1] ? Embarrassés, ces derniers ont fait le dos rond. Car une telle opération ne peut être menée qu'à la demande de l'ONU... que Paris se garde bien de mobiliser. Surtout, les collaborateurs directs de Jacques Chirac ont bien conscience des conséquences dramatiques que de telles actions ne manqueraient pas d'avoir sur la sécurité des Français sur place. Soudain, Bentégeat interrompt Poncet :

« Est-ce que tu es en mesure de détruire les deux Sukhoï ?

— Oui, répond Poncet, s'ils se posent à Yamoussoukro. »

Les deux aéronefs ont déjà atterri sur place. Les deux chefs militaires ont pris leur décision[2]. Henri Bentégeat va joindre le président. Mais il n'y a pas de temps à perdre : l'attaque de Bouaké ne peut pas, ne doit pas rester impunie. De toute façon, Chirac donnera son aval.

*

Sur l'aéroport de Yamoussoukro, le capitaine Franck Bellamy observe les deux avions affublés de dents de

---

1. Entretien de l'auteur avec un ancien conseiller de l'Élysée, Paris, janvier 2017.

2. À l'historien Jean-Christophe Notin, le numéro deux de la force Licorne, le général Thonier, affirme : « Les avions étaient encore en l'air [...]. Sans nous interroger sur leurs motivations, nous avons immédiatement mis en place un dispositif pour les anéantir. » Cf. *Le Crocodile et le Scorpion. La France et la Côte d'Ivoire (1999-2013)*, Éditions du Rocher, 2023, p. 129.

requin qui se sont posés il y a une vingtaine de minutes. Ses collègues chargés du renseignement prennent des photos, comme à l'accoutumée. Il est 13 h 50, un peu plus d'une demi-heure après le bombardement de Descartes. Soudain, une sonnerie, le chef du détachement reçoit un appel du QG de la force Licorne à Abidjan : « Tenez-vous prêts pour la destruction des Sukhoï[1]. » Le capitaine, qui ignore tout du drame qui vient de se dérouler à Bouaké, s'exécute : il demande à ses hommes d'armer les missiles sol-air et de les pointer en direction des deux aéronefs.

Dix minutes plus tard, peu après 14 heures, nouvel appel du PC d'Abidjan : le général Poncet donne l'ordre au capitaine Bellamy de « neutraliser » les deux SU-25. Un premier missile fuse… et s'écrase au sol sans toucher sa cible. Le deuxième part dans le décor : nouvel échec. Le capitaine Bellamy peste. Il avait pourtant prévenu sa hiérarchie que son système de missiles Milan était en piteux état ! En préparant une nouvelle salve, il se remémore la réponse de ses supérieurs : « De toute façon, la probabilité que tu t'en serves est quasi nulle. »

Il n'y a plus un instant à perdre après cette première tentative avortée. Ses hommes se saisissent d'un tube de missiles antichar *Eryx* et visent le nez des avions pour tenter d'éviter des dégâts collatéraux. Cette fois, ils font mouche. Il est près de 14 h 30 quand le capitaine Bellamy peut rendre compte à Abidjan : « Mission accomplie. »

---

1. Audition du capitaine Franck Bellamy devant le tribunal de Paris, 2 avril 2021.

Depuis son poste d'observation, l'officier observe la panique qui s'empare des militaires ivoiriens mais aussi des mercenaires russophones, tous pris par surprise. Un mécanicien de l'armée ivoirienne, qui se trouvait à proximité des avions, a été touché, il décède peu après de ses blessures. C'est le premier mort, côté ivoirien.

Après un court moment de stupeur, quelques tirs partent des rangs de l'armée ivoirienne en direction du hangar de la force Licorne, puis plus rien. De longues minutes d'un calme étrange. Le détachement français apprend à ce moment-là seulement la terrible nouvelle en provenance de Bouaké, le bombardement, les camarades tués et blessés... Quand, tout à coup, un nouveau vrombissement se fait entendre, celui des pales d'un hélicoptère. C'est un MI-24, lui aussi de fabrication soviétique, qui se dirige tout droit vers le hangar des Français. Alors que l'hélicoptère passe en rase-mottes au-dessus de leurs têtes, les soldats de Licorne font feu tous azimuts et touchent l'hélicoptère qui disparaît à l'horizon. À nouveau, le silence. Plus un seul mouvement sur le tarmac. À chaque extrémité de la piste, soldats ivoiriens et français se jaugent.

*

La nouvelle de la destruction des deux SU-25 sur l'aéroport de Yamoussoukro se propage comme une traînée de poudre à travers tout le pays. Mais pas celle du bombardement du camp Descartes qui l'a précédée, passée sous silence par la télévision publique ivoirienne. À Bouaké, les habitants acclament les soldats français. À Abidjan, les nombreux partisans de Laurent Gbagbo sont sous le choc. Ils vont bientôt laisser éclater leur colère contre les Français. Pourquoi ont-ils détruit les avions à Yamoussoukro, « l'arme fatale » tant vantée par la presse pro-Gbagbo depuis des semaines, celle qui allait leur permettre de mettre fin à la rébellion et à la crise qui déchire leur pays depuis trop longtemps ? Pour beaucoup, les masques tombent : les Français soutiennent les rebelles, c'est très clair, ils ont « cassé » l'offensive de Gbagbo sur Bouaké.

Dans sa résidence du quartier huppé de Cocody, qui jouxte celle du président ivoirien, l'ambassadeur Gildas Le Lidec s'apprête à aller déjeuner en compagnie de son bras droit dans une crêperie en ville. Mais au moment de quitter la résidence, l'attaché de défense leur barre subitement la route en agitant les bras. Il vient d'apprendre la nouvelle : Descartes bombardé, plusieurs soldats français tués… L'ambassadeur regagne précipitamment son bureau et cherche à joindre le général Poncet pour comprendre ce qui est en train de se passer. En vain. Il ne répond plus. Il n'est plus accessible, et ne le sera plus pendant plusieurs jours pour les diplomates, et même pour nombre d'officiers présents au 43e BIMa. Le patron de Licorne est entré dans sa bulle : il a pris les choses en main. C'est lui le chef à Abidjan, prête à s'embraser.

# CHAPITRE 3

## Jacques et Laurent

À l'Élysée, Jacques Chirac est fou de rage. Il vient d'être appelé par son chef d'état-major particulier, le général Jean-Louis Georgelin : « Monsieur le président, nous avons eu un coup dur à Bouaké, nos soldats ont été bombardés. »

En ce tout début d'après-midi, les deux hommes se retrouvent dans le bureau du chef de l'État, avec le conseiller Afrique du président, Michel de Bonnecorse. Jacques Chirac découvre au fil des minutes l'ampleur du drame qui vient d'avoir lieu au lycée Descartes de Bouaké.

Trois jours plus tôt, le 3 novembre, le trio était déjà réuni au même endroit quand, à l'issue du Conseil des ministres, le président avait appelé son homologue ivoirien pour le mettre en garde, avec tutoiement de rigueur : « Laurent, on me dit que tu prépares une offensive militaire ? Tu as bien mesuré les risques ? Il y a un cessez-le-feu, une résolution de l'ONU. Tu risques de tout perdre dans cette opération. »

Laurent Gbagbo n'a alors pas compris. La veille, deux officiels français – le général Poncet et l'ambassadeur Le Lidec – avaient entériné dans son bureau le principe d'une offensive. Et voilà que ce Chirac lui fait la leçon, et dit tout le contraire. Gbagbo ne peut pas imaginer qu'à Paris le président français n'a été prévenu qu'au tout dernier moment de l'imminence d'une offensive militaire en Côte d'Ivoire, mis devant le fait accompli, en quelque sorte, par les diplomates et les militaires en première ligne dans ce dossier.

Surpris, Laurent Gbagbo élude, ne dément pas formellement mais se veut rassurant : ce sera une offensive limitée, se défend-il, les civils seront épargnés... Chirac l'interrompt et abrège la conversation, il est pressé, un autre rendez-vous l'attend, il a peu de temps à consacrer à cet homme qu'il méprise souverainement. Le président français hausse le ton :

« Laurent, ne me prends pas pour un con ! Si tu dépasses les limites, on sera dans l'obligation de tirer. »

Fin de la conversation, elle n'aura duré que quelques minutes. À l'Élysée, une pensée fugace traverse l'esprit de Jacques Chirac : Gbagbo a-t-il vraiment compris le message qu'il vient de lui faire passer ? À Abidjan, le président ivoirien est décontenancé, et en colère : « On ne m'a jamais parlé comme ça ! », lance-t-il à ses conseillers. Ce bref échange, loin de le dissuader, a renforcé sa détermination : il confirme aussitôt à son état-major l'ordre de lancer l'opération Dignité dès le lendemain matin à l'aube. Comme prévu.

*

Entre les deux dirigeants, le malentendu est total. Jacques Chirac ne comprend pas Laurent Gbagbo. Mais comprend-il encore la Côte d'Ivoire ? Pour lui, elle se résume à un nom et à un visage, ceux du « père de la nation » qu'il appréciait tant : l'ancien ministre de la IV^e République, Félix Houphouët-Boigny, devenu le premier président de la Côte d'Ivoire indépendante (de 1960 à 1993). Les deux hommes entretenaient une relation quasi filiale. En 1986, tout juste nommé Premier ministre de cohabitation de François Mitterrand, Chirac réserve sa première visite à l'étranger à son ami et « aîné » Houphouët à Abidjan. Depuis, le dirigeant français vit toujours dans cette nostalgie d'une Côte d'Ivoire intimement liée à l'ancienne puissance coloniale, où l'on trouvait des conseillers français à tous les étages des ministères, et jusque dans l'antichambre du président à Abidjan. Une Côte d'Ivoire qui, pourtant, s'est estompée au fil des années, sans que le locataire de l'Élysée en prenne conscience. Pas plus, d'ailleurs, que bon nombre de ses conseillers à Paris.

L'ancienne colonie française a connu son premier coup d'État en 1999, à la veille de Noël. Henri Konan Bédié, le successeur désigné par Houphouët à la tête du pays, est chassé du pouvoir par un quarteron de militaires. Quelques mois plus tard, son tombeur, le général Gueï, est lui-même balayé lors de la présidentielle de l'automne 2000 par le socialiste Laurent Gbagbo, un ancien prof d'histoire du genre coriace, qui a fait ses armes dans les luttes syndicales à l'université et dans la rue. Sur les bords de Seine, Michel Rocard exulte : « Notre camarade Laurent Gbagbo est président de la République ! » Mais, en réalité, c'est un président mal élu, en l'absence de ses principaux rivaux politiques écartés par l'armée, dont Alassane Ouattara et Henri Konan Bédié, et qui qualifie lui-même cette élection de « calamiteuse ».

L'Élysée de Jacques Chirac prend acte et débloque alors une aide financière pour aider Abidjan à tourner la page. Mais le président français va attendre près d'un an avant de recevoir son homologue ivoirien à Paris. À ses yeux, Laurent Gbagbo demeure avant tout l'adversaire historique d'Houphouët, un « socialiste », persiffle-t-il, dont il se méfie. Il garde en mémoire les propos du « père de la nation » à l'égard de son bouillant opposant : « Gbagbo ? C'est quantité négligeable. » De son côté, le nouveau numéro un ivoirien, qui s'est battu contre le parti unique, qui a vécu l'épreuve de la prison à plusieurs reprises et l'exil forcé en France, a très mal digéré ces mots prononcés à Abidjan, en 1990, par le maire de Paris, un certain Jacques Chirac : « Le multipartisme est un luxe que les pays en développement n'ont pas les moyens de s'offrir. »

Après plusieurs décennies de combat politique, voilà Gbagbo enfin installé au pouvoir à Abidjan. Une période de grâce de courte durée. En septembre 2002, moins de deux ans après son élection, des rebelles tentent de le renverser. Originaires pour la plupart du nord de la Côte d'Ivoire, ils se sont entraînés et préparés au su et au vu de tous dans un pays voisin, le Burkina Faso, avec la bénédiction d'un dirigeant proche de Jacques Chirac : Blaise Compaoré. À Abidjan, les rebelles échouent aux portes du pouvoir, mais face à une armée loyaliste désorganisée et peu motivée, ils s'emparent quasi instantanément de toute la moitié nord de la Côte d'Ivoire. Bouaké, la deuxième ville du pays, devient leur place forte, leur prise de guerre la plus symbolique. Et la plus douloureuse pour le régime de Gbagbo.

Le président ivoirien se tourne aussitôt vers la France pour activer les accords de défense qui lient les deux pays depuis l'indépendance de 1960. Dans l'adversité, l'homme qui milite ardemment pour la « seconde indépendance » de son pays – vis-à-vis d'une ancienne puissance coloniale encore trop envahissante à ses yeux – a finalement le même réflexe que le « Vieux » Houphouët : il sollicite Paris. Ces accords de défense prévoient l'intervention de l'armée française en cas d'agression extérieure. Pour le régime d'Abidjan, elle ne fait aucun doute : les rebelles se sont préparés dans un pays voisin et ils comptent des combattants étrangers dans leurs rangs. Pourtant, à la grande surprise de Gbagbo et de ses proches, Paris hésite sur la conduite à tenir. Dans un premier temps, les forces françaises présentes en permanence sur place se déploient pour empêcher une seconde offensive des rebelles et de nouvelles violences à Abidjan, où résident plusieurs milliers de Français. L'ex-puissance coloniale fige les positions des acteurs du conflit. Et après ?

Le flottement est perceptible à Paris : moins de dix ans après la catastrophe du Rwanda, alors que la France est accusée par certains d'avoir été « complice » du génocide, faut-il répondre favorablement à la demande de Laurent Gbagbo ? Va-t-on aider ce « socialiste », arrivé presque par effraction au pouvoir aux yeux de l'Élysée, à écraser les rebelles à la faveur d'une opération brutale, qui exhalera des relents de Françafrique et permettra de conforter ce président mal élu ?

Mais à l'inverse, est-il possible de ne rien faire ? D'assister en simple spectateur à la descente aux enfers de l'ancien fleuron de l'Afrique-Occidentale française (AOF) ? Si Paris reste les bras croisés, ses alliés dans la région y verront le signe de son affaiblissement et ne manqueront pas de se tourner vers d'autres puissances étrangères moins regardantes dans leur soutien.

Face à ce dilemme, une ligne se dégage sur les bords de Seine, celle du chef de la diplomatie, Dominique de Villepin, un très proche de Chirac : il faut s'interposer entre les belligérants qui sont tous ivoiriens, les obliger à s'asseoir autour d'une table pour négocier un compromis. Faire d'une crise une opportunité, c'est la méthode Villepin : l'entreprenant locataire du Quai d'Orsay veut transformer la Côte d'Ivoire en laboratoire d'une nouvelle méthode de gestion des conflits sur le continent africain. À court d'idées, Chirac décide de faire confiance à son ministre. La France va se poser en arbitre, bien déterminée à ramener le calme dans son ancienne colonie, qu'elle estime connaître si bien. Sûre de sa capacité à pouvoir réconcilier les Ivoiriens entre eux. Entre eux et même malgré eux, s'il le faut.

À Abidjan, Laurent Gbagbo ne comprend pas. Il attendait non pas l'affichage d'une neutralité prudente de Paris, mais bien la manifestation d'un soutien actif, une preuve d'amitié. Entre Gbagbo et la France, c'est un peu « Je t'aime, moi non plus ». Paris perçoit mal les contradictions du dirigeant ivoirien, les tourments masqués derrière son sourire et sa bonhomie. Au-delà de ses professions de foi anticolonialistes enflammées sur la « seconde indépendance » de la Côte d'Ivoire se cache chez lui un attachement profond à la France, à sa culture, à sa langue, un intérêt jamais démenti pour sa riche histoire et sa vie politique mouvementée.

Laurent Gbagbo a étudié dans l'Hexagone, il y a soutenu sa thèse[1], vécu en exil entre 1982 et 1988. Il s'y est marié à une Française avec laquelle il a eu un fils, Michel, avant de regagner Abidjan et d'épouser Simone Ehivet, une activiste politique énergique et inflexible.

Gbagbo, qui se définit volontiers, dans un sourire, comme un « socialiste non pratiquant », compte de nombreux amis à Paris. À commencer par Guy Labertit, le délégué du Parti socialiste chargé des questions africaines, chez qui il a logé dans les années 1980, à Vitry-sur-Seine, en banlieue parisienne. Il y a aussi l'ancien numéro un et trésorier du PS, Henri Emmanuelli, qu'il appelle affectueusement son « jumeau blanc » : les deux hommes sont nés le même jour, le 31 mai 1945. Le président ivoirien ne s'est d'ailleurs jamais fait prier pour raconter l'origine de son prénom. Durant la Seconde Guerre mondiale, son père Koudou Gbagbo a servi dans les rangs de l'armée française sous les ordres d'un officier prénommé Laurent. Blessé mortellement dans les combats, il décède dans les bras de son camarade ivoirien. Koudou Gbagbo ne l'oubliera jamais.

Au fond, tout en s'efforçant de consolider l'indépendance de son pays, Laurent Gbagbo a les yeux rivés vers Paris, où il espère enfin être reconnu comme un interlocuteur à part entière, le président légitime de la Côte d'Ivoire. L'ancien opposant veut bénéficier des mêmes égards, de la même considération qu'Houphouët-Boigny en son temps. Mais en refusant d'activer les accords de défense, au libellé pourtant suffisamment

1. À l'université Paris-Diderot, intitulée *Les Ressorts socio-économiques de la politique ivoirienne : 1940-1960*.

extensif pour permettre à l'armée française d'intervenir dans son ex-colonie en toutes circonstances, la seconde patrie de Laurent Gbagbo lui envoie le message exactement inverse : pour la France, il reste fondamentalement un accident de l'histoire, avec lequel il faut composer, faute de mieux… En choisissant de jouer les arbitres, Paris enclenche, sans en prendre conscience, la mécanique du soupçon dans les allées du pouvoir d'Abidjan.

*

En janvier 2003, quelques mois après le coup d'État raté contre Gbagbo et alors que la situation se détériorait sur place, l'ancienne puissance coloniale avait convoqué tous les protagonistes de la crise ivoirienne pour des négociations à huis clos au centre d'entraînement de rugby à Marcoussis, dans la banlieue parisienne. Sous la pression du chiraquien Pierre Mazeaud qui dirige les échanges, les frères ennemis ivoiriens avaient signé un accord de réconciliation après dix jours de négociations tendues. On sabre le champagne, et on chante l'hymne national, « l'Abidjanaise », en se tenant par la main.

Ce moment de félicité sera de courte durée. À Marcoussis, il y avait un grand absent : Laurent Gbagbo. Le voici convoqué à Paris dans la foulée pour participer à un sommet visant à verrouiller le compromis en présence du secrétaire général de l'ONU, Kofi Annan, et du président gabonais Omar Bongo, le « doyen » de la Françafrique. Laurent Gbagbo est groggy en découvrant le compromis arraché de haute lutte : ces accords le privent de l'essentiel de ses prérogatives, transférées à un Premier ministre de réconciliation qu'il devra lui-même nommer. À Paris, en marge du sommet, les protagonistes de la crise se répartissent les postes du futur gouvernement : les rebelles obtiennent la Défense et l'Intérieur. Dominique de Villepin, le maître d'œuvre de ce compromis avalisé par un Gbagbo dans un état second, exulte : ceux qui ont pris les armes ne sont-ils pas les mieux placés pour les déposer ? L'illusion est totale.

Le ministre français va vite déchanter. Sitôt la nouvelle connue en Côte d'Ivoire, des émeutes éclatent à Abidjan et, pour la première fois, les partisans de Gbagbo, ceux qu'on appelle les Jeunes Patriotes, s'en prennent aux Français, les molestant, les insultant. Certains sont pillés. Furieux, Dominique de Villepin ordonne au président ivoirien de lancer un appel au calme. Ce dernier s'exécute, enregistre un message depuis Paris… mais il veille à ce que son allocution ne soit pas diffusée par la télévision nationale ivoirienne.

Puis Laurent Gbagbo est poussé à bord du Falcon aux couleurs de la République française qui ramène l'ambassadeur de France à Abidjan, Gildas Le Lidec. Tel un boxeur sonné, le président ivoirien dort pendant toute la durée du vol. Mais en sortant de l'avion, devant ses dizaines de milliers de partisans qui l'acclament au pied de l'avion, il est métamorphosé et retrouve toute son énergie, toute sa verve pour promettre qu'il ne se laissera pas faire. Au sein du clan présidentiel à Abidjan, le soupçon s'est transformé en certitude : la France ne reculera devant rien pour se débarrasser le moment venu de Gbagbo.

Le fossé entre les deux capitales est profond. Et il faut attendre près d'un an avant que Jacques Chirac et Laurent Gbagbo se retrouvent. Le président ivoirien est reçu à l'Élysée le 5 février 2004. Depuis des mois et des mois, l'ambassadeur de France Gildas Le Lidec plaide sa cause : il faut absolument que le président Chirac appelle son homologue ivoirien, qu'il lui témoigne de la considération, qu'il le voie pour dissiper les malentendus et le rassurer. « Mais qu'est-ce que j'ai à lui dire ? répète Chirac, agacé. C'est un socialiste ! » Finalement, il accepte.

Et en cette froide journée de l'hiver parisien, c'est un Laurent Gbagbo un peu crispé qui gravit les marches de l'Élysée, sous les yeux de la Garde républicaine, une attention réservée aux hôtes de marque. Glaciale au départ, l'ambiance se détend au fil des minutes. Jacques Chirac ne sait pas quoi dire à cet homme qu'il connaît si peu. Il convoque le souvenir d'Houphouët, encore et toujours :

« Quand on voit ce qui se passe dans ton pays, Laurent… Ah, le Vieux, il doit vraiment se retourner dans sa tombe », lâche-t-il en buvant une gorgée de bière.

Gbagbo apprécie modérément le tutoiement de son hôte aux relents paternalistes. À la fin du repas, il parvient tout de même à lâcher le message qu'il était venu délivrer à Paris :

« Le problème, Jacques, c'est la rébellion, il faut qu'elle désarme.

— Oui, tu as raison, Laurent, il faut qu'elle désarme. »

C'est dit. Le président ivoirien a atteint son objectif. Les deux hommes se serrent la main. Tout sourire, Gbagbo se présente devant la presse rassemblée dans la cour de l'Élysée devant laquelle il se dit « heureux et comblé » : « Tout est au beau fixe entre Paris et Abidjan. » Un peu plus tard, dans un entretien à la télévision française, il insiste : « Il n'y a pas eu de rupture. Il y a eu des malentendus. Ils ont été dissipés. Je suis venu pour qu'on parle de l'avenir et non pas du passé. » Et le dirigeant ivoirien répète son but : « Bouaké, c'est le symbole de la division, alors que la Côte d'Ivoire est une et indivisible. Il est indispensable que j'aille à Bouaké [...] mais avec l'accord des rebelles. » Et il ajoute, comme un étrange serment qu'il se ferait à lui-même : « Nous irons dans les jours ou les semaines à venir. »

Pour Paris, l'urgence est maintenant de se dégager du bourbier ivoirien[1] afin de sortir d'un tête-à-tête qui fragilise la communauté française à Abidjan. Depuis des mois, le gouvernement de Chirac redouble d'efforts pour obtenir une résolution de l'ONU autorisant le déploiement de Casques bleus qui se substitueraient progressivement à la force française Licorne. C'est chose faite le 27 février 2004, avec l'adoption par le Conseil de sécurité de l'ONU de la résolution 1528. Une résolution a minima, arrachée à un gouvernement américain revanchard après l'obstruction des Français sur le dossier irakien quelques mois auparavant. En Côte d'Ivoire, selon les termes de ce texte, les Casques bleus pourront « utiliser tous les moyens nécessaires » pour remplir leur mission, mais celle-ci se résume en deux mots : « observer et surveiller » le respect du cessez-le-feu. Pour Paris, l'essentiel est pourtant là :

1. Lire, à ce sujet, Charles Maisonneuve, *Le Bourbier ivoirien*, Privat, 2005.

la force Licorne agit désormais officiellement « en soutien » de la mission onusienne. Les Français vont pouvoir passer au second plan.

C'est du moins ce qu'ils croient. Car Laurent Gbagbo et sa garde rapprochée sont toujours obnubilés par les faits et gestes de Paris. Pour obtenir le soutien de Chirac avant l'élection présidentielle prévue en octobre 2005, le président Gbagbo lance une offensive de charme. Il fait en sorte de renouveler les contrats, de gré à gré, avec les grandes entreprises tricolores présentes en Côte d'Ivoire. En septembre 2004, il met même son avion personnel à disposition du député de droite Didier Julia lancé dans une improbable et vaine mission de libération de deux journalistes retenus otages en Irak, Christian Chesnot et Georges Malbrunot. L'Élysée tombe des nues. Le mois suivant, l'imprévisible Gbagbo rebat pourtant les cartes en donnant son feu vert à la préparation d'une offensive militaire…

*

Oui, le « Vieux » Houphouët avait bien raison, se dit Jacques Chirac, en cet après-midi du 6 novembre, à l'Élysée : il aurait dû se méfier. Au fil des minutes, le bilan du bombardement à Descartes s'alourdit. Un soldat mort, puis trois, et bientôt neuf. Chirac, l'ancien lieutenant de la guerre d'Algérie, l'homme qui dès sa prise de fonction en mai 1995 a ordonné aux soldats français en Bosnie de reprendre le contrôle d'un pont en plein centre de Sarajevo tombé aux mains des forces serbes, celui que les militaires considèrent un peu comme l'un des leurs, a le visage fermé, douloureux. Il pense à ces soldats, ses soldats, qui viennent d'être frappés lâchement à Bouaké. Il doit prendre sa décision.

En présentant les différentes options à sa disposition, son conseiller militaire, le général Georgelin, insiste aussi sur la possibilité de nouvelles attaques contre les soldats de la force Licorne de la part d'un adversaire imprévisible. Tout à l'heure, juste après le raid sur le lycée Descartes et la destruction des deux Sukhoï, un hélicoptère ivoirien n'a-t-il pas menacé les soldats français sur l'aéroport de Yamoussoukro ? Aussi recommande-t-il au chef des armées de détruire non pas seulement les deux aéronefs qui viennent de mener le raid sanglant de Bouaké, mais l'ensemble de la flotte militaire ivoirienne. Jacques Chirac réfléchit et finit par acquiescer : « Vous avez raison, mon général, nous n'allons pas simplement détruire les deux Sukhoï, mais tous les avions de Gbagbo qui sont susceptibles de frapper nos forces ! »

C'est l'ordre qu'attendait le général Georgelin et qu'il s'empresse de transmettre au chef d'état-major, Henri Bentégeat : « Le président te donne l'ordre de détruire tous les aéronefs de l'armée ivoirienne. »

À son tour, le chef d'état-major répercute auprès du général Poncet à Abidjan. Le soulagement est bien réel chez les chefs militaires à Paris : l'ordre du président couvre la destruction des deux SU-25 de Yamoussoukro, déjà opérée à cette heure, sur ordre du général Poncet, avec l'aval du chef d'état-major Henri Bentégeat.

Au PC d'Abidjan, les ordres se succèdent à présent. Il faut envoyer de toute urgence des équipes médicales sur Bouaké pour prendre en charge les blessés, dont certains sont dans un état gravissime. Évacuer les corps des victimes. Assurer la protection de la centaine de soldats déployés à Yamoussoukro, bien esseulés, qui pourraient être pris à partie par l'armée ivoirienne. Il s'en est fallu de peu, tout à l'heure, quand le Mi-24 de l'armée ivoirienne a foncé tout droit sur le hangar du détachement de Licorne, en bout de piste.

Entouré de ses hommes de confiance, l'ancien chef des forces spéciales, le général Poncet, a retrouvé ses vieux réflexes acquis sur les différents théâtres de crise qu'il a arpentés en plusieurs décennies : avoir toujours un coup d'avance sur l'adversaire, quitte à en informer après coup sa propre hiérarchie. La surprise est l'arme la plus redoutable qui soit. Conformément à l'ordre venu, cette fois directement de l'Élysée, secondé par son fidèle adjoint le général Thonier, il prépare la destruction de toute la flotte militaire ivoirienne.

# CHAPITRE 4

## Dans le bureau de Gbagbo

Il faut voir Gbagbo, et le plus vite possible. Coincé dans la somptueuse résidence de l'ambassadeur de France dans le quartier de Cocody, avec sa vue imprenable sur la lagune, Gildas Le Lidec tourne comme un lion en cage. Que s'est-il passé à Bouaké ? Pourquoi l'armée ivoirienne s'en serait-elle prise aux soldats français, qui avaient reçu l'ordre de ne pas bouger ? Et que fait Poncet, qu'il essaie désespérément de joindre depuis de longues minutes ? Tout cela ne doit être qu'un effroyable cauchemar.

Près d'une heure après la frappe sur Bouaké, le diplomate reçoit enfin un appel de Michel de Bonnecorse. Le conseiller Afrique de Chirac l'informe de la décision qui vient d'être prise à l'Élysée :

« Le chef de l'État ordonne aux forces françaises de détruire au sol tous les aéronefs militaires de Gbagbo. »

L'ambassadeur est abasourdi.

« Mais vous avez bien mesuré à Paris toutes les conséquences que va avoir cette décision sur la sécurité des Français qui vivent à Abidjan ?

— Tu te démerdes ! »

Cela fait des mois, en effet, que le régime de Laurent Gbagbo fait méthodiquement monter la pression sur les Français de la capitale économique ivoirienne. Inquiète, la communauté française s'est d'ailleurs organisée : à la tête de chaque quartier, un responsable désigné est muni d'un talkie-walkie lui permettant de joindre l'ambassade à tout moment en cas de problème. Plusieurs lieux de regroupement ont aussi été établis à travers l'agglomération pour faciliter une évacuation rapide.

À Abidjan, personne n'a oublié les émeutes de 2003, juste après la signature des accords de Marcoussis. L'alerte avait été très chaude. Guidés par le « général de la jeunesse », l'ancien leader étudiant Charles Blé Goudé, les Jeunes Patriotes avaient violemment pris à partie la communauté française. « À chacun son Français ! », criaient les manifestants. Un slogan inimaginable avant la partition du pays. Depuis le début de la crise, on ne compte plus les manifestations devant l'ambassade de France, transformée en véritable citadelle assiégée, ou devant le 43e BIMa, qui a pris des allures de Fort Alamo[1]. Sur la défensive, les autorités françaises ont dépêché à Abidjan des escadrons de gendarmerie mobile spécialisés dans le contrôle de foule.

Le comportement des Jeunes Patriotes, leur « mode opératoire » comme disent les spécialistes, est désormais bien connu des services français : payés « à la journée » par le gouvernement, les « fous » de Gbagbo sont solidement encadrés par les forces de sécurité ivoiriennes quand ils descendent dans la rue. Mais leur motivation n'en est pas moins bien réelle. Ces bataillons de jeunes, souvent sans emploi, adhèrent totalement

1. Cf. Jean-Christophe Notin, *Le Crocodile et le Scorpion*, *op. cit.*

à la rhétorique nationaliste déployée par les caciques du régime et déversée jour après jour par la presse progouvernementale depuis le coup d'État raté de septembre 2002. Pour eux, il faut se mobiliser, tout faire pour défendre l'indépendance menacée de leur pays, empêcher la France de maintenir la Côte d'Ivoire dans un état d'infériorité. Les violences qui se sont déroulées juste avant le début de l'offensive aérienne ont donné un avant-goût de ce qui pourrait se passer pour la communauté française en cas de crise ouverte.

Avec la complicité bienveillante des forces de l'ordre, les Jeunes Patriotes ont saccagé les locaux des deux principaux partis d'opposition : le Rassemblement des républicains (RDR) d'Alassane Ouattara et le Parti démocratique de Côte d'Ivoire (PDDCI) d'Henri Konan Bédié. Au même moment, ils s'en sont pris à plusieurs journaux d'opposition, dévastés et réduits au silence. Et pour parachever leur travail préparatoire, les pro-Gbagbo ont pris le contrôle de la Radio-Télévision ivoirienne (la RTI), tout en débranchant les émetteurs des principales radios internationales (RFI, la BBC et Africa N°1). L'avertissement est clair : les Jeunes Patriotes sont prêts, quiconque se mettrait en travers de leur chemin en subira les conséquences. Et si la force Licorne tente de gêner en quoi que ce soit l'offensive militaire qui se prépare, ce sont les ressortissants français qui en paieront le prix fort.

*

Il est 15 h 30, ce samedi 6 novembre, et le général Poncet ne répond toujours pas. En revanche, le diplomate français parvient à joindre Laurent Gbagbo.

Après un bref échange, les deux hommes décident de se retrouver dès que possible dans la résidence du président qui jouxte celle de l'ambassadeur de France à Cocody, le quartier huppé d'Abidjan. Jadis, un souterrain reliait les deux propriétés, au cas où le chef de l'État aurait besoin de se réfugier précipitamment chez son voisin… Il a été bouché depuis.

Le diplomate français s'engouffre aussitôt dans son véhicule blindé et démarre, solidement encadré par une escouade de gardes du corps. Avant de rejoindre la résidence de Gbagbo, il fait d'abord un détour pour embarquer son collègue, l'ambassadeur des États-Unis. Gildas Le Lidec, qui veut à tout prix éviter un tête-à-tête franco-ivoirien périlleux dans ces circonstances dramatiques, a demandé à son homologue de l'accompagner chez le président Gbagbo puisqu'un civil américain a été tué dans le bombardement du lycée Descartes. Sur le chemin, le diplomate français repense à Jean Hélène, le correspondant de RFI qu'il appréciait tant, exécuté à bout portant d'une balle dans la tête par un policier d'Abidjan aussitôt érigé en héros par les Jeunes Patriotes. En apprenant la terrible nouvelle, le soir du 21 octobre 2003, l'ambassadeur avait embarqué manu militari le chef de l'État ivoirien dans son véhicule pour se rendre sur les lieux du drame, en plein centre-ville. En désignant la dépouille du journaliste de RFI amoureux de l'Afrique, Gildas Le Lidec avait asséné : « Regardez ce que vous avez fait ! » Le lendemain, le quotidien *Libération* titrait « La haine au pouvoir ».

Sur la route de la résidence de Gbagbo, l'ambassadeur aperçoit des panaches de fumée noire dans le ciel d'Abidjan. Les établissements scolaires français

Jean-Mermoz et Jacques-Prévert, et bientôt le collège Blaise-Pascal sont en feu. De nombreux enfants d'expatriés mais aussi ceux de la nomenklatura locale y suivent leurs études. Sur le boulevard de Marseille, au sud des ponts qui permettent de franchir la lagune Ébrié, des Français sont pris à partie. Des quartiers nord de Yopougon jusqu'à la pointe sud de Port-Bouët, en passant par les arrondissements du centre-ville de Cocody, du Plateau ou de Treichville, la nouvelle de la destruction des Sukhoï à Yamoussoukro est en train de submerger la ville. Des groupes de jeunes commencent à se former. Ce samedi 6 novembre, en milieu d'après-midi, la cité d'Abidjan entre en éruption.

Très vite, les appels de détresse commencent à affluer de partout à l'ambassade et au 43e BIMa. La directrice du collège Mermoz, Geneviève Padovani, s'est réfugiée en catastrophe sur le toit de sa maison attenante à l'établissement qu'elle dirige depuis la mort de son mari quelques années auparavant. Des dizaines de jeunes armés de bâtons ont pris d'assaut le collège privé, ils le pillent et le saccagent méthodiquement. Ils font sauter les canalisations, mettent le feu, s'acharnent sur les équipements... Présente depuis près de quarante ans en Côte d'Ivoire, Geneviève Padovani voit l'œuvre de sa vie et de son défunt mari disparaître sous ses yeux, comme avalée par la colère irrépressible de la foule. Un peu plus tard, cette femme de 58 ans est hélitreuillée par un hélicoptère de la force Licorne et aussitôt évacuée vers le 43e BIMa, où les premiers civils commencent à se réfugier.

Alors qu'il approche de la résidence de Gbagbo, l'ambassadeur de France continue de s'interroger : jusqu'au raid sur le lycée Descartes, il y a un peu plus de deux heures, la sécurité des Français était la priorité absolue du général Poncet. L'explosion de Bouaké semble avoir tout emporté dans son souffle. Le véhicule diplomatique qui arbore deux petits fanions tricolores passe les barrages de sécurité et se gare au pied des marches qui mènent à l'entrée de la résidence présidentielle. Les deux ambassadeurs s'engouffrent précipitamment dans la villa, sous le regard hostile des hommes de la garde de Gbagbo.

*

En entrant dans le bureau du président, Gildas Le Lidec est stupéfait. Il découvre un homme hébété, mal rasé, vêtu d'un t-shirt douteux, qui semble sortir tout droit de son lit. Visiblement, le président ivoirien, qui a l'habitude de travailler tard dans la nuit et de se lever à la mi-journée, a appris il y a peu l'ampleur du drame : le bombardement de Bouaké, les soldats français tués, la destruction des Sukhoï…

Devant les deux diplomates français et américain, il jure n'être pour rien dans ce qui vient de se produire : « Je suis désolé. C'est absurde, inimaginable de croire un seul instant que nous ayons cherché à tuer des Français et des Américains ! commence-t-il. Je ne suis pas un irresponsable, un illuminé ! Ce qui vient de se produire, cela arrive dans toutes les guerres. C'est un dérapage regrettable. Mais il n'y a rien de volontaire dans tout ça[1]. »

---

1. Notes prises par l'ambassadeur de France, le 6 novembre 2004.

S'il joue un rôle, il mérite vraiment le premier prix d'interprétation, songe le diplomate français.

Et le chef de l'État ivoirien reprend : « Vous savez, j'étais à Paris quand il y a eu l'attentat contre le Drakkar à Beyrouth [en 1983]. J'ai vraiment eu de la peine pour les Français. Aujourd'hui, je compatis à votre douleur. On va trouver un moyen de le manifester publiquement. D'ores et déjà, pour marquer ma solidarité, j'ai demandé il y a une demi-heure au chef d'état-major de geler toutes les opérations, alors qu'on était sur le point de terminer – ce soir ou demain midi au plus tard – notre offensive. C'est une bonne opération, vous le savez : la Côte d'Ivoire est bloquée depuis 2002 par la faute de rebelles qui nous ont attaqués. Et ils refusent de désarmer. Comment peut-on trouver un quelconque justificatif à cela ? On ne peut pas tolérer leur diktat. »

Sur son bureau, toujours aussi vide, se dit Gildas Le Lidec, la sonnerie d'un téléphone, soudain, retentit. « Quoi ? Comment ? Qu'est-ce que tu dis ? L'aéroport… ? » Gbagbo se tourne vers Gildas Le Lidec : « Monsieur l'ambassadeur, on me dit que vous êtes en train de vous emparer de mon aéroport ? »

« Dès qu'on m'a annoncé que la France avait détruit les deux Sukhoï à Yamoussoukro, je me suis dit c'est foutu, Abidjan va se précipiter dans la rue », poursuit le président ivoirien.

Et comme pour mieux décliner toute forme de responsabilité sur ce qui se déroule déjà en ville, mais aussi dans d'autres localités du pays, Gbagbo prend soin d'ajouter : « Le président que je suis n'est pas responsable de ce qui est en train de se passer. J'ai demandé aux forces de l'ordre d'intervenir pour contenir les foules. » Comme si la créature qu'il avait lui-même engendrée lui avait échappé des mains.

Le temps file. Déjà près de deux heures que les trois hommes sont assis dans le bureau du chef de l'État. Alors que la situation se dégrade de minute en minute dans Abidjan, Gildas Le Lidec décide de gagner les locaux de l'ambassade de France au plus vite. Mais il faut absolument qu'il puisse parler au général Poncet, comprendre ce qui est en train de se passer. Les deux diplomates sortent de la résidence de Gbagbo. Dans le jardin, des militaires ivoiriens sont en train d'installer une batterie antiaérienne. L'ambassadeur américain se jette dans le véhicule venu le cueillir, qui démarre en trombe. Gildas Le Lidec le salue de la main, désormais seul sur le perron de la résidence. Mais où sont donc passés son véhicule et son escorte ?

Les minutes s'égrènent, et toujours personne. Au bout d'un moment qui lui paraît interminable, le diplomate français, excédé, regagne la villa de Gbagbo pour demander qu'on appelle sa résidence. Quelques minutes plus tard, son escorte déboule… dans un très sale état : certains de ses gardes du corps arborent des vêtements en lambeaux. Mais que s'est-il passé ? Une fois sortis du périmètre de la présidence, ils racontent : pendant les discussions chez Gbagbo, la situation a rapidement dégénéré entre Ivoiriens et Français. Les premiers accusent la France d'avoir pris fait et cause pour les rebelles, les insultes et les menaces fusent de part et d'autre. Le ton monte, et les hommes en viennent aux mains. Les Ivoiriens sortent leurs armes qu'ils pointent sur les Français. Un garde du corps est déshabillé, mis à genoux, pistolet sur la tempe. Au bout de longues secondes, la tension retombe. On a frôlé la catastrophe.

*

Gildas Le Lidec fonce vers sa résidence, le temps de prendre quelques affaires et de glisser à son épouse, Christiane : « Je file à l'ambassade, sois prudente ! Il est possible qu'on ne se revoie pas tout de suite... » Le diplomate ne croit pas si bien dire. Dans les rues d'Abidjan, son véhicule a toutes les peines du monde à se frayer un chemin. Des centaines, bientôt des milliers de personnes sont en train de descendre dans les rues, certaines arborent des drapeaux ivoiriens, d'autres des bâtons.

Soudain, alors que les locaux de l'ambassade de France sont en vue, le véhicule du diplomate est stoppé net par un barrage de militaires ivoiriens, et rapidement entouré par une foule hostile qui commence à jeter des projectiles en direction de la voiture. Inquiet, Gildas Le Lidec interroge son officier de sécurité : « Le véhicule est blindé, n'est-ce pas ? — Absolument, monsieur l'ambassadeur, mais pas contre ça », répond le chauffeur, effaré. À quelques mètres de là, un militaire pointe un lance-roquettes dans leur direction. Tout le monde retient son souffle...

Un officier ivoirien vient cependant intimer l'ordre au soldat de baisser son arme. Le convoi repart et parcourt prestement les derniers mètres qui le séparent de l'emprise diplomatique. Le lourd portail de l'ambassade s'ouvre et se referme aussitôt, le diplomate est désormais en sécurité.

À quelques kilomètres de là, tapi dans son QG du « 43 », le général Poncet n'a pas d'état d'âme. Qui est responsable du drame de Bouaké ? Ce n'est plus son problème. Il avait prévenu le président ivoirien : ne touchez pas à mes soldats ! Le pacte tacite entre les deux hommes a été pulvérisé par la pluie de roquettes qui s'est abattue sur le lycée Descartes. Aux yeux du chef de la force Licorne et de son adjoint, le général Thonier, le coup de Bouaké n'est pas un crime ou un assassinat, et encore moins une erreur. C'est une action délibérée, perpétrée par des militaires répondant à des ordres. C'est un acte de guerre. La voilà déclarée. Les diplomates n'ont pas leur mot à dire. La bataille d'Abidjan vient de commencer.

# CHAPITRE 5

## La bataille d'Abidjan

Tout à l'heure, il s'est précipité au QG du général Poncet pour tenter d'empêcher l'irréparable : la destruction immédiate des deux Sukhoï qui viennent de frapper les soldats français à Bouaké. Il faut les saisir, se dit-il, et prévenir tout de suite l'ambassadeur de France pour tenter de comprendre ce qui vient de se passer auprès des autorités ivoiriennes.

Trop tard ! Le colonel Luc de Revel n'a pas été entendu : l'ordre a été transmis et exécuté. Les deux SU-25 ont été « neutralisés ». « C'est un ordre idiot, appliqué par un fou, fulmine le colonel. Ses conséquences vont être catastrophiques pour nous tous ! » Le colonel de Revel n'est pas le seul à avoir des doutes. Interrogé dans l'après-midi par France 2, le porte-parole de l'opération Licorne, le colonel Henry Aussavy, confie :

« Erreur, bavure ou attaque délibérée ? Pour l'instant, nous n'avons pas la réponse. Je pense qu'il s'agit vraisemblablement d'une erreur[1]. »

---

1. Ce propos est diffusé dans le journal de 20 heures sur France 2, le 6 novembre 2004.

C'est la seule et unique fois qu'une telle appréciation, émise par un officier français, sera exprimée publiquement. Les doutes d'un Revel ou d'un Aussavy sont balayés d'un revers de la main par le général Poncet et par sa garde rapprochée. La destruction des deux Sukhoï étant actée, il n'y a plus désormais qu'une seule chose à faire aux yeux du colonel de Revel : ordonner à ses soldats de se préparer au combat. Car dans l'atmosphère électrique qui règne depuis le début de l'opération Dignité en Côte d'Ivoire, il en est sûr : les Français vont être violemment pris à partie par les Jeunes Patriotes dès que la nouvelle de la destruction des deux SU-25 sera connue.

Le colonel songe aussi à ce convoi de la force Licorne qu'il a envoyé ravitailler des unités déployées à l'intérieur du pays et qui est sur le chemin du retour en ce samedi après-midi, aux portes d'Abidjan : « Il ne faut surtout pas qu'il entre dans Yopougon », le « fief » des Jeunes Patriotes. L'officier ordonne immédiatement au convoi de stopper net sa progression, de se mettre à couvert et d'attendre les instructions.

À la différence de la plupart de ses collègues présents sur le « 43 », qui procèdent à des rotations de quelques mois sur le terrain, Luc de Revel connaît bien la Côte d'Ivoire, très bien même. À la fin des années 1990, il a dirigé le Centre de formation des sous-officiers de l'armée de terre à Bouaké. À cette époque, ses enfants étaient scolarisés… au lycée Descartes, qui vient d'être bombardé. Toute la famille – sa femme et ses quatre enfants – réside aujourd'hui sur la base d'Abidjan, dont il assure le commandement depuis un an. L'homme connaît personnellement nombre de hauts gradés qui sont à la tête des forces armées ivoiriennes.

Pour le colonel, le bombardement qui vient de se produire à Bouaké ne peut résulter que d'une tragique erreur. Jamais, au grand jamais, des soldats ivoiriens n'auraient pu prendre délibérément pour cibles leurs frères d'armes français ! Mais pour la garde rapprochée du patron de Licorne, le colonel souffre d'une sorte de « syndrome de Stockholm » version abidjanaise : cela fait trop longtemps qu'il est en Côte d'Ivoire et son attachement au pays l'aveugle.

Luc de Revel tente de garder son sang-froid. La liste des morts du camp Descartes vient de parvenir à l'état-major à Abidjan. Parmi les victimes, il identifie le nom d'un soldat qu'il connaissait bien, celui de l'adjudant Barathieu, un homme chaleureux qui avait combattu sous ses ordres en Irak au tout début des années 1990. Le colonel accuse le coup. Mais les événements s'accélèrent. L'état-major de Licorne lui donne l'ordre de s'emparer de l'aéroport international d'Abidjan, où les soldats français viennent d'être attaqués. Il prépare sa manœuvre.

À 16 heures, le colonel de Revel engage ses soldats à l'extérieur du « 43 ». Munie de canons de 20 mm et appuyée par la moitié d'un escadron de gendarmerie mobile, une partie de ses unités se dirige vers l'aéroport Houphouët-Boigny, l'autre se déploie en direction du carrefour « Akwaba » (« bienvenue », en langue baoulé, dominante en Côte d'Ivoire). Il y a urgence. Véritable verrou stratégique, ce carrefour commande d'un côté l'accès au 43ᵉ BIMa, de l'autre celui à l'aéroport. Son contrôle est vital pour maintenir ouverte la route entre les deux sites. S'il tombe aux mains des forces ivoiriennes, il deviendra impossible d'acheminer des renforts depuis l'aéroport et, dans l'autre sens, d'évacuer les civils qui se réfugient sur la base militaire française. Au même moment, à Paris, l'état-major vient d'activer le dispositif d'urgence « Guépard » : des unités prépositionnées à Libreville (Gabon) se préparent à rallier dès que possible Abidjan pour faire face à la brusque dégradation de la situation sur place.

Au 43e BIMa, c'est l'effervescence. Ce qui reste des soldats du colonel de Revel et de l'escadron de gendarmes est chargé d'assurer la sécurité du camp. Une gageure, tant le dispositif est sommaire : une simple clôture grillagée, surmontée de quelques tours de guet installées récemment à la demande du général Poncet, protège le camp d'éventuelles intrusions extérieures. Le colonel de Revel fait un rapide calcul : au total, il dispose de 350 soldats pour contrôler l'aéroport, tenir le carrefour Akwaba et assurer la protection du camp… C'est très peu face aux dizaines, aux centaines, puis bientôt aux milliers de manifestants qui, révoltés par la nouvelle de la destruction des Sukhoï, convergent vers l'aéroport et aux abords du 43e BIMa.

Le colonel décide de jouer son va-tout. Il appelle le commandant ivoirien de l'armée de l'air, le colonel-major Séka Yapo, qu'il connaît personnellement :

« Colonel, j'ai reçu l'ordre de m'emparer de l'aéroport, je vais l'appliquer. Mais nous pouvons éviter des combats inutiles entre nos soldats si tu donnes l'ordre à tes hommes de ne pas s'opposer à notre déploiement. »

Le haut gradé ivoirien l'écoute attentivement, il ne comprend pas, lui dit sa stupéfaction sur les événements qui viennent de se dérouler à Bouaké et à Yamoussoukro. Séka Yapo réfléchit et, finalement, décide d'accepter la proposition de son homologue français : il donne l'ordre à ses soldats de battre en retraite et de céder aux militaires de la force Licorne le contrôle de l'aéroport d'Abidjan. Le colonel de Revel respire.

Soulagé, il se rend au PC du général Poncet pour « rendre compte ». Le patron de Licorne laisse éclater sa colère : il refuse catégoriquement toute idée de négociation avec les Ivoiriens :

« C'est la guerre ! », assène-t-il à Revel.

Et le patron de Licorne lui donne l'ordre de détruire immédiatement tous les aéronefs de l'armée ivoirienne qui stationnent sur l'aéroport.

« Mais, mon général, ces appareils sont dans des hangars bourrés de munitions, on risque une explosion majeure, pire qu'AZF à Toulouse[1]. »

Le général Poncet hurle : « C'est un ordre du président ! »

Peu importe s'il y a des victimes civiles ? Cet ordre doit être appliqué coûte que coûte, tonne le commandant de la force Licorne. Le colonel de Revel est sidéré.

---

1. Le 21 septembre 2001, une explosion survient à Toulouse dans l'usine chimique Azote de France (AZF) qui appartient au groupe pétrolier TotalFinaElf. Un stock de 400 tonnes de nitrate d'ammonium explose, creusant un immense cratère d'une quarantaine de mètres de diamètre et de 7 mètres de profondeur. L'explosion provoque la mort de 30 personnes, dont 21 employées sur le site, et en blesse quelque 2 500.

En son for intérieur, il a déjà pris sa décision : il désobéira à cette décision qu'il juge totalement irrationnelle et dangereuse.

*

Dans son bunker, le général Poncet ne perd pas une minute. Le patron de Licorne et ses adjoints se sont mis en mode combat. Il supervise la destruction des aéronefs militaires de Gbagbo, conformément à l'ordre reçu et confirmé par Paris, tout en lançant les opérations d'évacuation des ressortissants français. Des quatre coins d'Abidjan, les appels au secours se multiplient. La veille au soir, ce matin même, Poncet suivait minute par minute les opérations des forces armées ivoiriennes, en espérant une prise rapide de Bouaké pour en finir au plus vite avec l'opération Dignité. Le voici désormais en guerre contre un ennemi qu'il n'avait pas vu venir.

Tout l'état-major de Licorne est sidéré. Comment a-t-on pu en arriver là entre frères d'armes ? Les forces ivoiriennes sont une quasi-émanation de l'armée française. Les règles de fonctionnement de son armée de terre sont rigoureusement calquées sur celles de l'ancienne puissance coloniale. La plupart de ses cadres ont été formés dans les écoles militaires dans l'Hexagone, et sont devenus les camarades de promotion des hommes qui entourent le général Poncet. Jusqu'à la fin des années 1990, c'est même un officier supérieur tricolore, comme le colonel de Revel, qui commandait l'École militaire de Bouaké d'où sortaient les cadres de l'armée de terre ivoirienne. Et comme dans plusieurs autres ex-colonies africaines, des officiers et sous-officiers français servent toujours sous l'uniforme de l'armée locale, au titre de la coopération militaire. L'un d'entre eux est d'ailleurs en ce moment même auprès du colonel Mangou, l'homme qui dirige l'opération Dignité depuis son PC de Yamoussoukro. Ce qui se passe est proprement incompréhensible !

En réalité, depuis l'élection de Laurent Gbagbo en 2000, et surtout depuis la tentative de coup d'État ratée de septembre 2002, le fossé s'est inexorablement creusé entre les Français et une partie de l'armée ivoirienne. Une frange soupçonne en permanence la force Licorne de jouer un double jeu, de soutenir en sous-main les rebelles. De part et d'autre, on se regarde avec méfiance, même si les ponts sont loin d'être coupés. Mais jamais, au grand jamais, l'état-major français n'aurait pu imaginer une telle attaque qui mérite, aux yeux de la haute hiérarchie militaire à Paris et à Abidjan, une réponse à la hauteur de la trahison. Un châtiment qui marquera les esprits. « Monsieur le président, seul l'usage de la force impose le respect en Afrique », a dit tout à l'heure le général Georgelin à Jacques Chirac dans son bureau de l'Élysée, au moment de présenter les différentes options au président[1].

Bien renseignés – de discrets repérages ont été effectués quelques jours auparavant par les hommes du renseignement militaire de l'opération Licorne –, les Français savent que plusieurs hélicoptères de l'armée ivoirienne stationnent dans l'enceinte même

1. Audition du général Georgelin devant la cour d'assises de Paris, 12 avril 2021.

du palais présidentiel de Yamoussoukro, construit par le « Vieux », Félix Houphouët-Boigny. Le commandement de l'opération Licorne décide de monter un raid dans l'urgence : six hélicoptères décollent d'Abidjan, de Bouaké et de Man (la principale ville de l'ouest du pays) et convergent à la tombée de la nuit vers un point de ralliement situé à quelques encablures de Yamoussoukro. Le temps d'examiner les plans et de confier à chacun son ordre de mission, les voilà qui décollent à nouveau, cette fois en direction du monumental palais présidentiel. Un lieu considéré comme sacré par les Ivoiriens.

En quelques minutes, c'est un déluge de feu qui s'abat sur la flotte parquée à l'abri des regards, derrière les murs épais du palais : sept missiles Hot et pas moins d'une centaine d'obus sont tirés par les militaires français. Deux hélicoptères MI-24, un MI-8 et un Puma (de fabrication française) sont détruits dans un fracas indescriptible. Seul un MI-24, parqué un peu plus loin, échappe à la fureur de Licorne. Il est 20 h 30, l'effet de surprise est total. Le général Poncet est satisfait. Mission accomplie. Son plan fonctionne parfaitement. Après la « neutralisation » des deux SU-25 sur l'aéroport de Yamoussoukro, c'est un nouveau coup très dur porté à l'armée ivoirienne. Une véritable humiliation, en vérité, aux yeux des Ivoiriens.

*

La nouvelle du raid mené sur le palais présidentiel de Yamoussoukro gagne rapidement Abidjan, où les éléments les plus durs qui entourent un président

Gbagbo dépassé par les événements encouragent les Jeunes Patriotes à se mobiliser depuis plusieurs heures.

« Si vous êtes en train de manger, arrêtez-vous ! Si vous dormez, réveillez-vous ! Tous à l'aéroport, au 43e BIMa ! L'heure est venue de choisir entre mourir dans la honte ou dans la dignité ! »

Vers 18 heures, le chef de file des Jeunes Patriotes, Charles Blé Goudé, fait irruption sur les écrans de la télévision nationale, la RTI. Coiffé d'une casquette, entouré par plusieurs de ses lieutenants, ce tribun hors pair harangue les téléspectateurs comme il le fait si bien dans la rue depuis des mois. La France dispose d'une armée puissante, moderne, bien équipée. Gbagbo, lui, a mis en place une autre armée, celle des Jeunes Patriotes, ces sans-culottes d'Abidjan galvanisés par des mois de propagande bien huilée, et par le comportement d'une ex-puissance coloniale qui agit en terrain conquis.

Et les Jeunes Patriotes entendent parfaitement Charles Blé Goudé, l'ancien leader étudiant réincarné en « général de la jeunesse ». La puissance de son appel à la mobilisation patriotique va être décuplée par la nouvelle de la frappe qui a eu lieu dans le saint des saints du pouvoir ivoirien, le palais de Yamoussoukro. C'est une nouvelle « opération Dignité » qui commence, cette fois dans les rues d'Abidjan.

La nuit est tombée sur la ville. Venues des quartiers sud de la métropole, plusieurs centaines de personnes marchent en direction de l'aéroport et de la base militaire française, bien décidées à chasser une bonne fois pour toutes les anciens colonisateurs qui se croient tout permis, comme s'ils étaient toujours chez eux ! Au carrefour d'Akwaba et aux abords de l'aéroport, les soldats de la force Licorne sont à la peine. Les insultes et les jets de projectiles fusent dans leur direction. Ils reculent mètre par mètre sous la pression de la foule composée d'hommes, de femmes, d'adolescents. Des Jeunes Patriotes, mais aussi de simples quidams révoltés par le comportement de la France, parfois armés de bâtons. Face à eux, les militaires de Licorne ont pour consigne de limiter au maximum les victimes civiles. Il faut éviter l'escalade, et demain toute accusation d'exactions, voire de massacre… Comment faire face à cette foule ivre de colère ? Les soldats doivent tenir, coûte que coûte. Ils n'ont pas été formés à lutter contre des civils, ils ne se sont pas engagés pour cela. À cet instant, ils auraient bien besoin de renfort, celui des gendarmes habitués, eux, à repousser les foules ! Mais ils sont tout seuls à serrer les rangs dans l'épreuve.

Les tirs de semonce au-dessus de la tête des manifestants succèdent aux lancers de grenades assourdissantes et aux coups de projecteur aveuglants. Soudain, un homme s'empare d'une hachette sanglée sur l'un des blindés de Licorne et fonce vers les soldats français. Il est abattu sur-le-champ. Les militaires reculent encore. Ils sont désormais positionnés sur un barrage de conteneurs installé à la hâte, à deux cents mètres à peine de l'un des deux portails du 43e BIMa. Le colonel de Revel harangue ses troupes avec l'énergie du désespoir : « Tenez bon ! » Les manifestants avancent encore, ils vont bientôt pouvoir faire la jonction de part et d'autre de l'emprise française.

À l'intérieur de la base du 43e BIMa, la panique est en train de s'emparer du commandement. Le patron de la force Licorne demande à tous ses officiers de se munir de leurs armes de poing, en prévision de possibles corps-à-corps avec la foule des Patriotes. Cuisiniers, chauffeurs, secrétaires : tous ceux qui peuvent porter une arme sont réquisitionnés pour défendre le 43e BIMa[1]...

La situation est devenue totalement incontrôlable en ville. Des centaines de personnes s'en prennent aux symboles de la présence française. Après les établissements scolaires, en feu, ce sont les stations d'essence Total, des magasins de téléphonie mobile, des restaurants qui sont saccagés. Les pillages se multiplient. Des bandes, souvent très jeunes, assiègent les domiciles des Français, mais aussi ceux de tous les ressortissants européens. Même les Libanais, pourtant réputés proches du régime de Gbagbo, sont pris dans la spirale de la violence. Des familles se cachent dans des salles de bains, ou montent sur les toits, se dissimulant où elles le peuvent. Des rumeurs de viols commencent à circuler en ville.

Sur la base, c'est un ballet incessant d'hélicoptères qui vont extraire une à une, « à la petite cuiller » dit un officier français, les familles en détresse. Les aéronefs tricolores essuient des tirs à chacun de leurs passages dans les quartiers d'Abidjan. Dans la zone

1. Au comble de la panique et persuadé de la chute imminente du camp, le commandement de la force Licorne ordonne dans la nuit du 6 au 7 novembre la destruction du « peloton lagune », la petite unité équipée de zodiacs permettant de circuler sur la lagune d'Abidjan. Un ordre qui ne sera pas appliqué ; ce qui permettra dès le lendemain à l'armée française de procéder à des exfiltrations de ressortissants étrangers via le plan d'eau.

résidentielle de Cocody, ils sont pris pour cible par une mitrailleuse lourde installée dans les jardins de la résidence du président, celle que l'ambassadeur a aperçue tout à l'heure en sortant du bureau de Gbagbo. L'état-major de Poncet n'hésite pas : le canon sera anéanti un peu plus tard par un missile français tiré depuis un hélicoptère.

Et les nouvelles que ramènent les équipages de la force Licorne à chacune de leurs missions d'extraction ont de quoi faire frémir. Vu du ciel parsemé de fumées noires, le spectacle a un côté hallucinatoire : cette fois, ce ne sont plus des centaines mais des milliers de personnes qui se sont mises en marche dans Abidjan, venues des quartiers nord. Elles foncent tout droit, via le boulevard Valéry-Giscard-d'Estaing, vers le pont Charles-de-Gaulle qui permet de franchir la barrière naturelle de la lagune. Et si la foule parvient à la traverser, la voie sera ouverte vers le 43e BIMa, et au-delà vers l'aéroport, où elle fera la jonction avec ceux venus des quartiers sud. Dans le QG du général Poncet, on commence à brûler des archives.

Secondé par le général Jean-Paul Thonier, le patron de Licorne donne l'ordre aux hélicoptères de Licorne de barrer coûte que coûte la route aux Jeunes Patriotes qui s'apprêtent à déferler sur le camp français. Y compris, s'il le faut, par l'ouverture du feu. Il est près de minuit, un premier aéronef décolle et se positionne en mode géostationnaire, tous feux éteints à proximité du pont Charles-de-Gaulle. Dans l'obscurité, seul le vrombissement des pales trahit sa présence. La foule avance. Soudain des tirs pleuvent dans la lagune toute proche, elle recule précipitamment. Certains, plus téméraires, reviennent encore et encore. Une voiture tente de forcer le barrage céleste invisible. Elle est stoppée net dans son élan par un tir d'hélicoptère sur l'habitacle, et s'immobilise. Un autre véhicule prend feu, deux hommes en sortent, paniqués, l'un a ses vêtements en flammes. À bord de l'un des hélicoptères, un pilote se demande comment on en est arrivé là. Demain, va-t-il être accusé de crime de guerre ? Tout à l'heure, le commandant de son unité a demandé au général Poncet un ordre écrit avant de passer à l'action. Le patron de Licorne s'est exécuté, de mauvaise grâce. Durant ces heures fatidiques, la confiance n'est pas au rendez-vous.

À présent, des balles traçantes tombent du ciel, directement sur le tablier du pont, et ricochent au pied des manifestants. « Les Français sont devenus fous, se dit l'un d'entre eux. Ils veulent nous tuer. » La lumière et le fracas des tirs font leur effet, la foule recule à nouveau. Bientôt un autre hélicoptère vient se positionner près du pont Charles-de-Gaulle et prend le relais du premier. C'est une guerre d'usure, à distance, entre les hélicoptères ultra-modernes de l'ancienne puissance coloniale et les « Patriotes à mains nues ».

Le 43$^{e}$ BIMa prend des allures de forteresse assiégée. L'heure est dramatique, les mines sont marquées. À cette heure, le colonel de Revel lutte contre le sentiment de panique qu'il sent monter chez ses camarades et qui est en train de l'envahir, lui aussi, il le sent physiquement. C'est le vertige de la débâcle qui paraît si proche. Si la foule parvient à franchir le pont, si les soldats français sont débordés au carrefour Akwaba et autour de l'aéroport, le camp va être submergé, c'est une certitude. Ses soldats vont tirer, il y aura beaucoup de morts parmi les civils, puis les soldats de Licorne tomberont sans doute aux mains de la foule et seront faits prisonniers, voire pire. Et ces familles qui vivent à l'intérieur de la base, la sienne…

*

Au loin, sur le toit de l'ambassade de France, de l'autre côté du pont Charles-de-Gaulle, l'ambassadeur Gildas Le Lidec observe à la jumelle, médusé, le ballet des hélicoptères, les vagues de manifestants qui avancent et reculent, avancent et reculent. Une image vient à l'esprit de ce féru d'Asie : on se dirige tout droit vers un « Diên Biên Phu africain », murmure-t-il. L'humiliation sera tout aussi terrible pour l'armée française, cette fois en terre africaine.

À l'extérieur du camp, durant des heures, les militaires français luttent pied à pied pour sauver leur base. C'est une guerre d'un nouveau genre : des soldats solidement équipés face à des civils pour la plupart armés de leur seule colère et d'un terrible sentiment d'humiliation. Au milieu de cette nuit abidjanaise, les uns luttent pour sauver leur peau et éviter une déroute inédite pour l'armée française sur le sol africain ; les autres pour reconquérir leur dignité bafouée et leur honneur pulvérisé par les missiles de l'ex-puissance coloniale.

Peu avant 3 heures du matin, la fatigue finit pourtant par gagner les corps, la lassitude s'empare des esprits. Après une énième vague stoppée par des tirs français, la marée humaine reflue sur le pont Charles-de-Gaulle. À l'aéroport, comme au carrefour Akwaba, les militaires de Licorne ont peu à peu, mètre après mètre, repris le contrôle de la situation. Les manifestants ont été repoussés, et progressivement ils se dispersent. À l'aube, après des heures d'affrontement, ils rentrent chez eux, exténués. Aussitôt, les soldats tricolores se positionnent sur les ponts pour en contrôler les accès. L'aéroport international est désormais totalement sous le contrôle des forces françaises. La bataille d'Abidjan est gagnée. Il y a des blessés, et des morts du côté des civils, mais combien ? L'armée française considère avoir agi en état de légitime défense.

*

Il est 5 heures du matin, le colonel de Revel peut enfin souffler et appliquer l'ordre qui lui a été donné par le général Poncet, à sa manière : à l'ombre des monticules de munitions et d'explosifs qui s'entassent dans les hangars de l'aéroport, ses hommes détruisent à coups de hache les cockpits de deux Sukhoï SU-25 monoplaces, les postes de pilotage de deux MI-24 et cassent les roues des engins. « Pas la peine de rajouter du bordel au bordel », se dit le colonel de Revel. C'en est fait, le régime de Laurent Gbagbo n'a plus de flotte militaire.

Une heure plus tard, deux avions de transport de troupes en provenance de la base militaire française de Libreville (Gabon) atterrissent sur la piste de l'aéroport Houphouët-Boigny ; le temps de décharger hommes et matériels, les voici qui redécollent aussitôt. Les pilotes ont tout de même distingué le Transall tricolore transpercé par un tir de roquette, un aperçu de la violence des combats qui ont opposé ces dernières heures soldats français et ivoiriens. Les généraux

Poncet et Thonier poussent eux aussi un soupir de soulagement : cette fois, c'est gagné, les renforts tant attendus sont là, ils vont pouvoir prendre le relais des militaires du 43e BIMa, totalement lessivés.

À peine débarqués, ces renforts – des légionnaires parachutistes du 2e REP de Calvi – reçoivent pour mission de quadriller l'ensemble de l'aéroport. Sur leurs gardes, ils entament leur patrouille dans l'aérogare saccagée, dans les entrepôts et hangars qui bordent les pistes. Soudain, ils font une drôle de découverte : une quinzaine d'hommes blancs, silencieux, sont tapis dans un recoin sombre. Les légionnaires pointent leurs armes sur eux et leur demandent de décliner leur identité. Ces inconnus répondent par de simples grognements. En russe.

# CHAPITRE 6

## La colonne infernale

Il est 5 heures du matin, ce dimanche 7 novembre, le colonel Destremau s'extirpe douloureusement du sommeil. Terrassé par la fatigue, il a dormi à peine deux heures, peut-être trois... Avant de se lever, dans un état de semi-conscience, il revit les dernières heures du cauchemar de la veille : la frappe sur le lycée Descartes, la vision d'horreur du camp français éventré, ses soldats foudroyés, les dix corps alignés sous des draps, les dizaines de blessés évacués en urgence sur Abidjan... Le dernier hélicoptère emportant les militaires blessés n'a décollé de Bouaké qu'à 20 h 30, sept heures après le bombardement... Juste avant, quelques soldats se sont rassemblés devant les dépouilles de leurs camarades glissées à la hâte dans des sacs mortuaires pour un court moment de recueillement; certains ont psalmodié une prière.

L'officier attrape ses fines lunettes et rejoint ses hommes pour avaler un café aux premières lueurs du jour. Certains de ses adjoints ont veillé toute la nuit pour préparer le départ des renforts attendus fébrilement à Abidjan. Au milieu de la nuit, cerné de toutes parts par des Jeunes Patriotes proches de Laurent Gbagbo, le général Poncet a demandé aux unités déployées à Bouaké, à Man (dans l'ouest de la Côte d'Ivoire) et à Korhogo (Nord) de « descendre » de toute urgence sur la capitale économique du pays, en proie à des émeutes jamais connues auparavant.

Les « marsouins », le surnom des soldats du Régiment d'infanterie chars de marine de Poitiers (le RICM), se préparent ; les mécaniciens effectuent les dernières réparations sur des matériels fatigués ; on charge quelques vivres et de l'eau. À l'aube, en prévision de l'opération, les unités de Bouaké ont été ravitaillées en obus et en munitions par hélicoptère depuis Abidjan. L'ordre de mission est clair : rejoindre la grande métropole ivoirienne le plus rapidement possible, à 400 kilomètres plus au sud, « en écrasant toute forme d'opposition » s'il le faut. Il y a moins de vingt-quatre heures, les soldats de la force Licorne ne pouvaient faire usage de leurs armes qu'en dernière extrémité. Le bombardement de Bouaké a tout changé : se considérant en état de légitime défense, l'armée française est désormais autorisée à ouvrir le feu dès que nécessaire.

En grimpant dans son véhicule blindé, le patron du RICM s'attend à une rude épreuve. Certes, les forces armées ivoiriennes ont décroché en catastrophe de leurs positions après la destruction des deux Sukhoï à Yamoussoukro, refluant à toute vitesse vers le sud. Certes, le haut gradé ivoirien qui dirige l'opération Dignité, le colonel Philippe Mangou, s'est volatilisé dans la nature. On le dit caché dans le palais d'Houphouët-Boigny à Yamoussoukro ; d'autres affirment l'avoir vu se réfugier en catimini à l'évêché à la suite de l'attaque des hélicoptères français dans l'enceinte présidentielle. Certes, l'état-major ivoirien a fait passer le message à Licorne : il ne cherchera pas à entraver les mouvements des unités françaises à travers le pays. Mais depuis la frappe inimaginable sur Descartes, tout est possible avec certains ultras qui servent au sein d'une armée désorganisée et divisée.

Le colonel Destremau fait ses comptes. Outre une quarantaine de véhicules blindés légers (de type VBL et VAB), il dispose d'une dizaine de chars AMX10, des engins robustes équipés de canons de 105 mm à même d'impressionner l'adversaire. Tout à l'heure, cet homme au visage doux a forcé sa voix pour rappeler à ses compagnons d'armes les règles d'engagement lors de cette mission : tout véhicule endommagé devra être abandonné, la colonne « franchira en force, sans jamais s'arrêter, les barrages ennemis ». C'est bien d'une guerre qu'il s'agit.

*

Il est 9 heures, et il fait déjà chaud dans le centre de la Côte d'Ivoire. La colonne Destremau s'ébranle dans un silence pesant, sous le regard grave des camarades qui demeurent à Bouaké. À un kilomètre de là, au lycée Descartes, les rescapés du bombardement continuent de ramasser les débris des bâtiments frappés la veille et des véhicules qui ont pris feu. La décision est prise : ils vont quitter l'emprise ensanglantée et rejoindre le QG de la Mission baptiste. En passant devant le camp meurtri, les blindés déclenchent leur sirène. Dans les faubourgs de Bouaké, les rebelles juchés sur leur pick-up saluent d'un signe de la main le convoi des Français. Quelques badauds les applaudissent timidement. La colonne quitte bientôt la ville pour parcourir, sans encombre, la zone dite « de confiance », large d'une vingtaine de kilomètres, qui sépare les belligérants. Puis, cette fois sur le qui-vive, elle pénètre à l'intérieur du territoire tenu par les forces ivoiriennes. Un territoire devenu hostile.

9 h 40. À l'approche de Tiébissou, la première localité en zone gouvernementale située sur son trajet, la colonne du colonel Destremau est avisée de la préparation d'une embuscade. Des forces hostiles ont dressé un barrage sur la route et seraient prêtes à faire feu. Sur leurs gardes, les soldats de Licorne progressent à vive allure sur l'axe principal quand, soudain, une fumée noire apparaît au loin. Barrant la route sur toute sa largeur, une barricade composée de véhicules déglingués, d'objets de bric et de broc et de pneus en flammes a été érigée à la hâte. La colonne continue d'avancer en direction de ce barrage de fortune tenu par des dizaines de personnes. Les deux chars AMX10 placés en tête de convoi se positionnent, puis effectuent sans hésiter des tirs de sommation. Les fortes détonations produisent leur effet : instantanément, la foule se disperse à toutes jambes, laissant apparaître derrière elle un cordon de soldats des forces gouvernementales. Une nouvelle preuve de la duplicité des autorités ivoiriennes qui avaient assuré ne pas vouloir entraver le mouvement des forces françaises, se dit le colonel Destremau. Un nouveau tir de sommation, et cette fois ce sont les militaires ivoiriens qui se mettent à couvert.

Les blindés français ajustent leurs canons et visent maintenant le barrage à coups d'obus pour pulvériser les véhicules enchevêtrés. Sitôt fait, le convoi redémarre.

Telles des voitures béliers, les deux AMX10 percutent et renversent les carcasses en feu sans grande difficulté. La voie est ouverte. Toute la colonne s'engouffre dans le sillage des deux blindés, traversant un mur de flammes dans un épais nuage de fumée. Quand, soudain, un véhicule blindé léger se retourne sur le dos tel un scarabée qui aurait perdu l'équilibre. En roulant sur un gros pneu épais, le char qui le précédait a fait effet de levier, retournant le VBL comme une crêpe. Ses trois occupants sortent précipitamment de l'engin. L'un d'eux est légèrement brûlé, un autre a une épaule déboîtée, le troisième est indemne. Les deux blessés s'engouffrent rapidement dans un VAB médicalisé pour y recevoir les premiers soins. « Ce n'est qu'un début », se dit le colonel Destremau.

Pendant ce temps, d'autres marsouins se portent au chevet de l'engin qui gît sur le dos. Il n'y a pas d'autre choix que de l'abandonner, non sans avoir ôté au préalable munitions, armes et matériel sensible à l'intérieur. Il faut faire vite, car déjà la foule revient. Un petit groupe plus téméraire n'est plus très loin des soldats français. À sa tête, un homme hurle en direction des militaires de Licorne. Impossible de savoir ce qu'il veut, ni de vérifier s'il est armé, mais les consignes données par le commandement sont claires : un tir fuse dans la direction de l'assaillant, qui tombe. Il est prestement évacué par les manifestants qui s'évaporent. L'alerte a été chaude ; la colonne reprend sa route sans tarder en direction de Yamoussoukro, la capitale administrative du pays.

Que va-t-elle trouver sur place ? La veille, l'armée française y a détruit les deux Sukhoï de Gbagbo et ses hélicoptères dans l'enceinte du palais présidentiel. Pour beaucoup d'Ivoiriens, les soldats de Licorne ont commis là un véritable sacrilège. Yamoussoukro, c'est le lieu où est né (en 1905) et a grandi Félix Houphouët-Boigny. Là où, en 1983, le fils du pays a érigé son ancien village en capitale, une sorte de « Brasilia » à l'ivoirienne. C'est là aussi que le « père de la nation » a décidé de réaffirmer l'identité chrétienne de son pays. Face à une communauté musulmane en pleine expansion, il a fait bâtir une réplique de la basilique Saint-Pierre de Rome. Plus monumentale, plus élevée encore que l'originale, la basilique Notre-Dame de la Paix a été consacrée par le pape Jean-Paul II lors d'une visite en Côte d'Ivoire en 1990. C'était trois ans avant la mort du Vieux, avant le début des troubles politiques au « pays des éléphants ». Il y a une éternité.

Attaché à l'éducation des générations futures, Houphouët, l'ancien ministre de la IVe République française (entre 1957 et 1959), a également favorisé l'implantation sur place de dizaines d'établissements scolaires et d'instituts supérieurs, un peu perdus aujourd'hui au beau milieu de la savane dans un pays coupé en deux, en apnée. Yamoussoukro, phare de la chrétienté et des Lumières à l'ivoirienne, est aussi jumelée avec une petite localité du Val-d'Oise, Luzarches – la cité où a vécu et est enterré un certain Jacques Foccart. Les liens étaient forts entre les deux hommes : chaque semaine, l'inamovible secrétaire général de l'Élysée et conseiller pour les Affaires africaines du général de Gaulle appelait Houphouët pour faire le point. Une autre époque.

Il est 13 h 30. Juste avant de pénétrer dans la capitale administrative, le détachement du colonel Destremau reçoit un message déconcertant : une patrouille de soldats ivoiriens se propose de guider le convoi militaire à travers les larges avenues de Yamoussoukro afin de faciliter son passage et d'éviter toute confrontation. Les Français hésitent. S'agirait-il d'un piège grossier ? Après un temps de réflexion, ils décident d'accepter et se placent dans le sillage du véhicule de l'armée ivoirienne. Sur leurs gardes, les hommes de tête ont le doigt sur la gâchette.

Au-dessus des hautes herbes de la savane émerge maintenant la coupole de la basilique surmontée d'une immense croix et du drapeau blanc et jaune du Vatican. Au loin, on peut aussi apercevoir la tour de l'hôtel Président, où logent habituellement les hôtes de marque de passage à Yamoussoukro. Depuis le début de la crise, ils ont été remplacés par d'autres clients étrangers au profil quelque peu singulier, ceux qu'on appelle ici pudiquement « les instructeurs ». Autrement dit, des mercenaires : des Sud-Africains, des Ukrainiens, des Russes, des Serbes, tous embauchés par le régime de Laurent Gbagbo pour entretenir et piloter les avions et hélicoptères loués au prix fort pour écraser ces maudits rebelles.

La colonne progresse dans une ville fantôme. Pas âme qui vive. Les forces ivoiriennes se sont comme volatilisées. Les rues sont jonchées de milliers de papiers battus par les vents, le résultat des pillages et des violences qui, la veille, ont secoué la cité durant plusieurs heures à la nouvelle de la destruction des avions et hélicoptères de l'armée ivoirienne. Bientôt, la colonne quitte Yamoussoukro sans encombre. Soulagés, les soldats français peuvent poursuivre leur descente vers Abidjan sur la route goudronnée qui relie les deux villes. Il leur reste plus de 200 kilomètres à parcourir.

*

15 h 30. À hauteur de la petite localité de Bousoukro, un nouvel obstacle se dresse devant eux : un énorme poids lourd barre la route. Pas de temps à perdre, la procédure commence à être rodée : après les tirs de sommation d'usage, les chars détruisent le camion à coups d'obus, avant que l'un des blindés ne finisse le travail en poussant la carcasse du véhicule sur le bas-côté de la route. Mais à peine le convoi est-il reparti qu'un tir retentit. Les soldats ripostent en direction des coups de feu, et accélèrent. À bord de son véhicule blindé léger, un caporal-chef s'en est sorti miraculeusement : une balle a ricoché sur son casque, il est indemne.

Une demi-heure plus tard, le détachement français parvient enfin au point de ralliement établi au nord d'Abidjan, le « PK44 » (le point kilométrique situé à 44 kilomètres du centre-ville). La colonne Destremau fait la jonction avec les autres unités parties de Bouaké en éclaireurs la veille, en plein milieu de la nuit. Elles aussi ont eu à faire face à une série d'embuscades sur leur route et ont ouvert le feu à plusieurs reprises contre leurs assaillants pour se dégager. Il y a eu des morts côté ivoirien.

Après quelque sept heures de trajet, cette halte est plus que la bienvenue pour les marsouins partis de Bouaké. Le moment de reprendre son souffle avant de gagner les portes d'Abidjan, où les nouvelles plus alarmantes les unes que les autres se sont succédé au cours des dernières heures. Le colonel Destremau fait un premier bilan. Aucune perte n'est à déplorer dans ses rangs. En revanche, les matériels ont souffert. Le franchissement des barricades a laissé des traces sur les pneus. Durant le trajet, les mécaniciens ont dû intervenir à sept reprises dans des conditions souvent acrobatiques pour réparer des crevaisons ou des pannes diverses : pas question de stationner au milieu de nulle part, à la merci d'une attaque de miliciens ou de soldats livrés à eux-mêmes. Un VAB tombé en rideau a ainsi été tracté jusqu'au PK44, où il est immobilisé sous la garde d'un peloton.

*

17 heures. Après une petite heure de répit, la colonne repart pour la dernière étape de son périple, direction les faubourgs d'Abidjan. Mais elle n'en a pas encore fini avec les épreuves. Cette fois, c'est un char AMX10 qui s'arrête net, impossible de redémarrer. Le colonel Destremau peste, le voilà à nouveau freiné dans son élan. Ses mécaniciens s'activent, mais rien n'y fait : il faut se résigner à repartir en laissant à l'arrière un petit groupe de soldats chargés de protéger le blindé. Rapidement, une foule hostile fait son apparition. Durant plusieurs heures, les militaires de Licorne vont procéder à des salves de tirs d'intimidation face à ce groupe déterminé à s'emparer du blindé, avant que le char ne soit finalement réparé au beau milieu de la nuit et rejoigne le reste de la troupe.

La colonne Destremau continue quant à elle sa progression à vive allure vers Abidjan, et bientôt les lumières de la ville surgissent au loin. Mais à l'entrée nord de l'agglomération, le convoi bute sur un nouveau verrou fermé à double tour : un barrage constitué de buses de béton et de poids lourds a été consolidé durant des heures et des heures par les partisans de Gbagbo. Brandissant des drapeaux ivoiriens et chantant à tue-tête, une centaine de manifestants tiennent le barrage, bien décidés à ne rien lâcher.

Le scénario se répète : tirs d'intimidation, destruction des buses à coups d'obus explosifs dans un fracas assourdissant. Appuyée par un AMX10, une avant-garde s'approche du barrage pour constater les dégâts, mais soudain les tirs fusent des bas-côtés de la route, et les soldats doivent se replier précipitamment. Les Français répliquent. À nouveau le silence. Quelques minutes plus tard, les blindés français retirent deux obus de 105 mm pour tenter de pulvériser les camions immobilisés. Mais rien n'y fait : le barrage est toujours en place. Il faut se résoudre à appeler des engins de dégagement pour extirper une à une les carcasses des poids lourds.

*

23 heures. Après plusieurs heures de manœuvre et d'attente fébrile, une brèche est ouverte. Le convoi peut enfin s'ébranler. Le colonel Destremau a du mal à cacher sa frustration : non seulement il a perdu un temps précieux, mais au total trois de ses chars AMX10 sont tombés en panne aux portes d'Abidjan. Il lui en

reste huit pour atteindre et assurer la protection de l'hôtel Ivoire.

Édifié en bordure de la lagune Ébrié, le prestigieux établissement hôtelier situé en plein cœur de la ville a été désigné depuis des mois dans les plans des militaires comme point de ralliement pour l'évacuation des ressortissants français des quartiers nord. Ici, tout le monde connaît « l'Ivoire ». Situé dans le quartier résidentiel de Cocody, tout près de la résidence du chef de l'État et d'une kyrielle d'ambassades, il est surmonté d'une tour de vingt-quatre étages facilement repérable des lieues à la ronde.

Mais comment l'atteindre ? Le colonel Destremau et ses hommes ignorent tout de la topographie des lieux – à peine débarqués à l'aéroport d'Abidjan, il y a trois semaines, ils avaient pris la route du Nord, en direction de Bouaké. À l'approche de son objectif, le colonel Destremau demande à l'état-major de Licorne de lui envoyer une avant-garde pour le guider dans les rues de cette métropole tentaculaire de quelque 3,5 millions d'habitants. Sélectionnés par le colonel de Revel, deux soldats chargés des transports au sein du 43e BIMa sont héliportés auprès de la colonne aux portes d'Abidjan.

Le convoi fait alors son entrée dans une cité plongée dans l'obscurité. Au loin, les soldats aperçoivent les lueurs de dizaines d'incendies qui font rage dans plusieurs quartiers de la ville. En progressant vers leur objectif, ils découvrent un paysage de désolation : les grandes avenues sont parsemées de dizaines de carcasses de véhicules calcinés, certains encore fumants ; de nombreuses barricades de fortune ont été érigées çà et là. Les faubourgs paraissent déserts. La colonne avance à pas de loup vers le centre-ville, où l'étendue des pillages apparaît encore plus crûment. Les marsouins sont sur le point de toucher au but, après quinze heures de trajet : dans la nuit se dresse, là, tout près, la tour de l'hôtel Ivoire.

Mais alors qu'ils s'apprêtent à s'engager sur l'axe qui mène tout droit à l'établissement, une foule de manifestants surgit depuis les rues adjacentes et se dirige d'un pas décidé vers le convoi. Il faut réagir tout de suite si les militaires de Licorne veulent éviter le contact avec ces Jeunes Patriotes prêts à leur barrer la route. À la tête de la colonne, l'un des deux guides se met à paniquer : il a perdu tous ses repères et ne reconnaît plus rien autour de lui. Son acolyte prend le relais. Il fait signe de tourner pour esquiver les manifestants. La colonne accélère dans les rues silencieuses de Cocody. Il s'agit maintenant de retrouver au plus vite, dans l'obscurité et alors que les manifestants sont sur leurs talons, l'itinéraire qui mène à l'hôtel Ivoire pour les prendre de vitesse. Mais soudain, dans la pénombre d'une allée élégante de Cocody, la tête du convoi vient buter sur un nouvel obstacle et se fige.

À l'intérieur de son blindé, le capitaine François-Régis Jaminet sursaute en entendant le message crépiter sur son poste radio : « Mon capitaine, nous sommes face à des militaires ivoiriens. » Sur ses gardes, le jeune officier saute hors de son véhicule, remonte d'un pas leste la colonne pour rejoindre la tête du convoi. Le voici face au barrage. La tension est extrême. Harassés, les marsouins font face à des soldats ivoiriens interloqués, pris au dépourvu, le doigt sur la gâchette. Il suffit d'un seul coup de feu de part et d'autre pour que tout dérape. À quelques mètres du premier blindé français, les militaires ivoiriens s'agitent, certains crient à la provocation, un homme tente sans succès de faire démarrer son véhicule. Le capitaine Jaminet s'approche, il faut tout faire pour éviter le bain de sang.

Soudain, un soldat ivoirien l'interpelle :

« Mais que fais-tu là, bazar ? »

Incrédule, l'officier français comprend : l'homme qui lui fait face est un saint-cyrien, comme lui. « Bazar », c'est le nom dont on affuble les cadets au sein de la prestigieuse école militaire, ceux qui viennent d'y faire leur entrée. Le dialogue s'engage :

« Je suis de la promotion "Le Gaucher", rebondit le capitaine Jaminet. Et toi, mon officier ? »

C'est ainsi qu'on s'adresse à l'un de ses aînés quand on sort de Saint-Cyr. Les deux hommes parlent le même langage, la tension retombe. L'officier ivoirien explique au capitaine français qu'il fait face aux soldats de la Garde républicaine de Gbagbo. De retour dans son véhicule, le capitaine Jaminet se saisit de sa radio :

« Mon colonel, nous sommes devant la résidence du président Gbagbo. »

Le colonel Destremau est fou de rage. Pour un peu, il étranglerait le guide qui s'est fourvoyé, les menant tout droit chez le chef de l'État. Il se reprend. Le capitaine Jaminet l'a rejoint, flanqué de l'officier ivoirien. Restant à quelques pas l'un de l'autre, les deux hommes se saluent et commencent à deviser. On discute, on parle de promotions et d'anciens camarades. Et on plaisante. Irréel ! L'officier ivoirien traite le colonel Destremau d'« affreux », le surnom des élèves en dernière année à Saint-Cyr. Et les deux hommes éclatent de rire. Médusés, les marsouins et les soldats ivoiriens assistent à ce dialogue surréaliste, au beau milieu de la nuit, en plein cœur d'Abidjan en ébullition.

*

Au même moment, à des milliers de kilomètres de là, Michel de Bonnecorse est réveillé en sursaut par la sonnerie de son téléphone. La permanence de l'Élysée lui transfère un appel en provenance d'Abidjan : un proche du président Gbagbo demande à lui parler de toute urgence.

« Ne tirez pas, ne tirez pas, on est prêts à se rendre ! », hurle son interlocuteur, paniqué.

À moitié endormi, le conseiller Afrique de Jacques Chirac ne comprend rien : « Qui tire ? Qui veut se rendre ? » Michel de Bonnecorse a toutes les peines du monde à calmer le conseiller de Gbagbo pour lui faire répéter ses propos. Il finit par comprendre : l'entourage du président ivoirien croit à un coup d'État mené par les militaires de Licorne…

Mais comment comprendre autrement la présence de ce convoi de blindés aux portes de la résidence présidentielle à cette heure avancée de la nuit, en plein chaos, alors que l'armée française a détruit la flotte de Gbagbo ? Le chef de l'État ivoirien maîtrise parfaitement l'histoire des relations entre la France et ses anciennes colonies depuis les indépendances, une histoire ponctuée par l'intronisation de certains dirigeants loyaux à Paris et par le renversement d'autres, tombés en disgrâce. « Mon tour est venu, ils veulent me faire la peau », se dit Gbagbo, étrangement calme au milieu de la panique générale. Très croyante, Simone Gbagbo, l'épouse du chef de l'État, est en prières. À Paris, Michel de Bonnecorse tombe des nues, et finit par lâcher, goguenard, à son interlocuteur ivoirien :

« Mais si nous faisions un coup d'État, je ne serais pas dans mon lit ! »

*

Il est temps de décamper. Le colonel Destremau contacte le PC opérationnel de Licorne pour expliquer la situation : les groupes de manifestants tout autour de l'hôtel Ivoire, l'incroyable erreur qui a projeté ses troupes devant la présidence ivoirienne, la fatigue extrême. Estimant qu'il est dangereux et trop tard pour rejoindre l'hôtel Ivoire, le colonel Destremau demande à rallier le 43ᵉ BIMa pour offrir un peu de répit à ses marsouins. Requête acceptée.

Dans l'allée arborée de Cocody, voilà des dizaines de véhicules de l'armée française qui manœuvrent péniblement pour faire demi-tour. Avant de saluer ses camarades français, le saint-cyrien de la Garde républicaine du président Gbagbo fait un dernier geste, surprenant : il lui propose de mettre à sa disposition deux de ses véhicules pour les guider dans Abidjan, les remettre sur le bon chemin en direction de la base française. Au beau milieu de la tempête, se dit Destremau, tout n'a pas été détruit entre les deux armées qui se connaissent si bien. Des officiers français et ivoiriens peuvent encore s'entendre pour éviter que le sang ne coule. Et voilà la colonne Destremau qui se remet en mouvement, avec à sa tête deux Jeeps aux couleurs de l'armée ivoirienne. Sur le boulevard Valéry-Giscard-d'Estaing, aux magasins encore fumants des pillages de ces dernières heures, quelques badauds se frottent les yeux en voyant passer cet étonnant cortège en direction du sud de la ville.

Il est près de 2 heures du matin quand la colonne Destremau, après une odyssée de dix-sept heures, se présente devant le 43e BIMa. Il était temps. Sur le pont Charles-de-Gaulle, un marsouin s'est évanoui de fatigue au volant de son véhicule.

## CHAPITRE 7

# Dans le piège de l'hôtel Ivoire

Derrière son comptoir, le réceptionniste de l'hôtel Ivoire n'en croit pas ses yeux. Des dizaines de soldats français viennent de pénétrer au pas de charge dans le hall de l'établissement. Un officier s'approche et lui demande, goguenard, s'il dispose de chambres disponibles. Après avoir raflé une série de clés qu'il s'empresse de distribuer à ses camarades, il lance à l'employé : « Vous adresserez la facture au président Chirac ! »

Il est 6 heures du matin, ce 8 novembre, et les marsouins du colonel Destremau prennent possession des lieux après avoir eu à peine deux à trois heures de répit au 43e BIMa.

Une fois l'équipée malencontreuse devant la résidence de Gbagbo terminée, le patron de la base française, le colonel de Revel, a prêté son bureau à son homologue pour qu'il puisse dormir une paire d'heures. Pendant que les soldats de la base s'affairaient autour des véhicules mis à rude épreuve sur les routes entre Bouaké et Abidjan, les marsouins se sont allongés là où ils le pouvaient, au milieu des civils qui ont rallié depuis la veille le camp. Puis, avant le lever du jour, tous ont quitté le 43e BIMa à bord d'une cinquantaine de véhicules blindés et traversé une ville encore assoupie pour rallier l'hôtel. Cette fois, pas de Jeunes Patriotes à l'horizon, ils ont roulé dans des rues désertes et dévastées. Mais déjà le jour se lève, et la nouvelle de leur présence à l'hôtel Ivoire ne va pas tarder à se répandre dans Abidjan.

Les soldats du colonel Destremau réquisitionnent aussitôt quatre étages, et sécurisent le périmètre avec les barbelés qu'ils ont pris soin d'apporter. Chargé d'une mission de reconnaissance d'un type un peu particulier, un petit groupe de soldats fait le tour de l'établissement. Après des heures passées la veille sur les routes poussiéreuses entre Bouaké et Abidjan, ils sont éberlués par tant de luxe.

Outre sa tour de vingt-quatre étages, véritable petit gratte-ciel situé au bord de la lagune, l'établissement comporte une galerie marchande, un casino, quatre restaurants, un bowling, un cinéma, une piscine olympique, un palais des Congrès où des stars ont donné des concerts qui ont marqué Abidjan : Michael Jackson, Stevie Wonder, Barry White et, côté français, Johnny Hallyday ou encore Julien Clerc. Mais le lieu qui, au sein de l'hôtel, faisait sensation et attirait au temps de sa splendeur tous les jeunes des familles aisées d'Abidjan, c'était bien la patinoire, la seule en son genre en Afrique pendant de longues années. Elle a fermé ses portes fin 1999, à la suite du premier coup d'État de l'histoire du pays contre le président Bédié. À l'automne 2002, la tentative de renversement de Laurent Gbagbo a scellé son sort. Ses équipements, lentement mais sûrement, périclitent, faute d'entretien.

Bien plus qu'un simple hôtel, « l'Ivoire », comme tout le monde le surnomme à Abidjan, est un lieu mythique, une fierté nationale. Édifié au début des années 1960 par un architecte américain, Moshe Meyer, il symbolise plus que toute autre construction les années du « miracle ivoirien », quand le pays, dirigé par Félix Houphouët-Boigny, décollait économiquement grâce à l'argent du cacao. Le livre d'or de l'hôtel résume à lui seul plusieurs décennies d'histoire : les piliers de la « Françafrique », le Gabonais Omar Bongo ou le Congolais Denis Sassou N'Guesso, l'ont tous signé. Tout comme Jacques Chirac en 1990. Alors maire de Paris, ce dernier avait loué à l'issue d'un déjeuner copieux les « traditions de gastronomie et d'hospitalité de ce superbe continent africain ».

Dressé au bord de la lagune Ébrié, au nord des deux ponts qui relient la métropole, l'Ivoire a été identifié depuis de longs mois par les planificateurs militaires comme un point d'évacuation des ressortissants français résidant dans ce secteur. Pour le général Poncet, le déploiement de ses soldats à l'hôtel Ivoire permet aussi de disposer sur l'échiquier d'Abidjan d'un point d'appui tactique pour l'armée française dans des quartiers nord devenus quasiment inaccessibles depuis la destruction des deux Sukhoï. Et, au passage, de soulager la pression des Jeunes Patriotes sur le 43ᵉ BIMa.

« Une belle connerie », en vérité, se dit un officier français. Car l'établissement est situé à deux pas de la résidence du chef de l'État ivoirien, comme l'ont expérimenté la veille les marsouins désorientés du colonel Destremau, et tout près de la Radio-Télévision nationale (la RTI) – deux lieux stratégiques pour le pouvoir et pour ses partisans.

*

Le soleil est maintenant en train de se lever au-dessus de la lagune. En ce début de journée, tout est calme, presque trop calme après des heures de tensions et d'affrontements entre la force Licorne et les militaires et Jeunes Patriotes ivoiriens.

Poursuivant sa mission de reconnaissance au sein de cet hôtel labyrinthique, un groupe de soldats français bute soudain au 21e étage sur une porte fermée à double tour. Un militaire frappe énergiquement du poing. La porte s'ouvre. Vérification faite, cette partie de l'hôtel est réservée à une dizaine d'agents en civil au profil singulier : ces hommes et ces femmes parlent… hébreu. Des « contractuels » israéliens chargés notamment des écoutes pour le compte de la présidence ivoirienne. Les radios crépitent : quels sont les ordres ? Les marsouins reçoivent l'instruction de battre en retraite : dans le contexte actuel, déjà bien chargé, mieux vaut éviter tout incident diplomatique avec les autorités de Tel-Aviv.

La porte se referme prestement sur les Israéliens, désormais coincés au sommet de leur tour d'Ivoire. Dans quelques jours, ils seront évacués, avec l'aide des soldats de Licorne, sur un vol commercial d'Alitalia[1]. Mais en attendant, cette situation n'est pas pour déplaire à l'état-major de Poncet, qui se méfie

1. Selon les experts de l'ONU, ces conseillers israéliens étaient au nombre de 46 en Côte d'Ivoire. Lire le rapport de l'ONU daté du 7 novembre 2005, p. 45, disponible sur le site des Nations unies. La société israélienne Aeronautics Defence Systems a par ailleurs signalé que ses deux techniciens chargés des drones avaient quitté la Côte d'Ivoire le 7 novembre 2004, leur contrat étant « terminé ».

grandement des Israéliens. Le général les a côtoyés à Beyrouth dans les années 1980. À Abidjan, cela fait un moment déjà que les militaires français ont repéré les survols de drones dans le ciel de l'agglomération. Ils savent que leurs faits et gestes sont observés de près. Or ces engins ont été fournis et sont manœuvrés par des conseillers techniques israéliens. Tout ce savoir-faire a été sollicité par le régime Gbagbo pour « doubler » l'assistance fournie par les Français, dont le chef de l'État ivoirien, maître consommé de l'ambiguïté, ne souhaite pas se priver.

Des Français au service de Gbagbo ? Poncet n'en revient toujours pas. En arrivant en Côte d'Ivoire, il a été mis au parfum : dans les sous-sols du palais présidentiel, des agents détachés par la DGSE procèdent à des écoutes pour le compte du pouvoir ivoirien. Comme au bon vieux temps ! Rien n'a changé depuis l'indépendance, finalement, ou si peu.

Au début des années 1960, Paris a proposé un deal aux dirigeants « amis » de la France : l'ancienne puissance coloniale assurera leur maintien au pouvoir en échange de la préservation de relations politiques et économiques privilégiées avec elle. Des accords de défense sont signés, les militaires tricolores s'installent dans des bases militaires permanentes à Dakar, Abidjan ou Libreville. Sur place, dans les allées du pouvoir, on croise des officiers français, souvent en uniforme du pays hôte, chargés de conseiller les dirigeants de ces États nouvellement indépendants… Et pour mieux surveiller les opposants et parer d'éventuels coups d'État, des moyens d'écoute sont également fournis par Paris.

En Côte d'Ivoire, à la mort d'Houphouët-Boigny, fin 1993, le dispositif a simplement été adapté aux temps nouveaux : les agents de la DGSE chargés des écoutes de la présidence ivoirienne sont désormais rémunérés directement par le gouvernement d'Abidjan. Mais, fondamentalement, rien n'a changé, et simultanément ces conseillers au service d'une puissance étrangère peuvent toujours rendre compte à Paris de ce que leurs grandes oreilles leur ont appris.

En s'installant dans le fauteuil présidentiel, Gbagbo a hérité du dispositif. Contre toute attente, le champion autoproclamé de la « seconde indépendance » de la Côte d'Ivoire décide de le conserver, tout en se tournant vers d'autres partenaires étrangers afin de sortir du tête-à-tête pesant avec l'ex-puissance coloniale. Au sein du palais présidentiel, c'est un petit groupe gravitant autour de Simone Gbagbo qui est à la manœuvre pour opérer le rapprochement avec un pays, Israël.

Très croyante, cette fervente catholique a embrassé le pentecôtisme à la suite d'un grave accident de voiture, dans les années 1990, dont elle a réchappé miraculeusement. Au palais, l'épouse du chef de l'État est sous l'influence d'un pasteur, Moïse Koré. Un ancien basketteur de haut niveau, reconverti avec succès dans les affaires, qui nourrit une vision mystique : comme les Hébreux à l'époque des pharaons, dit-il, les Ivoiriens ont été réduits en esclavage ; mais Dieu, dans Sa grande miséricorde, leur a envoyé un Moïse des Temps modernes, le « prophète » Laurent Gbagbo, venu les libérer de leurs chaînes forgées par les anciens colonisateurs. Toutefois, avant de s'émanciper, comme les Hébreux, il leur faudra affronter et surmonter de nombreuses épreuves. Les événements dramatiques de novembre 2004, le pasteur Koré les avait prévus. Ce ne sont que les prémices de la « libération » tant attendue. Simone Gbagbo y croit dur comme fer.

Les Israéliens, toujours en quête de nouveaux alliés sur la scène internationale, ne se sont pas fait prier. Un aréopage de « conseillers » a rapidement débarqué à Abidjan : des anciens des services de sécurité, officiellement passés au privé, mais dans les faits en relation étroite avec leur gouvernement. Et c'est ainsi que deux crocodiles se côtoient dans le marigot franco-ivoirien : les Français placés officiellement au service de la présidence ivoirienne écoutent les Ivoiriens et rendent compte à Paris. Et les Israéliens écoutent les Français pour rendre compte aux Ivoiriens et à leurs propres autorités.

*

À l'hôtel Ivoire, une drôle de cohabitation commence en cette matinée du 8 novembre. Des grappes de soldats de Licorne s'installent dans les chambres réquisitionnées pour engranger quelques précieuses heures de sommeil. Dans un coin du hall spacieux de l'hôtel, à l'abri de quelques plantes vertes, le colonel Destremau installe son PC. La poignée de clients étrangers coincés à l'Ivoire depuis deux jours ne cache pas son soulagement à la vue des soldats français. Les dernières heures ont été particulièrement chaudes.

La veille, un avocat français, Xavier Ghelber, missionné par l'Union européenne pour auditionner la filière cacao, véritable caisse noire du régime, a même cru sa dernière heure arrivée[1]. Au petit matin, des hommes armés en tenue militaire l'ont délogé à coups de crosse de sa chambre. Mais au moment de l'embarquer dans un fourgon vers une destination inconnue, une dispute a éclaté entre eux dans le hall de l'hôtel, et une balle tirée par accident a ricoché sur le parquet avant de se loger dans la jambe de l'un des soldats. Dans la confusion générale, l'avocat français a finalement été relâché. Il s'en est fallu de peu.

Des riverains, de toutes nationalités, débarquent, hagards, dans le hall. Ils côtoient des clients ivoiriens ébahis, pendus à leur téléphone – des hommes d'affaires, des politiques, mais aussi des responsables de la nébuleuse des Jeunes Patriotes qui sont ici à demeure : au début de la crise, le régime de Laurent Gbagbo leur a octroyé quelques chambres et bureaux pour les remercier de leur soutien actif. Tout ce beau monde cohabite désormais dans l'hôtel, quasiment à huis clos. Surréaliste. Mais pour ces Patriotes, comme pour le pouvoir, la prise de l'hôtel Ivoire par le général Poncet est une véritable déclaration de guerre.

À l'extérieur, des dizaines de véhicules de la force Licorne stationnent sur le parking. Les soldats ont déroulé des chevaux de frise tout autour de l'emprise pour tenter d'en contrôler les accès. À l'arrière de l'établissement, les soldats se sont également déployés pour surveiller la lagune. Le jour s'est levé, et déjà des dizaines, bientôt des centaines de personnes

1. Lire Thomas Hofnung, « Gbagbo fait son beurre avec le cacao », *Libération*, 18 janvier 2006.

commencent à affluer tout autour de l'Ivoire. Un long face-à-face est en train de débuter entre les soldats de Licorne et les Jeunes Patriotes.

Le colonel Destremau commence à comprendre. Laurent Gbagbo et sa garde rapprochée, durement secoués ces dernières heures, humiliés même, ne vont pas laisser passer une telle aubaine : la présence de soldats français si proches de la présidence ivoirienne. Le camp Gbagbo a perdu une bataille au sud des ponts, la seconde manche se joue maintenant, au nord. Charles Blé Goudé et ses lieutenants n'ont aucun mal à mobiliser leurs partisans : si l'armée française s'est installée à deux pas du palais présidentiel, c'est forcément pour parachever le coup d'État contre Laurent Gbagbo, après une première tentative avortée la nuit précédente…

À la télévision et à la radio, toute la journée, les leaders patriotes se succèdent et battent le rappel des troupes, convoyées méthodiquement vers l'hôtel par des bus mis à leur disposition par les autorités. Et la rumeur, insistante, enfle : dans un blindé français qui stationne à l'hôtel Ivoire est tapi Alassane Ouattara, l'ennemi juré de Gbagbo ; il se prépare à prendre le pouvoir grâce à l'armée française… Mais les « Patriotes aux mains nues » sont là, et ils feront tout pour l'en empêcher. Ils sont même prêts à mourir s'il le faut !

Les heures passent, et ce sont désormais plusieurs milliers de personnes qui se pressent devant les barbelés de la force Licorne. Sous un soleil écrasant, la foule entonne des chants patriotiques et insulte copieusement le cordon de soldats tricolores. « Chirac assassin ! », hurlent certains. Et c'est encore au colonel Destremau qu'il revient de faire face. Arborant toujours le même visage imperturbable, l'officier repense à un autre épisode de sa vie, où il s'était déjà retrouvé pris au piège, frôlant la mort. C'était au printemps 1988, il y a seize ans, dans une grotte en Nouvelle-Calédonie. Sur l'île d'Ouvéa.

*

À quelques jours du premier tour de l'élection présidentielle, le 22 avril 1988, un commando d'indépendantistes kanaks prend d'assaut un poste de la gendarmerie. Quatre membres des forces de l'ordre sont tués, le reste du groupe est fait prisonnier et aussitôt emmené vers une destination inconnue. Au bout de cinq jours de recherches fébriles, les preneurs d'otages sont localisés dans une grotte dans le nord de l'île d'Ouvéa, où ils retiennent une quinzaine de gendarmes en otages. Paris envoie l'artillerie lourde : plusieurs escadrons de gendarmerie, des parachutistes, les forces spéciales et le GIGN. L'île d'Ouvéa est déclarée « zone militaire », interdite d'accès aux journalistes.

Les discussions s'engagent dans un climat extrêmement tendu. Acculé, le chef du commando kanak, Alphonse Dianou, menace d'exécuter les otages si le groupe de négociateurs, emmené par le capitaine du GIGN, Philippe Legorjus, ne se constitue pas prisonnier à son tour. Ce dernier accepte et entre dans la grotte avec cinq autres hommes. Parmi eux, un jeune lieutenant sorti il y a à peine cinq ans de Saint-Cyr et en poste à Ouvéa depuis plusieurs mois. Son nom : Patrick Destremau. Les six hommes rejoignent les gendarmes déjà faits prisonniers.

Les jours passent, et les négociations piétinent. À Paris, le Premier ministre Jacques Chirac, qui affronte dans quelques jours le président sortant François Mitterrand au second tour de la présidentielle, veut en finir. Il donne l'ordre de passer à l'action. Le 5 mai, à l'aube, les forces de l'ordre lancent l'assaut. Un carnage : lors d'un premier raid, douze indépendantistes sont tués, ainsi que deux militaires, des parachutistes d'élite du 11e Choc. Dans la confusion, les prisonniers échappent à la vigilance de leurs geôliers et se réfugient tout au fond de la grotte. Ils vont réussir à s'enfuir par une cheminée latérale pendant que les forces de l'ordre lancent le second assaut. Le dernier carré des ravisseurs se rend. Plusieurs indépendantistes, dont le leader Alphonse Dianou, ont trouvé la mort dans l'opération, « achevés » diront leurs proches. Une accusation toujours démentie par Paris. Après dix jours passés dans la grotte, le lieutenant Destremau revoit enfin la lumière du jour. C'était il y a plus de quinze ans…

*

À l'Ivoire, en cette journée du 8 novembre, c'est un autre piège qui s'est refermé sur lui et ses soldats. Ils sont désormais encerclés par la foule des Patriotes. L'officier est de plus en plus inquiet. Ses hommes n'ont que des armes létales et s'ils se retrouvent dans l'obligation de tirer face à une foule menaçante, ce sera un massacre. Patrick Destremau contacte le PC du général Poncet pour demander l'envoi de toute urgence de gendarmes. Formés au contrôle de foule et munis de moyens non létaux (grenades lacrymogènes ou assourdissantes, balles en caoutchouc), ils savent faire. Mais le patron de Licorne voit les choses autrement : il décide d'envoyer des renforts dans lesquels il a une totale confiance, une unité des forces spéciales.

Ces soldats d'élite sont déposés sur place par hélicoptère. Munis de jumelles et de fusils à lunette, ces militaires plus habitués à mener des opérations coups de poing qu'à canaliser des foules prennent position dans des chambres avec vue plongeante sur le parking. Ils s'attachent aussitôt à repérer les meneurs, ceux qui « chauffent » les Jeunes Patriotes et sont susceptibles de donner le top départ d'un assaut contre les marsouins. Ceux, le cas échéant, qu'il faudra « neutraliser » en priorité.

Sur l'esplanade, des tours de garde s'organisent. À l'intérieur, dans les escaliers qui mènent à la galerie marchande du sous-sol, un groupe de soldats se repose, prêt à foncer vers le parking en cas d'alerte. Dans la galerie commerciale, certains d'entre eux vont acheter un sandwich et boire un Coca frais dans le snack qui, étonnamment, est resté ouvert au milieu du chaos. Servis par des employées apprêtées, ils y croisent des Jeunes Patriotes qui se sont introduits dans l'hôtel pour se rafraîchir. Après ce moment suspendu, où chacun se regarde en chiens de faïence sur terrain neutre, tout le monde va se retrouver dans un instant sur le parking, de chaque côté des barbelés.

Sans se concerter avec l'ambassadeur Le Lidec, le général Poncet prend alors l'initiative de contacter les autorités ivoiriennes. Pour engager le dialogue et tenter d'apaiser les esprits, les deux parties décident de se rencontrer à l'hôtel Ivoire. Le patron de Licorne s'y rend en hélicoptère, flanqué du commandant sénégalais de l'ONUCI, le général Fall. Dans une salle de réunion sans charme, ils retrouvent le président de l'Assemblée nationale, Mamadou Koulibaly, un proche de Gbagbo réputé pour son intransigeance, et le chef d'état-major de l'armée ivoirienne, Mathias Doué. Son camarade de promotion de Saint-Cyr réapparaît ainsi publiquement pour la première fois depuis la déflagration de Bouaké.

*

Celui qu'on surnomme à Abidjan « le Chinois[1] » est en effet étrangement absent depuis le début de la crise. Une évaporation volontaire : Mathias Doué, qui se sait sous l'étroite surveillance des va-t-en-guerre engagés dans l'opération Dignité, a de vives craintes pour sa propre sécurité[2]. Les « ultras » au sein de l'armée savent qu'il désapprouve en privé l'usage de la force pour reconquérir le nord du pays. Aussi a-t-il été totalement écarté des préparatifs de l'offensive. Mais une fois que celle-ci a été lancée, le chef d'état-major nommé en 2000 par Laurent Gbagbo n'a pas eu d'autre choix que de la soutenir publiquement en diffusant des messages exaltés sur la victoire promise aux forces gouvernementales.

1. Diplômé de Saint-Cyr, Mathias Doué a été nommé attaché de défense en Chine en 1995-1996, avant d'être appelé à d'autres fonctions en Côte d'Ivoire.

2. Depuis le début de la crise en septembre 2002, de mystérieux « escadrons de la mort » sont entrés en action à Abidjan, éliminant plusieurs opposants ou personnalités liées à l'opposition. Lire Thomas Hofnung, « À Abidjan, les escadrons de la mort terrorisent l'opposition », *Libération*, 16 novembre 2002.

Durant la nuit qui a suivi le bombardement du lycée Descartes, alors que la situation était devenue incontrôlable à Abidjan, il s'est « rendu injoignable », débranchant tous ses téléphones, qu'il devine sur écoute[1]. Paniqué, l'état-major de Licorne aurait bien eu besoin de son aide pour tenter de rétablir un semblant d'ordre dans la métropole ivoirienne. Mais alors que certains opposants appelaient en sous-main l'armée française à « aller jusqu'au bout » et que des militaires ivoiriens dissidents proposaient de leur propre chef d'intervenir aux côtés des soldats de Licorne, l'absence de Mathias Doué s'est fait cruellement sentir. « Pas question de faire le boulot à la place des Ivoiriens eux-mêmes ! », lançait, furieux, le patron de la force Licorne à son entourage durant ces heures de braise[2].

Sous pression, soupçonné même par certains de ses congénères de ne pas être totalement étranger à l'échec de l'opération Dignité, le chef d'état-major de l'armée ivoirienne a été contraint de sortir de sa torpeur pour participer à la réunion montée à la hâte à l'hôtel Ivoire. Aussitôt après, il va disparaître à nouveau, suscitant les rumeurs les plus folles dans une ville d'Abidjan à cran.

*

Mais en ce matin du 8 novembre, à l'hôtel Ivoire, Mathias Doué est bien là. À l'issue de leur réunion, les

1. Entretien avec un conseiller du président Ouattara, Abidjan, 12 mars 2024.

2. Entretien avec un officier supérieur français présent à Abidjan durant ces événements, avril 2024.

quatre hommes lancent des appels au calme devant les caméras de la télévision ivoirienne. Le général Poncet prend la parole pour faire une « déclaration solennelle au nom du gouvernement français et du président de la République Jacques Chirac » : « Il n'est absolument pas dans l'intention de la force Licorne de renverser le président Gbagbo », clame-t-il d'un ton martial, assurant que l'arrivée inopinée des blindés français la veille au soir devant la résidence présidentielle est une regrettable erreur d'orientation. Le général Doué tient de son côté à démentir les rumeurs évoquant sa possible prise de pouvoir avec l'aide de la force Licorne. Quant au président de l'Assemblée nationale, prenant au mot l'armée française qui n'a pas « l'intention de faire un coup d'État, ni d'enlever le président de la République », il appelle « au calme ». L'heure est à la détente. Chacun convient qu'il faut sortir de ce face-à-face explosif devant l'hôtel Ivoire. Mais rien ne bouge.

Les heures s'égrènent, et à plusieurs reprises, les soldats de Licorne repoussent des tentatives d'infiltration de Jeunes Patriotes. Comme si ces derniers voulaient tester le dispositif des Français, tout autant que leur détermination. Un groupe particulièrement hardi tente de débarquer à bord de petits bateaux à moteur à l'arrière de l'hôtel. Mais, repéré durant la traversée de la lagune, il essuie plusieurs coups de semonce tirés depuis un hélicoptère de Licorne et fait aussitôt demi-tour. Pendant ce temps, les derniers ressortissants étrangers qui avaient trouvé refuge dans l'hôtel sont évacués sur des barges en direction de la base du 43e BIMa.

Le colonel Destremau transmet le message au QG de Licorne : le gros des expatriés étant hors de danger désormais, il faudrait envisager un départ rapide de cette souricière, un cul-de-sac. Mais le général Poncet hésite encore, la situation reste très chaotique au nord des ponts, et un tel retrait ne manquerait pas d'être exploité par le camp Gbagbo comme une grande victoire. Il tranche : pour l'heure, pas question de reculer, les soldats de Licorne doivent rester sur place jusqu'à nouvel ordre.

Il est 18 heures, la nuit tombe d'un coup, et la foule se disperse progressivement. La journée s'achève sans casse. Mais le temps presse, persiste à penser le colonel Destremau. Demain, il faut absolument que ses hommes puissent quitter au plus vite les lieux. À l'Ivoire, l'armée française organise des quarts pour assurer la surveillance des lieux. Seule une poignée de Jeunes Patriotes déterminés a décidé de passer la nuit sur place, pour surveiller les Français, au cas où ils tenteraient à nouveau de faire une sortie en direction de la résidence de Gbagbo, devant laquelle campent désormais une foule de partisans du président. Le calme est revenu aux abords de l'établissement. Pas pour longtemps.

*

À l'aube du 9 novembre, les Jeunes Patriotes sont de retour sur l'esplanade, annonçant une nouvelle journée de tensions. Et la foule grossit d'heure en heure. Le colonel Destremau multiplie les appels au PC du général Poncet : il faut faire baisser la tension et en sortir au plus vite, répète-t-il.

Le patron de Licorne finit par trouver un accord avec les autorités ivoiriennes pour un redéploiement des soldats de Licorne vers un autre établissement, l'hôtel du Golf, situé non loin de là, en bordure de la lagune. À la mi-journée, des gendarmes ivoiriens arrivent aux abords de l'hôtel Ivoire pour sécuriser le retrait des troupes françaises, en tenant à distance la foule. Le colonel Destremau souffle et entame aussitôt le dialogue avec le chef du détachement des gendarmes, le colonel Guiai Bi-Poin, afin de mettre au point les modalités du départ des troupes de Licorne.

Mais les discussions, inexplicablement, piétinent, dans une ambiance de plus en plus électrique. On tergiverse côté ivoirien. Le colonel Guiai Bi-Poin demande à ses hommes de se déployer pour repousser les Jeunes Patriotes, toujours plus menaçants. Comme si la perspective du départ des soldats français de l'hôtel échauffait les esprits. Et si la colonne repartait en direction du palais présidentiel pour y installer une bonne fois pour toutes Alassane Ouattara à la place de Gbagbo ? Pour les leaders des Jeunes Patriotes et les radicaux de la présidence, c'est peut-être aussi la dernière occasion d'en découdre avec les Français, de les pousser à la faute, au moment même où le président sud-africain Thabo Mbeki a débarqué à Abidjan pour tenter de désamorcer la crise…

« Jusqu'à présent, vous n'avez pas tiré, dit le colonel ivoirien à l'adresse de Destremau, presque à regret. Laissez-nous, on va gérer ensemble, vous et moi, pour trouver la solution. Maintenant, si vous avez le projet de tirer, je me retire et je vous laisse tirer[1]… »

1. Cette scène a été diffusée dans l'émission « 90 minutes » de Canal+, réalisée par Stéphane Haumant et Jérôme Pin, février 2005.

Patrick Destremau tente de garder son calme : ne pas perdre sans sang-froid devant ses hommes eux-mêmes à cran. Une nouvelle escouade de forces spéciales a été envoyée par le PC du général Poncet pour renforcer le dispositif. Destremau continue de négocier pied à pied avec le colonel Bi-Poin, lui demandant de repousser la foule et de sécuriser une voie de sortie.

Tout à coup, vers 16 heures, l'atmosphère se tend brusquement. Profitant de la protection offerte par le cordon de gendarmes ivoiriens, la foule parvient à ôter les barbelés et se rapproche dangereusement du dispositif français. Le colonel Destremau enjoint aux gendarmes ivoiriens de reprendre le contrôle de la situation…

Acculés, les soldats de Licorne reculent, et reculent encore. La situation est devenue maintenant inextricable. Une vague de Jeunes Patriotes est en train de submerger les blindés de Licorne. Un homme s'enhardit, il grimpe sur un blindé et tente d'armer une mitrailleuse lourde. Il est abattu sur-le-champ par un soldat français. Un gendarme ivoirien le met à son tour en joue avec sa kalachnikov, prêt à tirer, quand lui aussi est « neutralisé » d'une balle en pleine tête. Au même moment, un autre soldat français est poussé violemment dans le dos dans la foule.

C'est alors que les premières rafales de tirs claquent. Un autre gendarme ivoirien s'effondre. Postés au sixième étage de la tour, les snipers des forces françaises font feu. Le premier cordon de soldats français effectue des tirs d'intimidation, au-dessus de la foule. Mais, surpris par l'explosion tout près de lui d'une grenade assourdissante, un soldat abaisse le canon de son fusil et tire sur une femme, tuée sus le coup[1]. Sur le parking, les premiers rangs des Jeunes Patriotes se jettent à terre. Derrière eux, c'est la débandade : dans une cohue indescriptible, la foule se met à courir à toutes jambes. Certains tombent, et se font piétiner par leurs camarades, ils suffoquent. En quelques secondes, le parking se vide. Plusieurs personnes sont à terre. L'une d'entre elles a le crâne défoncé par un tir. Une autre a la main arrachée. Une troisième un trou dans l'épaule. D'autres encore ont été touchées par des balles qui ont ricoché sur l'asphalte. « Cessez le feu ! », ordonne le colonel Destremau.

Une fraction de seconde, le silence, presque irréel. Puis les ordres fusent : évacuation immédiate ! Dans l'hôtel, les soldats français rassemblent leur paquetage dans la précipitation. Ils dévalent les escaliers quatre à quatre pour rejoindre leurs véhicules désormais bien esseulés au milieu d'un parking vide. Dans le hall de l'Ivoire, le chaos est total. Deux gendarmes ivoiriens ont été sérieusement touchés dans la fusillade, leurs collègues hurlent sur les soldats français, on menace de se tirer dessus. Devant le hall, une poignée de Jeunes Patriotes qui tente de pénétrer dans l'hôtel est violemment repoussée par les hommes de Licorne dans un éprouvant corps-à-corps.

Plus une minute à perdre : les moteurs tournent, les marsouins grimpent à bord, les hommes des forces spéciales dépêchés par hélicoptères montent à la va-vite sur les capots ou le toit des véhicules. Le gros de la foule

1. La scène est décrite très précisément par le sergent Yohann Douady dans *D'une guerre à l'autre*, *op. cit.*

est parti, mais elle peut revenir d'une minute à l'autre. Il faut rembarquer le matériel, vérifier que tout y est et qu'on n'a oublié personne. On se compte. Après de longues minutes le convoi peut enfin s'ébranler. Sous les huées, il fonce pour rejoindre sa nouvelle destination. Mais dans la précipitation, il se scinde en deux : une partie se retrouve isolée, vulnérable. Il faut l'intervention d'un hélicoptère Gazelle pour guider tout le monde à bon port. Juste avant la tombée de la nuit, les troupes du colonel Destremau arrivent enfin à l'hôtel du Golf, et au complet.

Très vite, une nouvelle rumeur circule, diffusée en boucle sur les écrans de la télévision nationale : l'armée française a commis un « massacre » devant l'hôtel Ivoire en tirant sur les « Patriotes aux mains nues ». Entre Paris et Abidjan, c'est une énième bataille qui commence, celle des chiffres des victimes. Informé avec un temps de retard par le PC du général Poncet, le ministère de la Défense va nier en bloc, puis évoquer une poignée de morts, victimes de tirs entre Ivoiriens… De leur côté, les autorités ivoiriennes évoqueront un « bain de sang » devant l'Ivoire, sans parvenir à fournir un bilan précis des victimes[1].

Fous de colère, sous le choc, certains Patriotes pénètrent dans l'hôtel juste après le départ des Français. Ils saccagent le hall, détruisent tout ce qui leur tombe

1. Quelques semaines plus tard, un document du ministère ivoirien de la Santé récupéré par *Libération* dénombrera 57 morts sur l'ensemble du territoire durant les événements de novembre 2004, dont une grande partie hors d'Abidjan. Lire Thomas Hofnung « Licorne en partie disculpée par le gouvernement ivoirien », *Libération*, 15 décembre 2004.

sous la main. D'autres inspectent les lieux. Dans un recoin, derrière un fauteuil, un homme fait une drôle de découverte : un ordinateur portable a été oublié dans la précipitation. Discrètement, il s'en saisit et l'emporte avec lui. À l'abri des regards, le voici qui entreprend d'éplucher son contenu. Et il n'en croit pas ses yeux. Sur l'écran apparaît toute une série d'informations confidentielles : le détail des équipements dont dispose la force Licorne, y compris ses moyens de surveillance, mais aussi des fiches de renseignement sur toute une série de responsables ivoiriens, qu'ils soient dans le camp Gbagbo ou dans la galaxie rebelle. Parmi eux, le président Gbagbo, sa femme Simone, les principaux ministres, les plus hauts responsables de l'armée. On y précise la religion, l'ethnie, les réseaux et l'« indice de pouvoir » de chacun…

Cette découverte est une bombe à retardement. L'homme qui a récupéré l'ordinateur des Français va le confier à l'entourage de Laurent Gbagbo, non sans en avoir fait une copie au préalable, cela peut servir… Bientôt, la presse progouvernementale va se faire un plaisir de multiplier les « scoops » en distillant sous forme de feuilleton les informations contenues dans le portable oublié par les Français. Mais les informations les plus précieuses restent dans l'ombre : l'ordinateur est aussi une mine d'informations sur les chefs rebelles, sur les armes dont ils disposent, et sur un certain nombre de personnalités à Abidjan jugées « profrançaises » par le renseignement militaire. Celles-ci ont du souci à se faire.

En consultant la fiche qui lui est dédiée, Laurent Gbagbo s'aperçoit, entre autres, que les Français ont listé la gamme de véhicules qu'il utilise pour ses déplacements et dont il change régulièrement, pour des raisons de sécurité. Tout y est : les numéros des plaques minéralogiques des voitures, et même le niveau de leur blindage. Devant ses proches, le président sourit en racontant ce qu'il vient de découvrir. Mais, en vérité, il est tout sauf rassuré. « Tant que Chirac sera là, je ne dormirai pas bien », susurre-t-il.

# CHAPITRE 8

## La fuite des huit mercenaires

« Passeports ! » Un minibus fatigué vient de se présenter au poste-frontière entre le Ghana et le Togo. Il est 8 heures du matin. À son bord, en plus du chauffeur, huit passagers. Que des hommes, et que des Blancs, passablement éméchés.

Le policier togolais examine d'un air soupçonneux les documents d'identité tendus par le conducteur : des Biélorusses ? Pas très courant par ici…

« D'où venez-vous ?

— De Côte d'Ivoire, répond avec une fausse décontraction le chauffeur ivoirien du minibus.

— Profession ?

— Mécaniciens agricoles. »

Le policier prend les passeports avec lui et rejoint ses collègues à l'ombre d'une cahute. Il y a quelque chose qui cloche. Les trois Togolais se concertent. Et d'un commun accord décident d'appeler sans plus tarder leur supérieur. Les voyants s'allument, et l'information remonte jusqu'au sommet, à Lomé, la capitale.

« Monsieur le ministre ?

— Oui, répond François Boko.

— Ici le directeur de la police, je vous contacte car nous venons d'intercepter à la frontière un véhicule avec à son bord huit ressortissants biélorusses en provenance de Côte d'Ivoire.

— Ah bon, mais que font-ils là ? interroge le jeune ministre de l'Intérieur.

— Ils se présentent comme des mécaniciens agricoles et affirment venir de Côte d'Ivoire, mais ils sont très évasifs dans leurs réponses… »

Nous sommes le 16 novembre, dix jours seulement après les événements de Bouaké. François Boko, une des étoiles montantes au sein de la galaxie du président togolais Gnassingbé Eyadéma, grand allié de la France et « ami personnel » de Jacques Chirac, fait immédiatement la connexion.

« Interpellez-les le temps que nous fassions les vérifications nécessaires et que nous prévenions Paris. »

*

C'est un mardi matin comme tous les autres pour le commissaire Claude Taxis. L'attaché de sécurité intérieure de l'ambassade de France est à son bureau quand son téléphone sonne. Il est 10 heures.

« Commissaire, un appel pour vous : le ministre de l'intérieur.

— OK, passez-le-moi…

— Bonjour, Claude, ici François Boko. Comment allez-vous ? »

Les deux hommes se connaissent très bien. Chargé des questions de coopération policière au sein de l'ambassade, le commissaire Taxis est aussi conseiller technique auprès du ministre. Au Togo, l'ancienne puissance coloniale a toujours des hommes bien placés. Et bien informés.

« Claude, nous avons intercepté, il y a environ deux heures, un minibus avec à son bord huit ressortissants biélorusses qui se présentent comme des mécaniciens agricoles. Ils viennent de Côte d'Ivoire, et nous avons toutes les raisons de penser qu'ils ne sont peut-être pas étrangers à ce qui est arrivé à vos soldats à Bouaké il y a dix jours. Nous avons saisi leurs passeports, ils sont à votre disposition.

— Merci, monsieur le ministre. J'arrive. »

Le commissaire sort précipitamment de son bureau, dévale les escaliers et s'engouffre dans sa voiture, direction le ministère de l'Intérieur. Lomé, la capitale du Togo, jouxte la frontière avec le Ghana et le groupe des huit a été rapidement transféré dans les locaux de l'administration togolaise.

Ils sont là, assis en rond, à même le sol, dans une cour, les mains sur la tête. Huit hommes, massifs, mal rasés, la cinquantaine bedonnante, la mine renfrognée. Pas vraiment l'air de mécanos agricoles… Et puis d'ailleurs, pour qui travaillaient-ils en Côte d'Ivoire ? Sur quelle exploitation ? À leurs côtés, il y a le chauffeur ivoirien. Et dans un bureau, une femme qui est venue, dit-elle, les récupérer. Biélorusse, elle aussi. Claude Taxis la reconnaît tout de suite. C'est une proche du Français Robert Montoya. Cette fois, le doute n'est plus permis.

*

Robert Montoya, une vieille connaissance des services français à Lomé. Cela fait plus de quinze ans qu'on aperçoit la silhouette de ce quinquagénaire au crâne dégarni sur l'avenue bordée de palmiers qui longe l'océan Atlantique. Cet ancien gendarme français s'est reconverti, avec succès, dans le business de la sécurité en Afrique, et le Togo est l'une de ses places fortes. L'homme est discret, il voyage beaucoup, fuit les mondanités, mais on croise régulièrement sa silhouette athlétique dans les restaurants de la capitale togolaise, où il a établi son camp de base. Malin, doué pour les affaires et doté d'un solide sens du contact, il y a bâti au fil des ans un petit empire : sécurité aéroportuaire, fourniture d'équipements de sécurité et négoce d'armes... Il a même élargi son business au commerce de produits tropicaux, histoire peut-être de donner le change. Robert Montoya est devenu un personnage clé dans la capitale togolaise, où il a accès aux plus hautes sphères du pouvoir. Une sacrée revanche pour cet homme « grillé » en France depuis la fin des années 1980.

Né en Algérie en 1948, Robert Montoya a chuté aussi vite qu'il avait grimpé les échelons dans l'Hexagone. Jeune homme dynamique et ambitieux, il a d'abord fait ses armes dans la gendarmerie. Affecté en Corse, une zone compliquée, souvent considérée comme une région test au sein de la nébuleuse française de la sécurité, il s'y fait remarquer par son habileté à infiltrer les milieux du grand banditisme liés au trafic de drogue. En quête de renseignements de première main pour ses enquêtes, le juge Frédéric Nguyen en fait l'un de ses hommes de confiance. Et l'activisme du jeune Montoya ne tarde pas à être remarqué en haut lieu : Christian Prouteau, le patron de la toute nouvelle cellule antiterroriste qui a vu le jour à l'Élysée après la victoire de François Mitterrand en mai 1981, décide d'en faire l'un de ses informateurs privilégiés pour la Corse. Tout semble alors réussir à « Bob ».

Mais à la fin des années 1980, Montoya se retrouve pris dans les filets de la justice à deux reprises. S'il est rapidement blanchi dans l'enquête portant sur le démantèlement d'une filière de trafic de drogues qu'il avait infiltrée avec l'un de ses collègues, il est condamné en 1988 dans l'affaire dite des « écoutes de l'Élysée ». Le gendarme est reconnu coupable par la justice d'avoir mis sur écoute un huissier du Conseil supérieur de la magistrature soupçonné de divulguer des informations confidentielles à la presse. Le voilà « tricard » dans l'Hexagone.

Il en faudrait plus pour l'abattre. Jeune retraité de la gendarmerie, qu'il quitte avec le grade modeste d'adjudant, Montoya a une revanche à prendre. Il a déjà pensé au coup d'après : comme un certain nombre de ses ex-collègues en délicatesse avec la justice, il met les voiles vers un petit pays d'Afrique de l'Ouest qui, depuis des années, se montre très accueillant avec les mercenaires, businessmen et repris de justice de tout acabit : le Togo. Le pays idéal pour « se refaire » : francophone, trop petit pour apparaître sur les radars des médias, il est gouverné par un clan mafieux regroupé autour d'un grand allié de Paris dans la région, le président Eyadéma.

Fort de son réseau bâti au fil de ses « années corses », puis à l'Élysée dans l'entourage de Christian Prouteau, l'ex-gendarme Montoya s'installe à Lomé au début des années 1990, où il se montre très entreprenant. En quelques années à peine, le voilà à la tête de plusieurs sociétés qu'il a lancées avec une bande de « sécurocrates » reconvertis dans le business : d'anciens gendarmes, des ex-militaires (dont des officiers supérieurs), et même un ancien attaché de défense à l'ambassade de France à Lomé… De temps à autre, on peut apercevoir cet aréopage dîner autour de Montoya dans l'un des restaurants prisés de la capitale togolaise, le Da Claudio.

Habile, l'ancien gendarme de l'Élysée sait flairer les bons coups. Avec la chute de l'Union soviétique, au début des années 1990, des opportunités sont à saisir dans cette immense usine d'armements aux portes désormais grandes ouvertes. Il n'y a qu'à se servir, ou presque. Robert Montoya propose opportunément ses services à une firme d'État biélorusse de ventes d'armes qui cherche ardemment de nouveaux marchés. Il devient l'un des représentants officiels de la société BSVT pour le continent africain. Parallèlement, Montoya prend des parts dans une banque en Lettonie, une ancienne république soviétique, où il peut réaliser en toute tranquillité les montages financiers adéquats pour la bonne marche de ses affaires. Son activisme est suivi de près, dès cette époque, par les services de renseignement français.

Au début des années 2000, la crise en Côte d'Ivoire est une occasion en or pour tous les marchands de canons et autres intermédiaires qui écument l'ouest de l'Afrique à la recherche de bonnes affaires. Ce pays est l'un des plus riches de la région, son gouvernement a de l'argent, qui exhale l'odeur âcre du cacao… mais il n'a pas d'armée digne de ce nom, ayant sous-traité depuis son indépendance sa sécurité à l'ancienne puissance coloniale française. Le président

Laurent Gbagbo cherche des armes ? Cela tombe bien : Robert Montoya sait où en trouver. Rien d'illégal, au demeurant. Introduit au palais de Cocody, à Abidjan, grâce à ses relations personnelles, l'ancien gendarme a du bagout, il convainc rapidement le chef de l'État qu'il est l'homme de la situation. Au point d'être propulsé « conseiller » du président ivoirien et de bénéficier, comme toute une nébuleuse qui gravite dans les coulisses du palais, d'un passeport diplomatique estampillé « République de Côte d'Ivoire » pour faciliter ses démarches et ses déplacements. Alors que Paris refuse d'intervenir contre les rebelles qui ont essayé de le dégommer et se sont emparés de toute la moitié nord de son pays, Laurent Gbagbo veut aller vite.

Montoya va faire bon usage de cette confiance que lui accorde le chef de l'État en sursis. Laurent Gbagbo, qui ne connaît rien à la chose militaire, se laisse persuader par ces conseillers étrangers bien intentionnés que l'arme aérienne va lui permettre de pallier rapidement les lacunes de son armée pour chasser les rebelles de Guillaume Soro. Résultat, en quelques mois, les livraisons d'équipements et de munitions en provenance de l'est de l'Europe se multiplient à destination du gouvernement ivoirien. En toute légalité : malgré le conflit qui déchire ce pays, aucun embargo sur les armes à destination de la Côte d'Ivoire n'a été décrété par l'ONU.

Et c'est Robert Montoya qui est à la manœuvre pour l'exécution de ce gros contrat. Via l'une de ses firmes, Darkwood[1], il organise la livraison de matériels de fabri-

1. Lire Laurent Léger, *Trafics d'armes. Enquête sur les marchands de mort*, Flammarion, 2006.

cation soviétique en solde : un avion-cargo Antonov-12, quatre avions de combat Sukhoï SU-25, trois hélicoptères (deux MI-24 et un MI-8T). Entre 2002 et 2004, l'intermédiaire français fournit à lui seul près des deux tiers des équipements importés par Abidjan[1]. En provenance de Biélorussie, tout ce matériel transite par le Togo, où Robert Montoya est à demeure. Grâce à ses contacts au plus haut niveau – plusieurs hiérarques du clan au pouvoir ont des intérêts personnels au sein de sa nébuleuse de sociétés de sécurité –, le marchand d'armes français a privatisé un bout de l'aéroport de Lomé, où il dispose d'un hangar. L'ex-gendarme y fait ce qu'il veut, à l'abri des regards. Ou presque.

Car les services français n'ignorent rien de ce petit manège. Il se déroule sous leurs yeux, sur le tarmac de Lomé que l'armée française utilise elle-même comme base arrière logistique pour l'opération Licorne en Côte d'Ivoire. De la Biélorussie à la Côte d'Ivoire, en passant

1. L'enquête menée par un groupe d'experts mandatés par l'ONU à la suite de l'adoption, le 15 novembre 2004, par le Conseil de sécurité de la résolution 1572 instaurant un embargo sur les livraisons d'armes à la Côte d'Ivoire a mis au jour l'existence de deux comptes bancaires à Abidjan au nom de RM Holdings, dont les deux signataires sont Robert Montoya (président) et un ressortissant biélorusse Mikhaïl Kapilov (directeur du développement). Les seules données chiffrées disponibles couvrent une période postérieure, entre février 2005 et avril 2006. Elles font état de sept versements sur ces comptes, entre février 2005 et avril 2006, d'un total de 4 millions de dollars pour la maintenance des aéronefs livrés au gouvernement ivoirien par l'entreprise biélorusse BSVT. Sept autres versements ont eu lieu aux mêmes dates pour un total de 1,4 million de dollars liés cette fois aux frais de séjour des personnels, « pour l'essentiel biélorusses ». Rapport adressé au Conseil de sécurité de l'ONU, le 5 octobre 2006.

par le Togo, ils surveillent attentivement les activités florissantes de Robert Montoya. Paris ne peut donc ignorer que Laurent Gbagbo est en train d'acquérir une petite armada pour être prêt, le jour J, à entamer la reconquête de son pays. Paris sait, mais Paris ne dit rien.

*

Claude Taxis en est sûr, lui aussi. Ces « mécaniciens agricoles » ont quelque chose à voir avec le drame qui vient de se produire en Côte d'Ivoire. Il salue les policiers togolais et, muni des photocopies des papiers d'identité des interpellés, remonte prestement dans son véhicule, direction l'ambassade de France.

« Il faut envoyer tout ça à Paris », dit le commissaire à sa secrétaire.

Il est 11 h 30 du matin, le fax crépite en direction de la place Beauvau. Nul doute, pour Claude Taxis, que le cabinet du ministre va regarder cela avec une attention toute particulière, avant d'en référer au « patron » : Dominique de Villepin, l'artisan des accords de paix de Marcoussis, l'ancien chef de la diplomatie et ancien directeur du département Afrique au ministère des Affaires étrangères… Ce n'est un secret pour personne : même s'il a récemment transmis les rênes du Quai d'Orsay à Michel Barnier, « DDV » suit de très près ce qui se passe en Côte d'Ivoire. Il y a quelques mois, il a même pris la peine d'appeler Laurent Gbagbo pour lui souhaiter un bon anniversaire. L'homme à la chevelure argentée veut tout faire pour que Marcoussis, son « bébé », marche sur ses deux jambes… Il n'y a plus qu'à attendre les instructions de Paris, pense Claude Taxis, confiant, et elles ne devaient pas tarder.

Aussitôt le fax envoyé, le commissaire s'en va frapper à la porte de son voisin d'ambassade, l'attaché de défense, le colonel Jean-Claude Battesti.

« Tiens, Jean-Claude, regarde ça ! », dit-il en posant les photocopies des passeports sur le bureau du colonel.

C'est désormais l'effervescence à tous les étages au sein de l'ambassade de France à Lomé. Le colonel Battesti sollicite à son tour le chef de poste de la DGSE, surnommé « Fred », qui doit sans doute être déjà au courant. La surveillance du trafic d'armes, les agissements des intermédiaires liés à des puissances étrangères, avec des conséquences possibles sur une opération où la France est en première ligne… on est là au cœur des activités des espions de la République. Mais chacun son job : personne, pas même l'ambassadeur, ne donne d'instruction au représentant de la DGSE. « Fred » dispose d'un statut à part au sein de l'équipe, il n'a qu'un seul interlocuteur, sa direction installée boulevard Mortier, à Paris[1]. Un seul, ou presque : accessoirement, « Fred » est aussi le conseiller du président Eyadéma, auquel il a un accès privilégié. Ici, la Françafrique n'est pas morte.

Le colonel Battesti imite aussitôt son collègue policier et envoie les photocopies des passeports des huit « mécaniciens agricoles » au ministère de la Défense à Paris. L'état-major des armées est rapidement prévenu.

1. Lire Antoine Glaser et Thomas Hofnung, *Nos chers espions en Afrique*, Fayard, 2018.

Dans la foulée, l'attaché de défense appelle le QG de l'opération Licorne à Abidjan.

« Je suis déjà au courant, lui répond, sur un ton sec, le général Poncet. Le général Tidjani[1] vient de m'appeler pour me dire qu'il détenait des types possiblement impliqués dans l'affaire de Bouaké. »

Puis le patron de Licorne ajoute, dissimulant avec peine sa frustration :

« Je lui ai dit qu'on avait une ambassade à Lomé, et de voir avec vous directement… »

Le colonel Battesti ne cache pas sa surprise. « Mais, mon général… » Ce dernier l'interrompt : « Écoute, mon colonel, je vais t'expliquer… »

Et le patron de Licorne entreprend de lui narrer un épisode qui date de quelques jours, impliquant un autre groupe de mercenaires slaves, des diplomates français et russes, ainsi que les plus hautes autorités à Paris.

« Tu te souviens des quinze techniciens que mes hommes ont tamponnés sur l'aéroport d'Abidjan après le bombardement[2] ?

— Absolument, où en est-on dans cette affaire ?

— Ils étaient chargés de la maintenance des aéronefs livrés à Gbagbo et n'étaient pas impliqués directement dans le raid sur Descartes. Quand on les a attrapés, on les a mis aux arrêts pour en savoir plus. Un de mes hommes les a interrogés, mais ils n'ont rien voulu lâcher. Je n'avais personne sous la main qui parlait russe, j'ai demandé plusieurs fois à Paris de nous envoyer un interprète, mais ils n'ont pas été foutus de se bouger le cul !

1. Le ministre togolais de la Défense.
2. Cf. chapitre 5.

Jusqu'au moment où j'ai reçu un appel de l'ambassadeur, ici, me demandant de les libérer au plus vite. »

Le colonel Battesti n'en revient pas. Mais pourquoi ?

Peu après leur arrestation, poursuit le patron de Licorne, l'ambassadeur à Abidjan, Gildas le Lidec, a reçu un appel du consul russe, qui représente les intérêts de la Biélorussie en Côte d'Ivoire. Un diplomate au franc-parler :

« J'ai appris que ton armée avait fait prisonniers plusieurs citoyens placés sous ma protection consulaire. De quel droit ? »

Gildas Le Lidec lui rétorque que la France les soupçonne d'être impliqués dans le raid meurtrier de Bouaké contre ses soldats. Mais le diplomate russe l'interrompt brutalement, se faisant soudain menaçant :

« Tu dois les libérer, et vite. Sinon, si tu veux la guerre, tu vas l'avoir ! »

Fin de la conversation. Estomaqué, l'ambassadeur demande aussitôt instruction à sa direction à Paris sur le sort à réserver aux quinze techniciens « slaves » aux mains des forces de Licorne. La réponse du Quai d'Orsay ne tarde pas à tomber : « Libérez-les immédiatement. » Instruction répercutée dans la foulée auprès des militaires de Licorne.

Furieux, le général Poncet n'a pas le choix, il doit s'exécuter. Il poursuit son récit auprès du colonel Battesti :

« Comme je ne voulais pas être accusé de quoi que ce soit au cas où on retrouverait leurs cadavres un peu plus tard, confie l'ancien patron des forces spéciales, toujours prompt à imaginer de possibles coups tordus, j'ai fait appeler le CICR [Comité international de la

Croix-Rouge] pour qu'ils viennent les chercher. On les a photographiés, on a photocopié leurs papiers d'identité… et on les a libérés. »

Quatre jours après les événements de Bouaké, un premier groupe de mercenaires venus d'ex-URSS se volatilisait ainsi dans la nature. Seule consolation, c'est une certitude, les pilotes n'étaient pas parmi eux.

Les pilotes, le général Poncet pensait bien ne plus jamais entendre parler d'eux. Juste après le bombardement de Descartes, le samedi 6 novembre, il a réagi en chef militaire, et uniquement en chef militaire, en donnant l'ordre à ses hommes de « neutraliser » les deux avions impliqués dans le raid meurtrier de Bouaké. Ce qui compte, à ce moment-là, c'est de répondre à cette lâche agression, d'envoyer un message clair à l'adversaire : l'armée française ne reste pas l'arme au pied quand elle est frappée, voilà ce à quoi vous vous exposez si vous avez l'intention de nous cibler à nouveau. Mais pas question de mettre en danger la petite centaine d'hommes présents sur l'aéroport de Yamoussoukro, moins nombreux que les forces ivoiriennes, en leur demandant d'appréhender les pilotes. Poncet est un soldat, pas un justicier.

À l'état-major à Paris, le général Bentégeat est sur la même ligne : ceux qui étaient aux commandes des deux Sukhoï ne sont pas sa priorité, ils ne sont que des exécutants. Une fois la riposte effectuée, la mécanique s'est emballée en Côte d'Ivoire, et le commandant de l'opération Licorne n'a plus eu une seconde pour penser aux pilotes.

*

À Yamoussoukro, les mercenaires, eux, ont bien cru voir leur dernière heure arriver. Après être descendus tranquillement de leur avion, ils se mettent à l'ombre pour se reposer. Mission accomplie, une de plus, et bientôt la quille. Les Ivoiriens le disent : encore un ou deux passages, et ce sera terminé. Au sol, les troupes de Gbagbo sont sur le point d'entrer dans Bouaké. C'est le moment de se désaltérer et de souffler un peu, pendant que les techniciens ivoiriens, sous l'œil de leurs comparses slaves, s'affairent déjà autour des deux avions en prévision d'une nouvelle mission, prévue un peu plus tard dans l'après-midi.

Soudain un sifflement, puis un fracas assourdissant. Les deux SU-25 viennent d'être frappés par des projectiles[1]. Un technicien ivoirien est à terre, ses camarades, terrorisés, s'enfuient à toutes jambes pour se mettre à l'abri. Des soldats ivoiriens tirent dans la direction d'où sont partis les missiles : la position occupée par les soldats français de Licorne, à 600 mètres de là. Ces derniers répliquent, puis plus rien. Passé le premier moment de stupeur, c'est la panique. Les Français attaquent, vite, il faut partir ! Tout le groupe des étrangers est embarqué manu militari dans un minibus, encadré par les forces ivoiriennes, qui démarre en trombe.

Habituellement, les mercenaires logent dans le monumental hôtel Président, dont la tour domine toute la savane. Mais, cette fois, c'est vers le palais d'Houphouët-Boigny que fonce le minibus. Un sanctuaire inviolable, croient-ils. Mais quelques heures plus tard, un déluge de feu s'abat pourtant sur l'emprise,

1. Cf. chapitre 2 pour le point de vue français.

détruisant les hélicoptères des forces armées ivoiriennes, qui stationnaient à l'ombre des murs épais du palais. Les mercenaires n'ont plus qu'une idée en tête : quitter au plus vite la Côte d'Ivoire. Leurs aéronefs sont détruits, ils n'ont plus rien à faire sur place, leur mission est terminée. À présent, ils redoutent surtout que ces satanés Français cherchent à se venger et à les éliminer. Vite, partir, le plus vite possible !

Les soldats ivoiriens chargés de leur protection reçoivent des consignes très claires : on ne bouge pas pour l'instant, on attend que cela se calme. Durant de longues heures, les « instructeurs » slaves sont coincés dans l'immense palais, où à chaque moment ils s'attendent à voir débarquer un commando français chargé de les liquider. Mais comment fuir Yamoussoukro et traverser ce pays qu'ils ne connaissent pas, eux qui ne parlent pas un mot de français ? Au comble de l'angoisse, ils se tournent vers un homme, un mercenaire blanc, qui œuvre lui aussi aux côtés des forces ivoiriennes, et que tout le monde ici appelle « JJ »[1]. Les huit « affreux » l'implorent de les aider à quitter le pays, et lui proposent même de partager avec lui la somme de 50 000 dollars qu'un officier supérieur de l'armée de l'air ivoirienne vient de leur remettre en guise de « prime de fin de contrat ».

« Quelle bande de charlots ! », se dit ce mystérieux JJ. Avant le coup de tonnerre de Descartes, il a pu les observer de près durant plusieurs jours, il les a vus se hisser difficilement dans le cockpit de leur Sukhoï, souvent à moitié bourrés à la vodka avec laquelle

1. Cf. chapitre 12.

ils trompent l'ennui entre deux vols. « JJ, aide-nous ! », implorent-ils, dans un mauvais anglais.

Finalement, à leur grand soulagement, ils vont pouvoir partir[1]. Les autorités ivoiriennes ne savent plus quoi faire d'eux, il vaut mieux qu'ils débarrassent le plancher. Dans la nuit du 7 au 8 novembre, les huit hommes embarquent à bord d'un minibus, direction plein est, vers la frontière avec le Ghana. Ils sont escortés par un second minibus dans lequel ont pris place des commandos ivoiriens surarmés. Arrivés près de la frontière, ils logent discrètement dans un petit hôtel, le temps de s'entendre avec les gardes-frontières ghanéens. Au bout de plusieurs jours d'attente et d'angoisse, le minibus franchit enfin la frontière, direction le Togo. Là-bas, se disent-ils, ils seront définitivement en sécurité.

De l'autre côté de la frontière les attend l'équipe de Robert Montoya, retour à la case départ. Ils y étaient presque. Mais il a fallu que ces maudits gardes-frontières togolais fassent du zèle, et que le jeune ministre François Boko s'en mêle, au lieu de se tenir tranquille… Mais à quoi joue-t-il, celui-là ? De quoi se mêle-t-il ?

*

L'heure tourne à Lomé. Il est 16 heures, ce 16 novembre, et toujours pas de nouvelles de Paris. À l'ambassade de France, l'impatience grandit. Mais qu'est-ce qu'ils foutent à Paris ? L'ambassadeur, Alain

---

1. Le récit qui suit est fondé sur les déclarations de Jean-Jacques Fuentès, entretien avec l'auteur, Paris, 8 juin 2016.

Holleville, a envoyé un télégramme diplomatique estampillé « Très très urgent » au Quai d'Orsay. Silence radio en France.

Le commissaire Claude Taxis décroche son téléphone pour demander des instructions à Beauvau. Stupéfait, il reçoit pour toute consigne de ne pas s'en mêler. Même réponse du côté du ministère de la Défense, relancé à son tour par le colonel Battesti. Dans la foulée, l'ambassadeur Holleville organise une réunion de crise avec les principaux intéressés : le commissaire Taxis, l'attaché de défense Battesti, le chef de poste de la DGSE. Le tour de table est rapide. Tout le monde a reçu la même consigne verbale de la part des ministères de la Défense, des Affaires étrangères et de l'Intérieur : on ne bouge pas. Interloqué, l'ambassadeur constate qu'il ne peut rien faire. La séance est levée. Sans que quiconque autour de la table ait évoqué la possibilité de saisir un autre canal : celui de la justice. Prudence oblige… « Cette affaire est mal engagée, se dit le commissaire Taxis en prenant soin de mettre en sécurité les notes qu'il a prises depuis ce matin. Cela peut servir pour la suite… »

*

Les autorités togolaises tombent des nues. Comment ça ? Paris n'est pas intéressé ? Dans les jours qui suivent, elles reviennent plusieurs fois à la charge. Une semaine après l'interpellation des « mécaniciens agricoles », le 23 novembre, l'ambassadeur Alain Holleville tente à nouveau sa chance : il envoie un nouveau télégramme diplomatique à Paris, telle une bouteille à la mer. Pas de réponse. Au bout de quelques jours, le ministre de l'Intérieur togolais doit se rendre à l'évidence : il ne peut pas garder au frais éternellement ces huit mercenaires biélorusses. De guerre lasse, François Boko ordonne leur libération. Comme il y a deux semaines, c'est une proche de Robert Montoya qui vient les réceptionner à la sortie du ministère. Direction : l'hôtel Novela Star, à Lomé. Les huit mécanos-mercenaires vont enfin pouvoir souffler.

Mais François Boko ne lâche pas l'affaire. Il refuse que ces « affreux » s'attardent chez lui et ordonne leur expulsion du Togo vers le Bénin voisin, où est installée l'ambassade russe qui « couvre » la région. Problème : Cotonou n'en veut pas, et les renvoie d'où ils viennent… Après plusieurs jours de confusion, d'allers-retours entre le Bénin et le Togo, les mercenaires vont pouvoir quitter le continent africain à bord d'un avion de ligne en direction de l'Europe. Ils se volatilisent définitivement dans la nature. À leur grand soulagement. Mais aussi, visiblement, au grand soulagement des autorités françaises.

# II.

# Déraisons d'État

# CHAPITRE 9

## Le coup de tonnerre

Une douce lumière d'automne enveloppe Paris, ce samedi 6 novembre. Un temps idéal pour se promener sur les bords de Seine, aller courir dans un bois ou se rendre au marché, avant de rentrer chez soi pour un déjeuner entre amis ou en famille.

En Côte d'Ivoire, les bombardements durent depuis déjà deux jours, dans l'indifférence générale. Dans l'indifférence, et dans une très grande opacité : à peine quelques mots dans les flashs des radios, pas d'images dans les JT en France. Très peu d'infos remontent du terrain.

Juste avant de lancer son offensive, le régime ivoirien a pris soin de réduire au silence les médias proches de l'opposition. Ses nervis – les Jeunes Patriotes – ont fait une descente dans plusieurs rédactions, saccageant tout sur leur passage. Résultat, ces journaux sont hors d'état de travailler. Mais le régime ne s'est pas arrêté en si bon chemin. Il a également coupé les émetteurs des radios internationales : RFI, Africa N°1 et la BBC… Ne reste plus que la Radio-Télévision ivoirienne (RTI), aux mains du pouvoir, qui s'emploie à galvaniser l'opinion. L'opération Dignité se déroule dans un quasi-huis clos.

Ces raids sur des positions tenues par les rebelles du Nord atteignent-ils leurs cibles ? Font-ils des victimes parmi les civils ? Et où en sont les rebelles ? Une opération au sol a-t-elle démarré ? Impossible de le savoir. Étrangement, cette violation flagrante du cessez-le-feu signé par les deux parties sous l'égide de l'ONU en 2003 ne suscite que très peu de réactions au niveau international. Comme si tout le monde s'était résigné à l'avance. Comme s'il était urgent de ne rien faire.

D'ailleurs, loin de se mobiliser pour mettre un coup d'arrêt à la reprise des hostilités, le Conseil de sécurité de l'ONU, où la France a la main sur le dossier ivoirien, a convoqué une réunion sur la situation en Côte d'Ivoire… dans une semaine. À Paris, hormis la ministre de la Défense Michèle Alliot-Marie – qui dénonce publiquement ces raids, pointe « l'irresponsabilité » des « extrémistes qui rêvent d'en découdre à nouveau » et appelle l'ONU à prendre ses responsabilités –, c'est silence radio.

## *« Vous êtes journaliste français ? »*

Ce samedi, en début d'après-midi, un numéro s'affiche sur mon portable, celui de Laurent d'Ersu, mon confrère de *La Croix* qui suit au jour le jour les soubresauts de la crise en Côte d'Ivoire. Nous nous sommes rencontrés à Abidjan en pleine tourmente, durant les jours qui ont suivi la tentative de coup d'État contre Laurent Gbagbo, en septembre 2002. À la veille de mon départ pour la Côte d'Ivoire, mon tout premier reportage sur le continent africain pour *Libération*, je me souviens de cette dépêche de l'Agence France-Presse (AFP) : un touriste espagnol, vêtu d'un gilet à poches, avait manqué de se faire lyncher par une foule en colère à Abidjan. Les assaillants l'avaient pris par erreur pour un journaliste français…

En cet automne 2002, il ne faisait pas bon être français sur les bords de la lagune Ébrié. Et encore moins être journaliste français. Depuis le refus de Paris d'intervenir militairement contre les assaillants, le camp Gbagbo tirait à boulets rouges contre l'ancienne puissance coloniale, soupçonnée de collusion avec les rebelles. Et dans les médias acquis à la cause du régime, les critiques fusaient contre la presse française accusée de ne pas avoir condamné explicitement le coup d'État, de donner la parole aux adversaires du président Gbagbo. Bref, de faire son boulot.

Avant de quitter les locaux de *Libération*, rue Béranger, tout près de la place de la République à Paris, ma consœur Florence Aubenas est venue me voir : « C'est la première fois que tu couvres un conflit dans cette région ? On t'a donné quelques infos, quelques conseils ? » Devant mon air incrédule, elle a enchaîné : « Bon, alors, si tu es pris dans une foule, garde ton calme ; si des policiers ou des soldats t'emmerdent, ne t'énerve pas, surtout pas d'arrogance… » J'ai enregistré. Je savais que Florence parlait d'expérience.

Dès le lendemain, à l'aéroport international Houphouët-Boigny d'Abidjan, à peine avais-je franchi le portique de la police des frontières qu'un homme en civil m'a hélé :

« Passeport… Français ? Que venez-vous faire ici ? Journaliste ? Où est votre lettre de mission ?

— Ma lettre de mission... ? C'est l'ambassade de Côte d'Ivoire à Paris qui l'a gardée en me remettant mon visa.

— Bon, suivez-moi. »

L'homme m'a emmené dans une petite pièce aux vitres teintées, me faisant signe de m'asseoir devant un petit bureau, où l'un de ses collègues s'est alors livré à un interrogatoire en règle : « Nom, prénom, profession... Que venez-vous faire en Côte d'Ivoire ? Qui allez-vous rencontrer ?... »

Tout y est passé, les minutes défilaient... Et toujours cette même question : « Où est votre lettre de mission ? »

Je pensais à ma valise qui devait tourner toute seule sur le tapis roulant, en espérant la récupérer quand ces agents de la Direction de la surveillance du territoire, la DST locale, daigneraient me laisser sortir. Ne pas s'énerver, les mots de Florence me revenaient à l'esprit. Tout à coup, au bout de longues minutes, la porte de la petite pièce s'est ouverte, deux hommes ont fait à leur tour leur entrée. Italiens, journalistes eux aussi. Même punition : « Votre lettre de mission ? » Au bout d'un moment, l'un d'eux est sorti de ses gonds : « Quoi, quelle lettre de mission ? Je suis journaliste ! » Le ton montait. « La liberté de la presse [...]. Vous n'avez pas le droit de nous retenir. » Tout à coup, presque par inadvertance, l'agent de la DST a posé son regard sur moi, et lâché :

« Bon allez, vous, c'est bon, vous pouvez partir. Allez, allez... »

Je suis sorti sans demander mon reste, tout heureux de retrouver ma valise solitaire, puis mes amis français venus me chercher qui, derrière les portes vitrées, commençaient à s'inquiéter sérieusement pour moi. Merci, Florence…

Dans les jours qui ont suivi, l'un de mes articles pour *Libération* m'a donné l'occasion de raconter aussi la mésaventure vécue par mon confrère de *La Croix*, Laurent, obligé de se cacher précipitamment dans une cour d'Abidjan pour échapper à un groupe de Jeunes Patriotes bien décidés à lui signifier physiquement ce qu'ils pensaient des médias français…

## *« C'est la débandade ! »*

C'est lui, un peu plus de deux ans plus tard, ce samedi 6 novembre 2004, qui s'écrie au téléphone :

« Une base française a été bombardée à Bouaké, il y aurait plusieurs morts ! Les Français ont riposté et ça commence déjà à s'agiter dans les rues d'Abidjan… »

Les questions se bousculent dans ma tête. Et un sentiment d'immense gâchis m'assaille.

Comment a-t-on pu en arriver là ? Depuis des mois, Paris joue une partie de poker menteur avec le pouvoir de Laurent Gbagbo : la France le ménage pour mieux le convaincre d'organiser des élections… tout en espérant qu'il les perde. Mais Gbagbo n'est pas dupe. À intervalles réguliers, les Jeunes Patriotes manifestent devant l'ambassade de France ou devant la base militaire du 43^e^ BIMa pour faire monter la pression et intimider l'ancienne puissance coloniale, soupçonnée de comploter en permanence contre Gbagbo. Tout le monde joue avec le feu.

À l'intérieur du pays, les soldats de Licorne subissent depuis des mois, sans broncher, les provocations des Jeunes Patriotes et, parfois, celles des soldats de l'armée ivoirienne. Quand le camp du pouvoir en place décide de violer le cessez-le-feu et de bombarder le nord du pays, la France ne dit rien. Aujourd'hui, certains de ses soldats sont tombés sans combattre. Aujourd'hui, la force Licorne est passée à l'action contre l'armée ivoirienne. Que va-t-il se passer maintenant pour les milliers de Français, dont la sécurité était la priorité des priorités de l'ancienne puissance coloniale en Côte d'Ivoire ? Paris s'est toujours refusé à les évacuer, pour ne pas « envoyer un mauvais signal », pour prouver que la situation était bien sous son contrôle. Les voilà désormais pris au piège, ces Français d'Abidjan. Car sur place, la rumeur n'a pas tardé à circuler parmi les expatriés : « Ça va barder pour les Français[1] ! »

Au fil des heures, des centaines, puis des milliers de personnes descendent dans les rues d'Abidjan et des principales localités du sud du pays pour protester contre l'intervention de l'armée française[2]. Les pillages commencent. Je parviens difficilement à joindre au téléphone certains Français sur place. « Les tirs ont commencé dès la fin d'après-midi », s'inquiète l'un d'entre eux, qui dit vivre un « véritable enfer ». « Les Jeunes Patriotes ont commencé à défiler dans mon quartier [à Biétry] en criant : "À mort les Français !" Ils sont arrivés devant mon portail, mais nous avons été sauvés par une voisine

1. Thomas Hofnung, « Pour moi, c'est fini la Côte d'Ivoire », *Libération*, 8 novembre 2004.

2. Cf. chapitre 3.

ivoirienne qui leur a dit qu'il n'y avait pas de Blancs ici… » Cet homme se calfeutre durant des heures, tous feux éteints, dans une pièce de sa maison, avec sa femme et sa fille de 8 ans. « De chez moi [dans le quartier central du Plateau], j'ai vu les pillards revenir à l'aube les bras chargés d'objets volés chez des Français, précise un autre. Ils sont nombreux à agir par pur opportunisme, en profitant de la confusion générale. » L'ambassade diffuse des numéros d'urgence à la communauté française. Mais bien tardivement, s'indigne ce cadre commercial : « Les chefs d'îlot censés nous donner des instructions en cas de danger ont été totalement dépassés par les événements. C'est la débandade ! »

Pendant que je recueille ces premiers témoignages, mon collègue Jean-Dominique Merchet, spécialiste des questions militaires à *Libération*, appelle ses contacts pour tenter de répondre à la question que tout le monde se pose, mais qui a été tranchée en quelques minutes par les militaires sur place et la hiérarchie à Paris : le bombardement meurtrier de Bouaké était-il intentionnel[1] ? Selon les informations recueillies par « Jean-Do » (son surnom à la rédaction), les deux Sukhoï-25 ne sont « pas à la pointe en matière de systèmes de tir et de munitions de précision ». Ces avions sont même présentés par certains experts comme des « camions à bombes »…

Plus troublant encore, le soir même, dans le journal de 20 heures de France 2, le porte-parole de la force Licorne, Henry Aussavy, affirme : « Erreur, bavure ou

1. Jean-Dominique Merchet, « L'attaque de Bouaké : bavure ou acte délibéré ? », *Libération*, 8 novembre 2004.

attaque délibérée ? Pour l'instant, nous n'avons pas la réponse. Je pense qu'il s'agit vraisemblablement d'une erreur… » Alors qu'il prononce ces paroles, le général Poncet a déjà procédé à la destruction des deux SU-25, et ordonné celle de tout le reste de la flotte de Gbagbo, sans que tout son entourage soit au courant… Du côté ivoirien, le porte-parole de l'armée, le très francophile colonel Jules Yao-Yao, assure que « malheureusement, une frappe contre un objectif militaire a entraîné des dégâts collatéraux, provoquant la mort d'hommes dans un cantonnement français ». L'« objectif militaire » en question pourrait être un casernement des Forces nouvelles (ex-rebelles), situé à environ un kilomètre du camp Descartes.

Pour une fois d'accord avec ses adversaires du Sud, un porte-parole des rebelles affirme que le Sukhoï impliqué dans le bombardement visait une de leurs positions. L'appareil a survolé à cinq reprises le camp, précise-t-il, situé seulement à quelques centaines de mètres du lycée Descartes. « En larguant deux bombes, le Sukhoï a raté sa cible du camp rebelle, tandis que la seconde bombe touchait le cantonnement français », dit-il. Le président Gbagbo annonce la création d'une commission d'enquête « pour faire la lumière » sur ce qui vient de se produire à Bouaké. Mais du côté du 43$^{e}$ BIMa et de l'état-major à Paris, on a déjà fait la lumière…

Les responsables politiques français s'alignent sur le discours des militaires, auxquels ils doivent s'en remettre en termes d'information sur ce qui est en train de se passer sur le terrain. Après avoir pu s'entretenir avec certains militaires blessés lors du raid, la ministre de la Défense, Michèle Alliot-Marie, fait part de son « doute quant à une pure et simple erreur de ciblage ». « Les uns et les autres m'ont dit que l'avion ivoirien était passé à deux reprises préalablement au-dessus du bâtiment et qu'il avait tiré à la troisième reprise », affirme-t-elle. Son collègue des Affaires étrangères, Michel Barnier, explique de façon alambiquée sur RTL que le camp français a été attaqué « d'une manière qu'[il croit] délibérée ». Avant de conclure, prudemment : « L'enquête le dira. » À condition qu'il y ait une enquête…

Quelques voix discordantes se font toutefois entendre. Dans l'entourage du Premier ministre Jean-Pierre Raffarin, on évoque ses « doutes » et une possible « méprise » : « La question est ouverte. L'erreur humaine est possible. » Des propos qui sont « tenus sur la base d'analyses de l'armée de l'air », souligne Jean-Dominique Merchet dans son papier[1]. « Pour l'instant, bavure ou pas, c'est au gouvernement ivoirien de le dire. Ce qui est sûr, c'est que l'attaque s'est passée », tranche le général Dubois, conseiller en communication du chef d'état-major des armées, balayant une question clé, dont tout le reste va découler. Passés les premiers moments d'improvisation et d'hésitation, la position endossée officiellement par Paris est établie et ne déviera plus : la frappe sur Descartes était délibérée, et nécessitait une riposte qui a été menée en vertu du principe de la « légitime défense » et de manière « proportionnée ». Circulez !

1. « L'attaque de Bouaké : bavure ou acte délibéré ? », art. cité.

## *« Rangez vos stylos, ce que je vais vous dire est important »*

Dans les heures qui suivent, et durant plusieurs jours, la plus grande confusion règne au sommet de l'État français sur ce qui est réellement en train de se passer en Côte d'Ivoire. Le gouvernement est dépassé par les événements. Cette confusion se traduit dans la communication des responsables gouvernementaux. Le soir du 6 novembre, la ministre de la Défense, sur un ton martial qui cache mal un manque d'assurance, affirme sur France 2 : « Il y a quelques agitations aujourd'hui à Abidjan et aux alentours d'Abidjan, il y a eu des affrontements qui sont en train de se terminer. » Et d'ajouter qu'il n'est absolument pas nécessaire d'évacuer les ressortissants français. Au même moment, des milliers de pillards, mêlés aux partisans de Gbagbo, sont en train de s'en prendre aux expatriés à Abidjan, et dans d'autres localités du pays. Bientôt, la foule des Jeunes Patriotes va marcher en direction du 43e BIMa et de l'aéroport.

L'exécutif français sent bien qu'il doit reprendre la main. Le 8 novembre, dans l'après-midi, un « off » est organisé en urgence au 2, rue de l'Élysée, siège du bureau du conseiller Afrique du président, là où a longtemps officié Jacques Foccart. La pièce est bondée : autour de l'ambassadeur Michel de Bonnecorse ont pris place une bonne trentaine de journalistes, parmi lesquels certains visages qui me sont familiers, ceux des « rubricards Afrique » des quotidiens et des hebdos, noyés au milieu d'une ribambelle de confrères et consœurs mobilisés pour l'occasion. Cet exercice est un grand classique des relations entre la presse et le pouvoir : les autorités distillent leurs informations que nous pourrons mentionner sans citer nommément l'émetteur. « De source proche du pouvoir », selon « une source proche du dossier » ou, variante, « bien informée »... Qui dit « off » dit théoriquement information de première main. Mais du côté des autorités, il est toujours possible d'oublier de mentionner certains détails, ou de rester dans le flou.

« Mesdames, messieurs, rangez vos stylos, ce que je vais vous dire est important... » : bien connue dans le milieu de la presse, la boutade a sa part de vérité. Ce n'est pas aujourd'hui que nous rangerons nos stylos. Durant une petite heure, le roué et débonnaire Michel de Bonnecorse se soumet au jeu des questions qui brûlent les lèvres des journalistes, toujours avec courtoisie. Orfèvre en la matière, ce diplomate proche de Jacques Chirac répond, lâche quelques bribes d'informations, sans jamais en dire trop. À la sortie de la salle, je m'approche pour le saluer, et en profite pour poser une ultime question :

« Monsieur l'ambassadeur, on dit que les militaires français ont détruit les deux Sukhoï à Yamoussoukro avant même d'avoir eu le feu vert de l'exécutif... » L'air goguenard, Michel de Bonnecorse me regarde et répond en souriant : « Monsieur, n'oubliez pas qu'il y a tout de même une chaîne de commandement dans ce pays... »

Pas grand-chose, en définitive, à extraire de ce « off » à l'Élysée. Mais il n'y a pas de temps à perdre, il faut déjà penser au coup d'après.

## *Destination Abidjan*

Sollicité par toute la presse, le ministère de la Défense a fait passer le message : des journalistes pourront monter à bord des Airbus qui vont être spécialement affrétés pour rapatrier les Français et tous les étrangers qui attendent fébrilement au 43e BIMa ou dans l'aérogare d'Abidjan de pouvoir quitter au plus vite la Côte d'Ivoire. C'est une question d'heures.

Le lendemain matin, le service de presse de l'état-major des armées me prévient : préparez votre paquetage, il y aura une place pour un journaliste de *Libération* dans le vol qui part ce soir de Roissy. L'AFP raconte que des heurts se sont produits à Abidjan entre les patriotes et les soldats français devant l'hôtel Ivoire, en plein centre, alors que le président sud-africain, Thabo Mbeki, venait juste d'arriver sur place pour une mission de médiation.

Les heures s'étirent, la nuit est tombée sur Paris, toujours rien… jusqu'à ce coup de fil de l'état-major : « Pas de départ ce soir, le vol est annulé, on revient vers vous demain… » Aucune explication n'est donnée.

Le lendemain, mercredi 10 novembre, cette fois, c'est la bonne. Rendez-vous à Roissy, en fin de journée. Au point indiqué, un officier de presse est en train de briefer plusieurs collègues, je lui remets mon passeport. Cette fois, pas besoin de visa, ni de lettre de mission… Je regarde le tableau des départs et des arrivées. Un « vol spécial » à destination d'Abidjan figure bien sur l'écran. Nous suivons notre chaperon, qui nous présente un autre officier, celui qui tout à l'heure montera dans l'avion avec nous et sera chargé de nous « cornaquer » sur place. Nous voilà *embedded* (embarqués avec les militaires), situation de guerre oblige…

En attendant de monter dans l'avion, je regarde sur un écran de télé la retransmission en direct de la cérémonie qui se déroule en ce moment même dans la cour d'honneur des Invalides, à Paris. Un hommage national est rendu aux soldats à Bouaké. Face aux familles et aux plus hautes autorités politiques et militaires du pays, en présence de quatre anciens Premiers ministres (Pierre Messmer, Pierre Mauroy, Laurent Fabius et Édouard Balladur), le président Chirac s'adresse à ceux qui ont perdu la vie quatre jours plus tôt : « Vous êtes tombés le 6 novembre à Bouaké, dans l'exercice de votre mission, une mission difficile et exigeante que vous remplissiez avec ardeur, avec générosité, avec abnégation. Vous étiez venus en Côte d'Ivoire pour protéger les populations déchirées de ce pays ami et les aider à retrouver le chemin de la paix et de l'unité. Déployés sur le terrain depuis un mois, vous vous donniez sans compter et vous avez été lâchement frappés, victimes d'une agression que rien ne pouvait justifier. »

Avant de les faire chevaliers de la Légion d'honneur à titre posthume et de s'incliner un bref instant devant le cercueil de chacun d'entre eux, le président conclut : « Vous méritez la reconnaissance de la Nation tout entière. Ici, dans ce haut lieu nimbé de gloire militaire, je veux vous dire, au nom du peuple français, que nous ne vous oublierons pas. »

Deux jours auparavant, à l'arrivée des dépouilles sur le territoire français, Jacques Chirac avait tenu à se rendre dans la chapelle de l'hôpital militaire du

Val-de-Grâce, à Paris, pour se recueillir seul, durant de longues minutes devant les neuf cercueils recouverts du drapeau français. Ses proches avaient été frappés par le visage du chef de l'État : grave, fermé, douloureux. Comme si le chef de l'État avait été personnellement touché dans sa chair.

« On y va ! », lance notre chaperon. Nous empoignons nos bagages. Nous nous engouffrons dans la passerelle qui nous conduit jusqu'à l'entrée de l'Airbus siglé « République française ». C'est l'État qui se porte au secours de ses ressortissants menacés. Je pénètre dans l'avion : il est désert. De-ci, de-là, quelques rangées de sièges sont occupées par des secouristes de la protection civile, des infirmiers, des médecins... Quelques militaires et gendarmes. Et nous, les « plumitifs ». J'avise une rangée vide, et m'installe près du hublot. Il est temps de prendre des forces avant l'arrivée dans une ville et un pays sens dessus dessous.

Depuis le début de la crise, en septembre 2002, j'y suis allé à maintes reprises, je m'y suis fait des amis, j'y ai acquis des repères. Mais, cette fois, comment vais-je retrouver ma « seconde patrie » ? Comment vont mes amis ? À quoi ressemble Abidjan ? Je relève les bras qui séparent les trois sièges et m'allonge. « Quel luxe... », me dis-je en fermant les yeux. Dans quelques heures, nous serons dans le chaudron.

## CHAPITRE 10

# Les naufragés d'Abidjan

L'Airbus A380 de la « République française » vient de se poser sur le tarmac de l'aéroport international Félix-Houphouët-Boigny, à Abidjan, après une courte escale au Togo, base arrière de l'opération Licorne. À peine sorti de l'avion, j'appelle Marianne. Depuis la première rencontre, juste après le coup d'État de septembre 2002, notre amitié n'a cessé de se fortifier au fil des mois. J'admire son énergie, sa générosité... et ses coups de gueule. Comme lorsqu'au volant de sa Toyota, elle s'était fait arrêter par des policiers d'Abidjan, en quête de bakchichs.

« Comment ça, un excès de vitesse ? Mais il est où le radar ?

— C'est que...

— Bon, écoutez, je n'ai pas de temps à perdre, et là vous me faites perdre mon temps...

— Mais...

— Mais quoi ? Bonne journée ! »

La voilà repartie, sous le regard médusé des policiers qui, d'ordinaire, inspirent la crainte aux automobilistes de la métropole ivoirienne.

C'est donc vers cette femme de caractère que j'ai le réflexe de me tourner dans ce moment de fébrilité.

« Allô, Marianne ? Comment vas-tu ? Je viens à l'instant d'atterrir à l'aéroport d'Abidjan.

— Quoi ? Tu es à Abidjan ? s'étrangle-t-elle.

— Oui, je viens d'arriver à bord d'un avion français, avec une poignée de journalistes et de secouristes.

— Mais il faut que tu repartes le plus vite possible d'ici ! Tu ne peux pas rester à Abidjan, c'est vraiment trop dangereux pour toi ! »

J'entends des larmes dans sa voix. Je n'en reviens pas, Marianne, cette « femme puissante »... Comme un coup de semonce dès mon arrivée sur le sol ivoirien. Mon amie est traumatisée par l'explosion de violences à Abidjan. Gérée par une expatriée française, l'agence de voyages pour laquelle elle travaille est installée dans le hall de l'hôtel du Golf, là où sont hébergés les chefs rebelles qui ont été nommés au sein du gouvernement d'union nationale après les accords de Marcoussis (début 2003). La veille du lancement de l'opération Dignité, ils ont failli se faire lyncher par une foule déchaînée. Des dizaines de patriotes ont fait irruption dans le hall. Leur but : en finir une bonne fois pour toutes avec ces ministres rebelles. Heureusement pour eux, les Casques bleus sénégalais chargés d'assurer leur sécurité n'ont pas reculé, le doigt sur la détente. Le bain de sang a été évité de justesse.

Mais avant de vider les lieux, les nervis de Gbagbo ont tout saccagé sur leur passage. Depuis, l'agence de Marianne a baissé le rideau, et sa patronne a rejoint la cohorte de ces milliers d'Européens qui cherchent à fuir le pays. Marianne, la mort dans l'âme, a pris une décision difficile : elle aussi va bientôt quitter cette ville qu'elle aime tant, direction son pays natal, le Sénégal.

Pour elle, comme pour tant d'amoureux de la Côte d'Ivoire, cette fois, c'en est trop.

## « *Bienvenue en Côte d'Ivoire !* »

En ce matin du 11 novembre, l'aérogare d'Abidjan, d'ordinaire bouillonnante et chaotique, est étrangement silencieuse. Comptoirs vides, magasins pillés, tableaux des départs et arrivées désespérément figés. Et en guise de personnel d'accueil, des militaires français qui patrouillent dans les allées désertes, l'arme en bandoulière. Ce sont eux les nouveaux maîtres des lieux. « Akwaba en Côte d'Ivoire » – « Bienvenue » – peut-on lire, ironiquement, sur les affiches qui tapissent le hall d'accueil, saccagé.

Le calme après la tempête. Tout à l'heure, en descendant de l'Airbus, notre petit groupe de journalistes a aperçu un Transall de l'armée française immobilisé sur le tarmac, affligé d'un gros trou dans la carlingue. L'officier chargé de notre sécurité applique à la lettre les instructions reçues à Paris : il ne nous lâche pas d'une semelle. Nous montons à bord d'un minibus, en direction de la base militaire du 43$^{e}$ BIMa, collée à l'aéroport. Toujours ce même vide. Les taxis d'Abidjan se sont volatilisés. La route est quadrillée par les hommes de la force Licorne.

Une fois franchi le portail du « 43 », le contraste est saisissant : le camp militaire français est plein à craquer. Les pelouses tondues à ras sont squattées par des grappes d'enfants, des personnes âgées, des familles entières, des hommes d'affaires en costume-cravate défraîchi, leur attaché-case dans une main. Expatriés, touristes, voyageurs de passage ou résidents de longue date, tous ont trouvé refuge sur la base militaire française, dans l'attente de leur exfiltration hors de cette Côte d'Ivoire devenue hostile. L'Airbus de la République française va bientôt se remplir de ces passagers d'un nouveau type : des réfugiés occidentaux.

Parmi ces naufragés d'Abidjan, il y a des visages amis. Et notamment ceux d'Arlette et Olivier, et de leurs deux filles, connus en France. Le 6 novembre, ils ont dû fuir en catastrophe leur confortable maison située tout près de la lagune Ébrié. Olivier, contrôleur de gestion, avait trouvé du boulot à Abidjan dans une boîte libanaise qui produit de tout : des bassines, des fournitures scolaires, des rouleaux de papier hygiénique... C'était juste avant la tentative de coup d'État contre Gbagbo. Le hasard de l'histoire a voulu que je les retrouve, quelques semaines seulement après leur départ, en Côte d'Ivoire.

Depuis leur arrivée, ils ont vécu tous les soubresauts de la crise. En septembre 2002, toute la famille a été réveillée en sursaut par des coups de feu dans la villa attenante : des inconnus attaquaient le domicile de leur illustre voisin, l'ancien président Robert Gueï, surnommé « le père Noël en treillis » après son coup d'État du 24 décembre 1999. On retrouvera peu après son cadavre jeté sur le bord de la route qui longe la lagune. Quelques mois plus tard, ils ont dû encaisser les gestes menaçants, les insultes dans les rues d'Abidjan, les prises à partie des Jeunes Patriotes qui scandaient à tue-tête des « À chacun son Français ! ». Malgré les tensions et les difficultés administratives, sans parler des « taxes » prélevées par un régime en quête d'argent frais pour faire la guerre, l'employeur d'Olivier a maintenu, coûte que coûte, son activité.

Arlette, née au Liban, en a vu d'autres. Elle a tenu, et les filles ont continué d'aller à l'école. Mais cette fois, après les violentes émeutes qui ont suivi le coup de Bouaké, le couple rend les armes. La sécurité de leurs filles de 5 et 8 ans prime. Toute la famille est sur le départ. Au 43e BIMa, les filles slaloment avec leurs copains et copines entre les groupes de naufragés, tandis que les parents trompent l'ennui en jouant aux cartes. Pendant ce temps, les équipes du consulat, aidées par des agents dépêchés en urgence depuis Paris, s'activent pour régler les formalités administratives. Bientôt viendra le temps du départ. Après un bref passage en France, où personne ne les attend, Arlette et Olivier prendront rapidement la direction d'une autre ex-colonie française, le Gabon.

## *La folle rumeur des viols*

J'ai laissé mes affaires au mess des officiers, où campent déjà les quelques journalistes installés à Abidjan, ordinateurs, caméras et micros posés en vrac au milieu de leurs effets personnels. Eux aussi ont dû quitter en catastrophe leurs bureaux et leurs domiciles, devenus des cibles. Un officier débarque : le patron de l'opération Licorne va faire un point de situation. Il est près de 17 heures, et le soleil commence déjà à décliner dans le ciel d'Abidjan quand nous nous nous dirigeons, à pied, vers le QG de la force Licorne, situé au centre du camp.

Béret rouge vissé sur la tête, bras croisés sur le torse, visage fermé et regard déterminé, le général Poncet attend la presse. De pied ferme. On se croirait presque dans un film sur le Vietnam, avec des hélicoptères tournoyant dans le ciel rougeoyant. « Tu verras, m'avait dit Jean-Dominique Merchet à la rédaction de *Libération*, à la veille de mon départ pour Abidjan, Poncet n'aime pas les journalistes. » Cet officier supérieur n'a guère apprécié les critiques de la presse sur l'opération Amaryllis au Rwanda, qu'il avait dirigée dix ans auparavant. Aux premières heures des massacres au Rwanda, début avril 1994, le patron des forces spéciales françaises avait été parachuté à Kigali avec ses hommes pour évacuer les expatriés, et quelques caciques hutu du régime rwandais, dans une ville en état d'insurrection après l'attentat contre l'avion du président Juvénal Habyarimana. Par la suite, les militaires ont été accusés d'avoir abandonné et livré à la mort les Tutsi qui travaillaient avec les Français, massacrés aussitôt les avions repartis.

En quelques phrases, le général Poncet brosse le tableau de la situation sécuritaire à Abidjan, donne quelques chiffres sur les opérations d'évacuation en cours. On sent bien qu'il s'exprime à contrecœur, répondant à une demande de l'état-major.

Avant qu'il ne regagne prestement son bunker, une dernière question fuse des rangs de notre groupe de journalistes : « Mon général, nous avons eu vent de rumeurs de viols. Confirmez-vous des cas de viols ? »

L'air grave, Poncet marque un temps d'arrêt et lâche :

« Je confirme les viols.

*(Silence)*

— Avez-vous des chiffres ?

— Il y a eu des exactions, des tragédies pour un certain nombre de femmes… Je ne commenterai pas plus, par respect [pour les victimes]. »

C'est la fin de ce point de presse à chaud, le général Poncet salue sobrement les journalistes, avant de regagner son poste de commandement, à quelques mètres de là.

Des viols ? L'accusation est grave. Mais combien, exactement ? Où ? Le haut gradé en a suffisamment dit pour semer l'émoi au sein des rédactions.

Les collègues de l'Agence France-Presse, qui étaient présents à mes côtés à l'instant face au général Poncet, rédigent aussitôt une première dépêche pour donner au plus vite l'information, un « bulletin » dans le jargon de l'AFP. Et c'est parti : cette nouvelle prompte à frapper les imaginations se répand comme une traînée de poudre, d'Abidjan à Paris, puis de Paris à Abidjan. Mon chef de service à *Libération*, François Sergent, m'appelle aussitôt depuis la rue Béranger :

« On vient de voir la dépêche de l'AFP. Il faut que tu modifies l'article que tu nous as envoyé tout à l'heure pour démarrer sur cette affaire de viols.

— Nous n'avons quasiment aucune précision…

— On prendra les précautions d'usage, mais c'est une info capitale, il faut la mentionner. »

Tout à l'heure, en quittant le général Poncet, j'ai croisé une responsable de la communauté française à Abidjan que je connais bien, Catherine Rechenmann ; je l'ai aussitôt interrogée sur ces rumeurs de viols : « Oui, c'est vrai, je connais personnellement une femme totalement traumatisée, qui va porter plainte », m'a-t-elle glissé, avant de disparaître, engloutie par la foule des expatriés réfugiés sur la base militaire.

Impossible, dans le délai imparti, d'aller plus loin dans l'investigation, de chercher à rencontrer au moins une victime présumée, l'heure tourne, et la rédaction attend la seconde version de mon papier. Il s'agit d'une parole « officielle », me dis-je, celle du patron de la force Licorne. Mes collègues de l'AFP sont déjà passés à l'action, et à cette heure, les radios ont dû ouvrir leurs flashs avec cette info tonitruante. Je reprends mon papier[1] et le renvoie au plus vite à la rédaction à Paris, où le bouclage de l'édition approche.

Dans les jours qui suivent l'emballement au sujet des viols présumés perdure. Le 13 novembre, *L'Obs* publie sur son site un article titré « Des Européennes ont été violées », dans lequel il est affirmé que, selon « une source militaire française à Paris », « plusieurs dizaines de femmes blanches ont été violées en Côte d'Ivoire lors des pillages depuis samedi dernier ». Sur Europe 1, le chef d'état-major, le général Henri Bentégeat, qualifie également les auteurs des pillages de résidences françaises à Abidjan de « meute de pillards, violeurs, gens incontrôlés ou manipulés ».

Par la suite, une plainte pour viol sera bien déposée auprès du tribunal de Bobigny. Une instruction sera ouverte... sans jamais aboutir. Affaire classée. Il n'y aura jamais de procès pour viol commis en Côte d'Ivoire durant les événements de novembre 2004, bien

1. Thomas Hofnung, « Sauve-qui-peut généralisé en Côte d'Ivoire », *Libération*, 12 novembre 2004.

loin des « dizaines de femmes blanches violées »... Mais, sur le moment, le message de Paris est passé : à Abidjan, les « Blancs » sont en grand danger; ils font face à la barbarie. Heureusement, l'armée française est là pour les protéger.

En quelques jours, alors que les compagnies aériennes ont été réquisitionnées par décret par le gouvernement, ce sont plus de huit mille personnes – Français, Libanais, Européens, Américains... – qui vont être évacuées à la faveur d'un véritable pont aérien. Depuis la guerre d'Algérie, jamais la France n'avait connu un tel exode.

## *Une étrange patrouille nocturne*

Dans la pièce qui sert de salle de presse improvisée au groupe d'envoyés spéciaux, au cœur de la base militaire française, un petit tableau a été accroché, sur lequel sont inscrites au stylo effaçable les différentes « activités » proposées par l'armée. On peut notamment suivre une « extraction de civils ». Les opérations les plus dangereuses, celles où des commandos dépêchés par hélicoptère exfiltraient des ressortissants étrangers un à un, dans les quartiers d'Abidjan pillés et saccagés par la foule en colère, sont pourtant terminées. Alors que les accusations contre les exactions de l'armée française pleuvent dans les médias ivoiriens, Paris cherche à tout prix à mettre en valeur l'action des militaires tricolores.

Plutôt que de me prêter à cette opération de « com », j'opte pour une autre proposition : effectuer une patrouille nocturne dans les rues d'Abidjan à bord d'un véhicule de l'opération des Nations unies en Côte d'Ivoire (ONUCI). C'est l'une des rares possibilités, en ce moment, d'accéder avec un minimum de sécurité à la partie de la métropole ivoirienne située au nord des ponts : depuis l'explosion de violences du 6 novembre, puis la fusillade de l'hôtel Ivoire, l'armée française ne s'y risque plus, concentrant toutes ses forces dans la partie sud, celle de l'aéroport et des quartiers où les Français et les Européens ont été regroupés. Y aller seul, c'est risquer à tout moment d'être pris à partie, en tant que journaliste français.

Je monte à bord d'un 4 × 4 blanc, siglé « Nations unies », en compagnie de trois membres de l'organisation. Ils sont armés. Un autre véhicule nous suit de près. Pendant une heure, nous allons sillonner les quartiers nord de la ville. À Cocody, siège de la résidence présidentielle et de la télévision nationale, des centaines de personnes déambulent dans les rues plongées dans l'obscurité, apparemment sans but, si ce n'est d'être à l'extérieur, prêtes à empêcher un nouveau coup de force des « forces d'occupation françaises ». Depuis que la colonne de blindés du colonel Destremau a déboulé devant la résidence de Laurent Gbagbo, dans la nuit du 7 au 8 novembre, les partisans du président ivoirien en sont persuadés : l'ancienne puissance coloniale veut le chasser du pouvoir.

Nous nous arrêtons à un feu rouge, tout près du siège de la télévision nationale. Des groupes de badauds frôlent notre véhicule. Un drôle de sentiment, désagréable, m'envahit : moi qui me sentais à mon aise dans les rues d'Abidjan durant tous ces derniers mois, malgré les brusques montées de tension, je me retrouve aujourd'hui à circuler tapi dans un 4 × 4, coupé d'un monde devenu inaccessible.

Le lendemain de cette étrange patrouille nocturne, j'obtiens un entretien avec le commandant de la force militaire de l'ONU en Côte d'Ivoire. Le général sénégalais Abdoulaye Fall me reçoit dans un bureau anonyme. Un entretien pour rien, inexploitable. Derrière ces fines lunettes, le haut gradé manie la langue de bois à la perfection, esquivant toutes les questions gênantes et limitant son propos à des banalités sans intérêt. Je le sens mal à l'aise, pressé de finir cet échange.

Ce que j'ignore alors, c'est que les relations entre le général Fall et les Français sont très tendues. Des années plus tard, un officier supérieur de l'ONU me livre une clé essentielle[1]. Le 3 novembre, raconte-t-il, à la veille de l'offensive des troupes de Gbagbo, une réunion se tient à huis clos à Abidjan entre les états-majors de l'opération Licorne et de l'ONUCI pour tenter d'anticiper les événements. Les Français sont très inquiets, ils craignent de devoir s'impliquer militairement, au risque de mettre en danger la sécurité de leurs ressortissants. En vertu de la résolution 1528 du Conseil de sécurité (adoptée en février 2004), la force française agit « en soutien » des Casques bleus en Côte d'Ivoire. Autrement dit : si l'ONU demande à l'armée française du renfort, celle-ci est tenue de s'engager.

Lors de cette réunion, le général Poncet interpelle le commandant des Casques bleus : « Si les forces gouvernementales ivoiriennes attaquent, que fais-tu ? » Silence

1. Entretien avec l'auteur, 1er septembre 2023.

pesant du général Fall. Le commandant de la force Licorne répète sa question, sur un ton plus agressif. « Et toi, que fais-tu ? », finit par rétorquer le haut gradé sénégalais. « Si je ne les vois pas et si l'ONUCI ne fait pas appel à nous, je n'ai aucune raison d'intervenir », répond le général Poncet, laconique, avant d'ajouter : « Le mieux, c'est que l'ONUCI ne les voie pas… »

Fin de la réunion, le message est passé : le général Fall veillera à ne pas solliciter les Français. Il n'a pas d'autre choix que de suivre les recommandations du patron de Licorne sous peine d'entrer en conflit ouvert avec la force la plus robuste sur place, et dont la connaissance du terrain et les capacités de renseignement sont vitales pour le bon fonctionnement de l'opération de l'ONU.

En toute discrétion, les positions des Casques bleus situées le long de la zone d'interposition (dite « zone de confiance ») sont communiquées à l'armée ivoirienne, confie notre ex-officier de l'ONU. Le commandant Philippe Mangou, qui dirige les opérations côté ivoirien, est contacté, briefé pour bien contourner le dispositif militaire de l'ONUCI. Il s'agit que chacun puisse sauver les apparences. Message reçu par l'officier ivoirien, qui à quelques heures du coup d'envoi des opérations évoque, sur un ton exalté, « la reconquête de notre Alsace-Lorraine ».

Mais le lendemain, catastrophe ! Rien ne se passe comme prévu. Au lieu de faire mouvement sur des chemins de traverse, les troupes de Mangou foncent tout droit sur l'axe principal qui mène à Bouaké et butent sur les Casques bleus marocains. Ces derniers appellent en urgence le colonel Destremau, le chef des forces françaises dans le secteur. C'était le scénario qu'il fallait à tout prix éviter.

Que faire ? Réponse : se hâter lentement, donner le change. Les soldats de Licorne mettent trois heures avant d'arriver sur place, où le coup de chaud est passé depuis longtemps : les soldats du colonel Mangou, précédés par une cohorte de boucliers humains volontaires, les Jeunes Patriotes, ont fait demi-tour dès les premiers coups de semonce tirés par les Casques bleus marocains. Leur commandant est en train de boire tranquillement un thé à la menthe avec son homologue de l'armée ivoirienne quand le détachement français débarque enfin.

## *La grand-messe du « général de la jeunesse »*

À la veille de notre arrivée, nous avons appris que des affrontements sanglants ont eu lieu, le 9 novembre, devant le prestigieux hôtel Ivoire entre l'armée française et la foule des Jeunes Patriotes. Depuis cette date, le camp présidentiel ivoirien évoque en boucle un « bain de sang ». De son côté, le ministère français de la Défense rétorque, maladroitement, que certains civils ont été victimes de tirs « amis », venant de leurs propres rangs, avant de devoir reconnaître, du bout des lèvres, que l'armée française a bien été amenée à faire usage de la force pour se dégager... L'atmosphère reste électrique à Abidjan.

En réponse à la cérémonie nationale organisée aux Invalides, le soir du 10 novembre à Paris, les autorités ivoiriennes veulent rendre hommage aux « dizaines de victimes de la barbarie française » au stade Houphouët-Boigny, devant leurs cercueils rassemblés sur la pelouse. Un débat s'engage au sein de notre petit groupe de journalistes français : comment « couvrir » cet événement sans se mettre en danger ?

« Charles Blé Goudé, le chef des patriotes, a fait passer le message qu'il assurerait notre sécurité, qu'est-ce que vous en pensez ? demande Aymeric, l'envoyé spécial de l'AFP.

— Est-ce qu'on peut vraiment lui faire confiance ? Et si la foule débordait le service de sécurité ? rétorque Marc, d'Europe 1.

— Il faut qu'on dispose au préalable de solides garanties, ajoute Robert, du *Nouvel Obs*.

— Souvenez-vous de ce qui est arrivé à notre collègue de RFI, Jean Hélène… », dis-je.

Nous hésitons, partagés entre la volonté de rendre compte de cet événement important, et ainsi de donner la parole aux Ivoiriens, et la nécessité de préserver notre sécurité. Ce soir-là, le débat n'est pas tranché. Mais il le sera dès le lendemain par la décision des autorités ivoiriennes d'annuler le rassemblement au stade Houphouët-Boigny, officiellement pour cause de fête religieuse – plus probablement sous la forte pression de la communauté internationale, qui redoutait de nouveaux débordements.

À défaut de grande cérémonie, Charles Blé Goudé convie toute la presse internationale à une conférence de presse dans le quartier de Cocody. Cette fois, nous décidons de nous y rendre sans hésiter. Avant de m'asseoir au premier rang aux côtés des collègues, j'ai le temps d'apercevoir la configuration du lieu : derrière nous plusieurs dizaines de rangées de chaises ont été disposées. La salle est bondée. À l'extérieur, des personnes qui n'ont pas pu trouver de place se pressent devant les entrées latérales.

Entouré par ses lieutenants, Charles Blé Goudé prend la parole à la tribune. Ce petit homme sec, nerveux, toujours coiffé d'une casquette et muni d'une serviette blanche autour du cou façon boxeur, appelait il y a quelques jours à la révolte contre les Français. Mais aujourd'hui, « le général de la jeunesse », comme le surnomment ses partisans, a décidé de montrer un visage plus urbain, presque séduisant.

« Je remercie la presse internationale d'être là, dit-il en guise d'introduction. Il est important que vous disposiez de tous les éléments pour faire votre travail, et notamment de notre version sur ce qu'il s'est passé ces derniers jours en Côte d'Ivoire. »

Pendant que le leader des Jeunes Patriotes s'exprime, un photographe s'approche et commence à nous mitrailler, sans un mot. Mon collègue du journal *Le Monde*, Stephen Smith, fait de grands moulinets avec ses bras : « Pas de photo, pas de photo ! » Il sait que, dès le lendemain, les journaux proches du pouvoir pourraient faire leur miel de notre présence, avec un commentaire du type : « À Cocody, le général de la jeunesse donne une leçon à la presse internationale. »

Quelques années plus tard, alors que je serai plongé dans l'affaire des biens mal acquis[1] pour *Libération*,

1. À la suite d'une plainte déposée à Paris, plusieurs chefs d'État africains sont poursuivis par la justice française pour détournement de fonds publics, et une partie de leurs biens saisis.

je repenserai à cet épisode. À l'instigation de l'ancien PDG d'Elf, Loïk Lefloch-Prigent, je rencontre à Paris une délégation du parti présidentiel du Gabon. Dans un coin, pendant nos échanges tendus, j'aperçois un homme muni d'une caméra, sans y prêter particulièrement attention. Mais quelques jours plus tard, un collègue dit m'avoir reconnu dans un reportage de la télévision nationale gabonaise, racontant comment une délégation du parti présidentiel avait convoqué des journalistes français « manipulés » pour leur donner les bonnes informations sur l'affaire…

Ce jour-là, à Abidjan, Charles Blé Goudé continue de dérouler son discours. Tout à coup, le téléphone de Stephen Smith se met à sonner, il décroche et aussitôt se lève de sa chaise, avant de disparaître. Par la suite, des confrères m'expliqueront qu'il aurait été prévenu, apparemment par l'ambassade de France, d'une possible tentative d'agression contre lui lors de cette réunion aux allures de guet-apens. Pour l'heure, assis au premier rang, je continue d'écouter le discours du « général de la jeunesse » : « Nous allons maintenant vous montrer des images des exactions commises par l'armée française contre les Ivoiriens désarmés », annonce-t-il.

Des photos apparaissent sur l'écran géant accroché derrière la tribune : des corps ensanglantés, une personne avec le crâne défoncé, une autre avec la main arrachée… Les images sont difficilement soutenables. Derrière nous, on entend un murmure qui grandit peu à peu, se transformant progressivement en grondement. Comme une grande vague qui s'approche…

« J'en ai terminé, s'exclame Charles Blé au bout de quelques minutes de commentaires, dans le brouhaha général. Mesdames et messieurs de la presse internationale, je suis maintenant tout disposé à répondre à vos questions. » Je jette un regard furtif sur les sorties latérales, toutes bouchées par des grappes de curieux, et glisse à mon voisin, Robert Marmoz, l'envoyé spécial du *Nouvel Obs* : « On file, la situation est devenue vraiment trop tendue. »

Nous adressons un signe discret aux autres collègues pour leur signifier que nous partons, avant de nous redresser prestement et de fendre la foule. Les questions au « général de la jeunesse », ce sera pour une autre fois… Nous jouons des coudes pour nous frayer un chemin vers l'extérieur, avant de grimper dans notre véhicule et de démarrer en trombe.

## *Face à Laurent Gbagbo*

Il n'est plus temps de faire machine arrière. Le 4 × 4 vient de se garer devant la réception de l'hôtel Ibis, où je loge depuis quelques jours. Je salue mes collègues, en plaisantant à moitié : « Si je ne suis pas revenu dans trois heures, prévenez l'ambassade… » Au volant, Ben Soumahoro, un ancien directeur de la télévision nationale, qui conseille Laurent Gbagbo pour sa communication. Je grimpe à ses côtés, direction la résidence du chef de l'État à Cocody.

C'est grâce à cette ancienne star de la télé ivoirienne que j'ai pu décrocher un entretien avec l'homme vers qui tous les regards se tournent depuis le « coup de Bouaké ». Celui que les Français ont d'abord rendu responsable du bombardement, avant de changer de discours et d'incriminer son entourage proche, sans donner plus de précision. Celui qui, tel un monarque tout-puissant, peut d'un simple appel jeter dans la rue des milliers de Jeunes Patriotes, ou, au contraire ramener le calme instantanément. À ma grande surprise, le rendez-vous a été très facile à obtenir. Une semaine après la déflagration, Laurent Gbagbo a besoin de s'expliquer.

Nous remontons le boulevard Valéry-Giscard-d'Estaing en direction du pont Charles-de-Gaulle. Ben Soumahoro est devenu l'un des pourfendeurs les plus virulents de la France depuis le début de la crise en Côte d'Ivoire. Mais, en cet instant, il reste avant tout un homme de presse, qui conduit un collègue pour interviewer le président. L'obscurité est en train de gagner Abidjan quand nous nous engageons dans l'allée arborée qui conduit soit à droite vers la résidence de Gbagbo, soit à gauche chez l'ambassadeur de France. Il y a quelques jours, c'est ici même que « la colonne Destremau » s'est égarée, butant devant les barrages des militaires qui assurent la sécurité du chef de l'État[1].

Nous les franchissons un à un en ralentissant à peine. Ici, tout le monde connaît celui qu'on appelle avec respect Waraba, « le lion » (en malinké, langue du Nord). Nous débouchons sur l'esplanade qui borde le palais. Elle est bondée : des centaines de Jeunes Patriotes campent jour et nuit devant l'épais portail de la résidence, parfois en famille. J'aperçois de petits braseros, des marmites sont en train de mijoter pour le repas

1. Cf. chapitre 6.

du soir. Nous traversons lentement la foule jusqu'au portail qui s'ouvre rapidement pour nous laisser passer. Je suis arrivé chez Gbagbo.

J'entre dans le bureau du président, où se trouvent plusieurs personnes que je ne connais pas. Debout, au milieu, un homme en chemise bariolée, les cheveux grisonnants, affiche un large sourire : c'est Laurent Gbagbo. Un conseiller me présente. Nous nous serrons la main. « Ah, *Libération*… Vous êtes toujours rue Béranger, près de la place de la République ? »

Je ne m'attendais pas à cette question. Laurent Gbagbo connaît bien notre journal. À la fin des années 1980, alors qu'il vivait en exil à Paris, l'opposant socialiste avait des connexions fortes avec le quotidien au losange rouge, son journal de cœur.

« Et que devient mon ami Pierre Haski ?

— Pierre va très bien, il est désormais correspondant du journal à Pékin. »

De passage rue Béranger, mon confrère m'avait raconté comment il avait un jour accompagné le camarade Gbagbo à l'ambassade de Côte d'Ivoire, avenue Raymond-Poincaré, dans le 16e arrondissement de Paris. Dans sa grande mansuétude, le « Vieux » Houphouët-Boigny, sentant sa fin approcher, avait décidé de se réconcilier avec son cadet, le bouillant militant socialiste adepte des manifestations de rue. Mais craignant un coup fourré, Laurent Gbagbo avait prévenu le rubricard Afrique de *Libé* qui l'avait accompagné et attendu à l'extérieur de l'enceinte. En définitive, pas de traquenard, Laurent Gbagbo se vit remettre un passeport pour pouvoir rentrer à Abidjan et mettre fin ainsi à plusieurs années d'exil en France. Peu de temps après, le « Vieux » décédait, et ses héritiers, dont Laurent Gbagbo, se déchiraient, conduisant le pays vers l'abîme.

« Asseyez-vous, Thomas. Vous voulez boire quelque chose ? Un Coca ? » Pendant que le président se penche vers un petit frigo dont il ouvre la porte pour saisir une canette, un conseiller me glisse : « Vous avez vu : c'est le président qui vous sert lui-même un Coca, vous avez de la chance… »

Alors que nous prenons place autour d'une petite table et que je branche mon enregistreur, je repense aux relations complexes de Gbagbo avec mon journal. Au lendemain de l'exécution par un policier du journaliste de RFI, Jean Hélène, nous avions titré « La haine au pouvoir ». Depuis, quand un visiteur étranger se risquait à évoquer devant le chef de l'État ivoirien les dérives et les dérapages de la presse ivoirienne, le chef de l'État ouvrait un tiroir de son bureau, avant de brandir cette une… Mais il est temps de démarrer l'entretien.

« Monsieur le président, est-on au bord de la rupture entre la Côte d'Ivoire et la France ?

— Les Français font du nombrilisme, ramenant constamment l'histoire de la Côte d'Ivoire à eux. […] La Côte d'Ivoire vit des convulsions, liées à l'après-parti unique. Mon pays est en voie de transition vers la démocratie. […] Les Français sont pris dans le feu des derniers déchirements de cette transition, mais les convulsions auraient de toute façon eu lieu sans eux. »

D'une seconde sur l'autre, l'homme débonnaire et souriant qui devisait tranquillement avec son visiteur d'un jour s'est transformé en interlocuteur pugnace. Parler de sa relation avec la France, c'est appuyer sur un bouton, les mots déferlent : « La France vient et, prétextant la mort de ses soldats à Bouaké, elle détruit tout ce qui faisait notre supériorité absolue. Objectivement, elle a pris parti pour les rebelles. »

Laurent Gbagbo assène ses coups, compare l'intervention française à « l'invasion de Prague de 1968 », sans demander pour autant formellement le départ de la force Licorne. Il y a un côté Mitterrand chez lui : il faut garder un maximum d'options ouvertes, on ne sait jamais de quoi demain sera fait. Durant cet entretien[1], qui va durer une petite heure, le président ivoirien qualifie le bombardement de Bouaké de « coup fourré », se dit « pantois » face à la réaction de Paris, se demandant « ce qui a poussé Chirac à être si brutal et si rapide... ».

« N'avez-vous pas donné l'ordre de bombarder les Français parce qu'ils gênaient l'offensive sur Bouaké ? » La réponse de Gbagbo fuse : « Mais ils ne gênaient rien du tout ! L'offensive durait depuis deux jours... » On ne saurait être plus clair. Et il enchaîne : « Nous avons bombardé des cibles militaires les 4 et 5 novembre, et cela s'est très bien passé. Il ne restait plus qu'un jour avant que nous atteignions nos objectifs, principalement Bouaké. C'est l'annonce de la destruction de nos aéronefs, notamment dans l'enceinte du palais présidentiel de Yamoussoukro et sur l'aéroport d'Abidjan, qui a mis les [Jeunes]

1. « La France a pris parti pour les rebelles », *Libération*, 15 novembre 2004.

Patriotes dans la rue. Dimanche [le lendemain du bombardement de Bouaké], j'ai prêché la modération à la télévision. Mais dans la nuit, trente-cinq chars français étaient devant ma porte. Une deuxième crise a commencé, car les gens ont cru que les Français venaient m'attaquer. »

Les minutes défilent, je vois les conseillers du président qui commencent à s'agiter. Il faut accélérer. La veille de notre entretien, Jacques Chirac a dénoncé publiquement une dérive « fasciste » à Abidjan. Laurent Gbagbo sort de ses gonds : « Le président Chirac a soutenu le parti unique en Côte d'Ivoire pendant quarante ans. Qu'est-ce qui est plus proche du parti unique que le fascisme ? C'est nous qui étions en prison sous le régime de parti unique soutenu par la France ! C'est une insulte. »

C'est terminé, un conseiller clôt les échanges. Je me lève. Toujours aussi prévenant, Laurent Gbagbo me raccompagne jusqu'à la porte de son bureau, nous nous saluons prestement. Il faut que je regagne le plus vite possible mon hôtel pour décrypter l'entretien qui vient de s'achever et l'envoyer avant le bouclage de l'édition du jour. Je monte dans le véhicule de Ben Soumahoro, qui démarre aussitôt. Nous échangeons quelques mots. Pendant qu'il me parle, je « refais le match » avec Gbagbo.

*

Nous voilà revenus au point de départ. Je remercie mon confrère ivoirien sans lequel cet entretien n'aurait jamais eu lieu et file dans ma chambre d'hôtel pour le retranscrire. Le temps passe à toute allure. La rédaction m'appelle : « Tu en es où ? » Comme toujours, la place est limitée dans les pages du journal, il faut faire des choix, écarter certaines questions-réponses. Mon téléphone sonne à nouveau, en ligne le rédacteur en chef, Patrick Sabatier : « C'est bon pour toi ? L'heure du bouclage approche. Si c'est trop juste, dis-le-nous, on met un autre sujet à la place… »

Il n'en est pas question. Je mets un point final à mon texte, me relis une dernière fois, et me connecte. Cela ne passe pas, problème de transmission… « Thomas, on va devoir reporter ton entretien… », me dit la rue Béranger, quand soudain, le fichier passe miraculeusement. « C'est bon, on a tout, on s'en occupe. » Je n'y croyais plus et peux enfin souffler.

« Tu es au courant ? », me demande Sophie, ma femme, le lendemain au téléphone. Au courant de quoi ? « Ton entretien avec Gbagbo paru dans *Libé* suscite beaucoup de réactions ici. » Non, je n'étais pas au courant. Pas le genre de la maison de la rue Béranger de s'autocongratuler ou de faire ce genre de retour.

Le journal a fait sa une sur mon entretien avec Gbagbo, en titrant « Gbagbo défie Chirac ». Le président ivoirien n'a pas tout à fait tort : nous, Français, ramenons vraiment tout à nous… C'est la réponse de Gbagbo sur les accusations de « dérive fasciste » en cours à Abidjan qui retient le plus l'attention dans l'Hexagone.

Pourtant, le chef de l'État a aussi évoqué un certain nombre de points obscurs durant l'entretien, comme autant de petits cailloux qui vont se loger dans la chaussure de l'ancienne puissance coloniale et, au fil du temps, grossir. Personne, y compris moi à l'époque, ne prête véritablement attention à ce passage de notre entretien : « Les Français n'ont pas encore trouvé un pilote pour dire que c'est Gbagbo qui a donné cet ordre ! Il faut chercher si l'ordre a été donné, et par qui. Avant d'appliquer une peine, il faut une enquête pour savoir ce qui s'est passé. Cette enquête, je l'ai ordonnée. Mais Paris a détruit nos aéronefs et les gens sont descendus dans les rues. »

En France, les familles des soldats tués ou blessés vont bientôt se constituer parties civiles et porter plainte contre X pour « assassinats » et « tentatives d'assassinats ». À l'état-major à Paris comme au sein du QG de l'opération Licorne à Abidjan, la haute hiérarchie militaire n'y prête pas attention. Après l'explosion de violences de ces derniers jours, priorité à la stabilisation de la situation en Côte d'Ivoire. Les autorités pensent avoir passé le plus dur et s'en être tirées sans trop de casse. Grossière erreur.

# CHAPITRE 11

## La guerre des images

C'est un véritable uppercut pour l'armée française. Et pour Paris.

Le 30 novembre 2004, trois semaines à peine après les violents affrontements qui ont suivi le bombardement de Bouaké et le chaos qui s'est emparé de la Côte d'Ivoire, la chaîne Canal+ diffuse des images inédites[1]. Des balles traçantes tirées par des hélicoptères français qui viennent se fracasser devant la foule des Jeunes Patriotes. Des rafales de mitrailleuses qui résonnent dans la nuit. Une voiture canardée au canon de 20 mm, et dont les occupants sortent précipitamment en courant, l'un d'entre eux les vêtements en feu… « Pendant les quatre heures qu'a duré l'attaque, nous n'avons pas vu un seul manifestant tirer un coup de feu », précise, en voix off, le journaliste Stéphane Haumant. Arrivée la veille à Abidjan, l'équipe de la chaîne cryptée a tout vu depuis le toit du Novotel qui offre un panorama imprenable sur les ponts d'Abidjan. Le document est exceptionnel. Et très gênant pour les autorités françaises.

---

1. Ce document intitulé « Quatre jours de feu » peut être regardé ici : https://www.youtube.com/watch?v=0GgfSJEDNJk

Ces séquences exposent crûment la violence avec laquelle la force Licorne est intervenue. Trois heures auparavant, autour de 20 heures, « le général de la jeunesse », Charles Blé Goudé, a appelé, en direct à la télévision, à la mobilisation générale : « Voulez-vous mourir dans la honte ou dans la dignité ? [...] Tous au 43e BIMa, tous à l'aéroport ! » Ses paroles ont fait mouche, les Jeunes Patriotes sont au rendez-vous. La force Licorne reçoit l'ordre de tirer à vue pour bloquer coûte que coûte l'avancée de la foule désarmée : sur les images de Canal+, les hélicoptères français visent le pont et la lagune. Les balles ricochent sur la surface de l'eau. Mais d'autres images montrent des tirs visant directement les quelques véhicules qui tentent, envers et contre tout, de franchir ce mur aérien. « La Côte d'Ivoire n'est pas un quartier de Paris », avait lancé Charles Blé Goudé dans son appel à « la résistance populaire ».

Le lendemain matin, le 7 novembre, Abidjan se réveille sonnée, les rues sont désertes, seuls quelques pillards rapportent leur butin de la nuit sur des chariots de fortune. Les militaires français sont parvenus, de justesse, à repousser les manifestants[1]. Dans la foulée, ils ont pris position sur les deux ponts au-dessus de la lagune, des axes stratégiques. L'ambiance reste tendue, des tirs sporadiques se font entendre au loin. Les soldats n'ont pas dormi de la nuit. Ils contrôlent, devant les caméras de Canal+, les quelques véhicules qui s'aventurent sur les ponts. Une Mercedes est stoppée, l'ouverture du coffre est exigée. Le ton monte.

1. Cf. chapitre 5.

Le conducteur descend de sa voiture et s'approche du soldat français qui le repousse sans ménagement. Un homme surgit : « Ici, c'est la Côte d'Ivoire, tu sais pas ça ? Ici, c'est la Côte d'Ivoire, c'est pas la France ! » lance-t-il au militaire.

Le conducteur, que des amis tentent de calmer, enchaîne : « Dépose ton arme, tu vas voir ! Dépose ton arme… » L'une des passagères descend à son tour de la Mercedes : « Mais c'est pas votre pays ici ! C'est pas comme ça qu'on parle aux gens ici ! On ne vous a pas appris à respecter les gens ?! »

Tel est bien le sentiment de nombreux Ivoiriens. Laurent Gbagbo aura beau jeu de comparer la force Licorne aux troupes du pacte de Varsovie dans les rues de Prague en 1968…

## *Les fusillades et ce qu'on leur fait dire*

Mais ce n'est pas tout. L'équipe de Canal+ a aussi récupéré des images exclusives tournées le 9 novembre par une équipe de télé ivoirienne sur l'épisode le plus polémique de la crise : le face-à-face électrique entre les Jeunes Patriotes et les soldats de Licorne devant l'hôtel Ivoire. Le pouvoir d'Abidjan accuse l'armée française d'y avoir commis un massacre en tirant sur la foule des « patriotes aux mains nues » – sans pour autant fournir de preuves, ni même de bilan précis des victimes (morts et blessés).

Sur le document de Canal+, on aperçoit des tireurs embusqués dans les étages supérieurs de la tour de l'hôtel Ivoire, le canon de leur fusil coincé dans l'embrasure de la fenêtre, en guise d'intimidation. Au fil des heures, la foule grossit encore et encore derrière les barbelés déroulés par les soldats de Licorne. Peu nombreux, les gendarmes ivoiriens semblent débordés. Puis, sans transition, séquence suivante : « Les soldats français tirent », dit la voix off. À l'image, un cordon de militaires français, apparemment calmes, ont leur fusil Famas en main, certains pointés à hauteur d'homme, d'autres le canon levé. On entend des coups de feu. Mais impossible de savoir si les soldats visent directement les manifestants.

Les tirs plus nourris se transforment peu à peu en rafales. La caméra de la télévision ivoirienne zoome sur les manifestants plaqués au sol, certains rampent pour tenter de fuir l'esplanade. Et enfin, les images des victimes : des personnes qui suffoquent, « plusieurs blessés par balles », un homme à la main arrachée, et une personne au crâne explosé… Des images dures, similaires à celles que Charles Blé Goudé nous avait montrées lors de leur conférence de presse… « Qu'est-ce qu'on a fait ? Qu'est-ce qu'on a fait à la France ? », hurle un homme.

Terrible séquence : l'armée française qui tire sur la foule à l'hôtel Ivoire… À la rédaction de *Libération*, nous nous procurons le documentaire quelques jours avant sa diffusion. Nous analysons les images avec mon collègue Jean-Dominique Merchet… pour arriver au constat qu'il faut prudence garder. Les rafales de tirs entendus dans le document ne sont pas directement corrélées aux images. En clair, si celles-ci montrent que les soldats français ont bien fait usage de leurs armes, elles ne permettent pas d'attester formellement qu'ils ont effectué des tirs directs et nourris sur la foule des partisans de Gbagbo. Autrement dit, qu'ils ont commis un carnage à l'hôtel Ivoire.

Notre article paraît dans *Libération* deux jours avant la diffusion du document de Canal+ : « La "grande muette" se fait discrète sur le sujet, mais cela ne fait guère de doute : début novembre, en Côte d'Ivoire, des militaires français ont tiré et tué des partisans du président Gbagbo. » Et nous citons le colonel Gérard Dubois, porte-parole de l'état-major des armées : « Nous n'avons jamais dit qu'il y avait des morts... ni qu'il n'y en avait pas[1]. » Pas de quoi éteindre la polémique.

Le ministère de la Défense, dirigé par Michèle Alliot-Marie, est furieux. Le document de Canal+ réduit à néant sa communication sur ces événements. Dans un premier temps, « Madame le ministre » avait assuré que les forces françaises n'avaient tiré aucun coup de feu et que, s'il y avait eu des victimes devant l'hôtel Ivoire, elles avaient été causées par des échanges de tirs entre des manifestants armés et les gendarmes ivoiriens déployés sur place. Problème : le général Poncet finit par reconnaître lui-même que ses troupes ont dû faire usage de leurs armes à feu – uniquement « en état de légitime défense », précise-t-il.

À la remorque des informations distillées avec parcimonie, et toujours en léger différé, par le patron de

1. Jean-Dominique Merchet et Thomas Hofnung, « Des morts ivoiriens sous le feu de Licorne », *Libération*, 26 novembre 2004.

la force Licorne, Michèle Alliot-Marie doit s'aligner et reconnaître à son tour les tirs français. Sous la pression, et espérant éteindre les polémiques, Paris finit par évoquer, au lendemain de la diffusion du documentaire de Canal+, « une vingtaine de morts » ivoiriens sous des balles françaises, ajoutant que « la quasi-totalité de ces morts ont été enregistrées lors de la descente des troupes françaises vers Abidjan et durant les combats sur l'aéroport[1] ». Les soldats de l'opération Licorne ont agi en état de « légitime défense élargie », assure le ministère de la Défense, sans préciser en quoi consiste cet « élargissement ».

L'ancien ministre de la Défense, le socialiste Paul Quilès, demande la mise en place d'une commission d'enquête pour faire la lumière sur tous ces événements. En vain : sa proposition est immédiatement enterrée par les autorités françaises.

## *Le choc des versions*

Pourtant, au même moment, un officier français plaide, lui aussi, pour la mise en place d'une telle commission, car il vit très mal toute cette affaire. Cet homme meurtri, c'est le colonel Destremau, qui a subi le bombardement de Bouaké le 6 novembre, puis a été en première ligne à l'hôtel Ivoire le 9 novembre. Il ne supporte pas que ses forces soient accusées d'avoir commis un massacre. Il ne supporte plus les appels

1. Jean-Dominique Merchet, « Abidjan : la France plaide la “légitime défense élargie” », *Libération*, 1er décembre 2004.

de ses proches depuis la France. « Qu'est-ce qui s'est passé là-bas ? Qu'est-ce que vous avez fait ? Qu'est-ce que tu as fait ? »

Début décembre, alors que la polémique ne retombe pas malgré les tentatives de reprise en main de la communication du ministère de la Défense, je reçois un message d'un de mes contacts français à Abidjan : « Cela t'intéresse de parler avec l'officier qui commandait les troupes françaises à l'Ivoire ? »

La réponse est évidente. Côté français, le colonel Destremau est, avec le général Poncet, l'homme qui concentre toutes les attentions et toutes les interrogations. Depuis le bombardement du 6 novembre et la fusillade devant l'hôtel Ivoire trois jours plus tard, le colonel Destremau ne s'est pas exprimé publiquement. Comme tout officier, il est statutairement tenu au devoir de réserve. Mais, aujourd'hui, il semble prêt à transgresser cette règle. C'est l'honneur de son régiment, le Régiment d'infanterie chars de marine (RICM), le plus décoré de France, qui est en jeu. Un régiment qui a été commandé par le chef d'état-major des armées en personne, le général Bentégeat.

Le 8 décembre, de Paris, je joins le colonel Destremau, revenu à Bouaké. Nous allons passer plus d'une heure au téléphone. L'homme est très courtois, sa voix posée. Il prend le temps de raconter les événements tels qu'il les a vécus, il y a un mois, sur les bords de la lagune : l'arrivée à l'hôtel Ivoire, la foule qui grossit et le piège qui se referme, l'envoi des forces spéciales par Poncet, le rôle trouble des gendarmes ivoiriens. Et, bien sûr, la fusillade.

Dans l'article[1] qui fait la une de *Libération* du 10 décembre – sous le titre « Fusillade de l'hôtel Ivoire : un officier français parle » –, je retranscris ses propos en les confrontant aux témoignages de plusieurs manifestants présents devant l'hôtel ce jour-là et à la version livrée à la presse locale par le chef des gendarmes ivoiriens, le colonel Bi-Poin[2]. Extrait : « Le colonel Destremau s'inquiète : son détachement est "équipé pour des combats de haute intensité", pas pour des opérations de maintien de l'ordre. Il ne dispose ni de gaz lacrymogènes, ni de grenades assourdissantes, encore moins de balles en caoutchouc. Une heure avant l'affrontement, il reçoit néanmoins le soutien d'une dizaine de membres des forces spéciales françaises, les COS, équipés de balles en caoutchouc. »

Autre extrait, cette fois consacré à la fusillade : « "L'ensemble de mes soldats fait des tirs, uniquement d'intimidation", assure l'officier, qui ajoute que seuls les hommes des COS, et non les tireurs d'élite du 6e, auraient visé certains manifestants avec leurs armes non létales. Un gendarme ivoirien, qui, au même moment, pousse un marsouin [soldat du RICM] dans la foule des Patriotes, est touché à la jambe par un tir des forces spéciales. » Et il ajoute : « Je pense, sans en être sûr, que c'est en se retournant pour riposter qu'il a tué l'un de ses collègues[3]. »

---

1. Thomas Hofnung, « Pour l'honneur de mes soldats », *Libération*, 10 décembre 2004.

2. Ce dernier a refusé de répondre à ma demande d'entretien lors de la rédaction de cette enquête, en décembre 2004.

3. Dans la version donnée dans *D'une guerre à l'autre* (*op. cit.*) le sergent Yohann Douady contredit les propos du colonel

Plus loin je reproduis la version des faits livrée par le commandant des gendarmes ivoiriens déployés sur place : « Le colonel Bi-Poin dit, pour sa part, “que les soldats de Licorne ont paniqué et le chef de corps [le colonel Destremau] a ordonné, en ma présence, de tirer directement et indistinctement dans la foule [...]. Tous ses hommes ont commencé à tirer. Mes hommes, qui étaient au contact des manifestants, se sont repliés. Un de mes éléments, qui n’a pas pu se replier vite, a été mortellement atteint par les militaires français”. Il affirme que ce sont les tireurs d’élite français qui ont décapité le “manifestant civil... L’incident s’est passé à cinq mètres de nous”. »

Le colonel Destremau affirme quant à lui que ses « hommes n’ont pu faire cela. Nous n’avions pas les armes pour infliger de telles blessures [...]. Si nous avions tiré au canon dans la foule, ça aurait été le massacre ! ». Le problème, c’est que le colonel ne dispose d’aucune image pour étayer ses affirmations, qui permettraient de compléter celles tournées par la télévision ivoirienne, reprises par Canal+. « Il est incroyable qu’il n’y ait pas eu de *combat camera* [militaire qui filme les combats] à l’hôtel Ivoire », pointe un officier des opérations spéciales[1].

La faute à qui ? Cette absence d’images susceptibles de contrecarrer le discours du régime de Gbagbo sur le « massacre de l’hôtel Ivoire » va occasionner une

Destremau. Selon ce témoignage, ce sont bien les marsouins du RICM qui ont tiré, faisant plusieurs victimes côté ivoirien.

1. Jean-Dominique Merchet, « Abidjan : la France plaide la “légitime défense élargie” », art. cité.

sévère explication de gravure au sein de la « grande muette ». Notamment lorsqu'il s'avérera qu'une équipe vidéo était bien déployée au sein des forces françaises à Abidjan[1]. Sauf qu'au moment de la fusillade à l'Ivoire elle était mobilisée pour donner un coup de main à une chaîne de télé hexagonale qui tournait des images d'exfiltration de ressortissants français…

Au vu de ces éléments, la prudence s'impose au moment de conclure cet article : « Le colonel Destremau souhaite pouvoir témoigner devant une commission d'enquête, “pour l'honneur de mes soldats, qui se sont remarquablement bien comportés devant l'Ivoire, et parce que nous sommes en démocratie”. Et de regretter amèrement que ses unités n'aient pas disposé de caméras pour filmer l'épisode et prouver que ses marsouins n'ont pas tiré à balles réelles sur des Ivoiriens désarmés. La question reste ouverte. Parole française contre parole ivoirienne. »

Ouverte, la question l'est restée jusqu'à ce jour en l'absence de commission d'enquête. Au moins le colonel Destremau aura-t-il eu la possibilité de donner « sa » vérité. En prenant bien soin de ne pas franchir les limites, et avec l'accord probable du chef d'état-major Henri Bentégeat, son prédécesseur à la tête du RICM. S'il n'incrimine personne directement, les regards se tournent vers les forces spéciales dépêchées à l'Ivoire par leur ancien patron, le général Poncet. Quelques jours auparavant une source militaire française avait d'ailleurs reconnu qu'un manifestant ivoirien « qui tentait de s'emparer d'une mitrailleuse sur un blindé »

1. Témoignage recueilli par l'auteur, février 2024.

avait été touché « par un tir de neutralisation ». En clair, qu'il avait été abattu par les forces françaises[1].

Le colonel Destremau a été à la tête des unités meurtries par le bombardement du Sukhoï à Bouaké, dépêché de toute urgence sur Abidjan au prix d'une éprouvante chevauchée blindée et déployé sur ordre du général Poncet dans la souricière de l'hôtel Ivoire ; il était hors de question pour lui de payer seul les pots cassés, de devoir assumer les erreurs d'appréciation de sa hiérarchie et les victimes de l'hôtel Ivoire.

En parlant à *Libération*, l'officier a pris un risque non négligeable, mais calculé. Car, dans cette affaire, tout le monde détient une part de la vérité, tout le monde a quelque chose à cacher, des détails cruciaux à omettre. Tout le monde se tient. Qui a vraiment donné l'ordre de détruire les deux Sukhoï à Yamoussoukro ? Est-on vraiment certain que le bombardement de Bouaké était intentionnel ? Pourquoi avoir envoyé les forces spéciales à l'Ivoire plutôt que les gendarmes ? Qui a tiré sur les manifestants à balles réelles ? Rentré en France, le colonel Destremau poursuivra sans encombre sa carrière à des postes beaucoup moins exposés. Il l'achèvera au grade de général, au poste prestigieux de directeur de l'Institut des hautes études de défense nationale (IHEDN). Il a suffisamment donné.

Le général Poncet, lui, va connaître une fin de carrière beaucoup moins paisible.

---

1. Jean-Dominique Merchet, « Abidjan : la France plaide la "légitime défense élargie" », art. cité.

## *La chute du général Poncet*

Quelques mois plus tard, à la mi-octobre 2005, le ministère de la Défense convoque en urgence à l'hôtel de Brienne, rue Saint-Dominique à Paris, une poignée de journalistes spécialisés dans les questions militaires. L'affaire semble grave, et le cabinet de la ministre Michèle Alliot-Marie a décidé de prendre les devants. Ce dernier a appris, tout récemment, l'élimination, dans des conditions très troubles, d'un « coupeur de route » (bandit) ivoirien dans l'ouest de l'ex-colonie française. Cet homme, Firmin Mahé, était activement recherché par les forces françaises : depuis des semaines, il terrorisait la population locale par sa cruauté extrême. Capturé le 13 mai 2005 après avoir été grièvement blessé dans un échange de tirs avec une patrouille de Licorne, il meurt durant son trajet vers une base française. À l'époque, l'affaire passe totalement inaperçue.

Mais, peu à peu, les langues se délient et les informations commencent à circuler au sein de l'armée. En réalité, Firmin Mahé ne serait pas mort des suites de ses blessures. Après sa capture, pendant qu'un soldat le maintenait, un autre l'a étouffé avec un sac-poubelle, à bord du véhicule blindé léger où le suspect avait été embarqué. Le rôle exact du numéro un de Licorne, le général Poncet, interroge. Une information judiciaire pour « homicide volontaire » est ouverte par la justice française. Lors de l'enquête qui suit, le colonel Éric Burgaud, qui commandait les troupes dans le secteur ouest de la Côte d'Ivoire, explique avoir obéi à un ordre « implicite » donné par le général Poncet depuis

Abidjan. « Roulez lentement, vous m'avez compris ? », lui aurait dit le commandant de la force Licorne, lequel a toujours démenti les faits.

Comment en est-on arrivé là ? Comment ce colonel issu d'un régiment de chasseurs alpins, unanimement respecté par ses hommes et sa hiérarchie, a-t-il pu comprendre qu'il fallait éliminer un bandit de grand chemin, et transmettre cet ordre sans hésiter ? Et comment des soldats sur le terrain ont-ils obéi et tué de sang-froid Firmin Mahé ?

Déployés dans la zone de séparation des belligérants, la mal nommée « zone de confiance », où ils sont de facto chargés d'assurer la sécurité en l'absence de toute autre autorité, les militaires français se retrouvent à mener au quotidien des opérations de police dans des conditions éprouvantes. Bien souvent pour rien : une fois arrêtés, les suspects d'exactions sont remis aux différentes autorités – soit aux rebelles au nord, soit aux forces gouvernementales au sud – et la plupart du temps libérés dans la foulée. De quoi nourrir un cuisant sentiment de frustration chez les militaires de Licorne, y compris au plus haut niveau, et la tentation de « régler le problème » soi-même.

Ce jour de mai 2005, les militaires tricolores interprètent les mots du général Poncet comme un ordre. Ils se débarrassent de leur encombrant prisonnier, enterrant leur victime dans un cul-de-basse-fosse. Mais certains ont des états d'âme, et se confient à leurs camarades. L'élimination de Firmin Mahé devient un macabre secret de Polichinelle dans les rangs, qui circule de bouche en bouche, et finit par remonter en France, jusqu'aux oreilles de l'état-major. Quand il apprend la nouvelle, le général Bentégeat est furieux : il découvre que le crime a eu lieu trois jours seulement avant l'un de ses déplacements à Abidjan. Lors de sa visite, m'affirment plusieurs sources militaires, le patron de Licorne ne lui a rien dit. Il se sent trahi.

Cette fois, c'en est trop : Henri Poncet est lâché par la haute hiérarchie militaire. Le général est suspendu à titre conservatoire, une première depuis la fin de la guerre d'Algérie. Dans la foulée, la justice est saisie. Six militaires sont mis en examen, dont l'ancien patron de Licorne. Durant l'instruction, ce dernier bénéficie toutefois d'un non-lieu en l'absence d'ordre écrit. En attendant le procès, où il est cité comme témoin, il est « placardisé » au sein de la Direction du renseignement militaire à Paris, traité comme un paria. Plus personne ou presque ne lui adresse la parole[1].

À l'issue du procès qui se tient au Palais de justice de Paris en novembre et décembre 2012, le colonel Burgaud écope de cinq ans de prison avec sursis[2]. L'officier supérieur a assumé avoir donné « un ordre illégal », tout en expliquant : « Face à l'inacceptable,

---

1. Lire Jean-Dominique Merchet, « L'armée en mots troubles », *Libération*, 5 janvier 2006.

2. Violette Lazard et Thomas Hofnung, « L'honneur perdu d'un colonel », *Libération*, 5 décembre 2012. Deux autres soldats, dont l'adjudant-chef Guy Raugel qui a étouffé lui-même le coupeur de route, sont condamnés eux aussi à des peines avec sursis. Le chauffeur du véhicule militaire français est quant à lui acquitté. Ils risquaient jusqu'à trente ans de réclusion. Si la Cour a estimé que leur geste avait « gravement porté atteinte aux valeurs de la République », elle a aussi considéré que la « situation exceptionnelle » qui prévalait dans la région qu'ils étaient chargés de surveiller était « de nature à atténuer leur responsabilité ».

qu'est-ce que vous faites ? Il y a la légitimité, la légalité… Il fallait faire des choix, parce que toutes les valeurs ne vont pas ensemble. Éliminer Firmin Mahé, c'était la moins pire des solutions. Le confort, c'est de pouvoir choisir entre le bien et le mal. Ce n'est pas celui d'un soldat. »

L'affaire Mahé illustre à sa manière les dérives de ce type d'opérations de maintien de la paix où les forces armées de l'ancienne puissance coloniale se retrouvent à assumer des fonctions de police en lieu et place d'un État souverain aux abonnés absents. On nage en pleine confusion des rôles.

Le général Poncet, lui aussi, s'en sort bien. Au sein des armées, beaucoup font le lien entre la clémence du ministère public et le silence du gradé sur les pages les plus troubles des événements de novembre 2004 à Bouaké et à Abidjan. Rumeur invérifiable, mais tenace. La carrière de l'homme dont le président Chirac avait loué le sang-froid lors de ses vœux aux armées en janvier 2005, avant de lui remettre sa quatrième étoile de général à la veille du 14 Juillet, est définitivement brisée. Amer, l'ancien chef des forces spéciales se retire peu après sur ses terres du côté de Carcassonne, dans son modeste pavillon avec jardin. Mais il n'en a pas fini avec la justice[1].

*

Pendant que les Français règlent leurs comptes entre eux, l'onde de choc des violents soubresauts qui ont

1. Cf. chapitre 13.

suivi le bombardement du lycée Descartes à Bouaké est loin de se dissiper. En Côte d'Ivoire, et bien au-delà. « Jamais nous n'aurions pensé que nos images feraient autant de bruit, et encore moins qu'elles feraient le tour de l'Afrique », raconte le cameraman de Canal+ Jérôme Pin[1]. Le document de quatre-vingt-dix minutes va être diffusé des dizaines et des dizaines de fois sur les chaînes ivoiriennes. Copié et piraté, il sera également vendu aux grands carrefours de Dakar, Lomé ou encore Bamako, dans toute l'Afrique de l'Ouest[2]. Les scènes dignes du film de Francis Ford Coppola *Apocalypse Now*, où des hélicoptères de l'ancienne puissance coloniale tirent sur des civils, celles où des soldats français contrôlent des automobilistes dans une grande métropole africaine d'un pays souverain, où ils font feu pour se dégager de la souricière de l'hôtel Ivoire sont dévastatrices pour l'image de la France.

L'idée que les soldats de Licorne ont commis un massacre devant l'hôtel Ivoire prospère, et s'impose dans la mémoire collective en Côte d'Ivoire et au-delà[3]. Le recensement pourtant précis de ces jours d'affrontements donné par le ministère ivoirien de la Santé lui-même ne change rien à l'affaire : cinquante-sept morts et plus de deux mille blessés, dont la plupart par armes blanches ou par étouffement, et non sous des

1. Entretien avec l'auteur, 24 février 2024.

2. En revanche, il ne sera plus diffusé sur Canal+, semble-t-il à la suite d'énormes pressions exercées par le ministère de la Défense.

3. Aujourd'hui encore, la plupart des livres qui évoquent la crise en Côte d'Ivoire parlent d'« un carnage » devant l'hôtel Ivoire.

balles françaises[1]... Trop tard. Paris a gagné la bataille d'Abidjan, mais c'est bien Laurent Gbagbo qui a gagné la guerre des images et de la mémoire.

1. Ainsi que je l'ai détaillé dans un article dans *Libération* du 15 décembre 2004, « Licorne en partie disculpé par le gouvernement ivoirien » : « Selon les estimations du ministère de la Santé ivoirien, fondées sur des rapports transmis par "les structures sanitaires de référence", 10 % des 2 226 blessés l'auraient été "par balles ou par éclats d'obus". » En clair : environ 200 Ivoiriens auraient été blessés dans des heurts avec l'armée française. « Les 90 % restants résultent des effets collatéraux liés aux manifestations, à savoir les piétinements, blessures par armes blanches et par armes à feu traditionnelles [chevrotines]. »

## CHAPITRE 12

# Une juge face à la raison d'État

Au moment du bombardement, le 6 novembre en début d'après-midi, le prévôt Gérard Moricard est dans un demi-sommeil, dont il va très vite sortir. Il entre en action, selon son statut : Gérard Moricard fait partie de ces gendarmes déployés au sein des opérations extérieures, dont le rôle est d'ouvrir et de mener des investigations dès qu'un délit ou un crime est commis par ou contre un militaire français. Si le lycée Descartes a été visé et si des soldats ont été touchés, l'ouverture d'une enquête en flagrance s'impose.

Au beau milieu du tumulte, le voilà néanmoins coincé au QG de la force Licorne à Bouaké, installé dans les locaux occupés par les missionnaires de l'Église baptiste. Le prévôt demande à sa hiérarchie de pouvoir se rendre sur place le plus vite possible pour procéder aux premières constatations. En vain. Impossible de bouger, lui répond-on, tant qu'un minimum de sécurité n'est pas assuré à l'extérieur du camp. À cette heure, la sortie du cantonnement reste en partie bloquée par les partisans des rebelles, très remontés contre les Français inertes depuis les premières frappes des Sukhoï.

Peu avant 17 heures, le gendarme est enfin convoyé jusqu'au lycée Descartes, où il prend conscience du « désastre ». « C'était le chaos total. Les soldats étaient sous le choc. Près de la scène de crime, trois bâtiments en enfilade avaient été pris pour cible par ces avions : les lieux de vie, des chambrées, la salle internet[1]. »

La poignée de ressortissants étrangers de Bouaké, qui avaient pu être acheminés jusqu'au camp Descartes en contournant les barrages dressés par les rebelles, avaient justement été regroupés dans ce lieu de vie. L'Américain Robert J. Carsky y a été tué sur le coup[2]. Deux autres civils, des Franco-Ivoiriens, blessés. Les soldats qui avaient couru se mettre à l'abri le long de ces bâtiments ont payé le plus lourd tribut.

Sur place, le prévôt procède aux premières constatations – « comme en métropole », précise-t-il, une expression qui trahit la confusion présente chez nombre de militaires déployés dans cette ancienne colonie française. Les dépouilles des victimes sont dissimulées derrière une palissade de fortune. Bientôt, leurs corps seront placés dans des sacs mortuaires pour être transférés au plus vite vers Abidjan « vu la chaleur », confie le gendarme. Le ballet des hélicoptères chargés d'évacuer les blessés graves vers la base du 43e BIMa commence.

La nuit tombe, et le calme revient peu à peu sur le camp meurtri. Le gendarme Moricard a récupéré des débris de munitions, autant de pièces à conviction pour tenter de déterminer leur origine. Mais aucun moyen de communication n'est disponible – ou mis à sa

1. Audition du prévôt Gérard Moricard devant le tribunal de Paris, 29 mars 2021.

2. Cf. chapitre 1.

disposition – pour joindre sa hiérarchie à Paris, incarnée par le procureur du Tribunal aux armées de Paris (le TAP)[1], Jacques Baillet. Seul le colonel Destremau possède un téléphone satellitaire, un Immarsat. Il faudra quatre jours à Gérard Moricard pour y accéder et donner de ses nouvelles à sa famille. Le colonel Destremau a d'autres urgences à traiter que de lancer l'enquête sur ce bombardement meurtrier : l'évacuation des blessés graves, puis celle des morts, la sécurisation du camp Descartes, la préparation du raid héliporté sur le palais présidentiel de Yamoussoukro…

Au bout de quinze jours, le 20 novembre, le prévôt parvient enfin à entrer en contact avec sa hiérarchie, laquelle ne s'est pas manifestée durant toute cette période. « Le procureur était tout à fait fondé à ouvrir une enquête en flagrance et à se rendre sur les lieux du crime le plus vite possible », confie une source judiciaire proche du dossier[2]. Il ne l'a pas fait. « J'ai agi pendant près d'un mois sans instruction », reconnaît le prévôt Moricard. Sans savoir que les pilotes se trouvaient non

1. Compétent pour tous les crimes et délits impliquant des militaires français en mission à l'étranger, le TAP est l'héritier du Tribunal permanent des forces armées en temps de paix, supprimé en 1982. Son procureur et son substitut, des magistrats professionnels, sont désignés par le ministre de la Défense, administration où ils sont détachés et rémunérés. Les moyens mis à la disposition du tribunal dépendent de la Défense, notamment pour les enquêtes. Le TAP ne compte qu'un magistrat instructeur. Les juges sont quant à eux délégués par la cour d'appel de Paris. La suppression de cette juridiction d'exception a été pilotée en 2010 par Michèle Alliot-Marie, alors ministre de la Justice, et actée en 2012. Désormais, les militaires sont des justiciables ordinaires.

2. Entretien avec l'auteur, 8 avril 2024.

loin de là, au Togo. À Paris, le procureur du Tribunal aux armées saisit le ministère de la Défense pour avis consultatif, comme le prévoient les statuts du TAP.

## *« Nous n'avons pas de réflexe judiciaire »*

La conduite d'une enquête judiciaire par les prévôts de la force Licorne est le cadet des soucis du général Poncet, alors aux prises avec une vague de violences antifrançaises sans précédent à Abidjan. Mais ceci n'explique pas tout. Aux yeux du commandant de la force Licorne, comme pour bon nombre de hauts gradés de l'armée française, la chose militaire n'a rien à voir avec la justice. Dans les armées, il est question d'honneur, de bravoure, de courage, pas de plainte devant les tribunaux. On ne se fait pas justice dans les armées, on riposte, on combat. Un camp français est bombardé ? On détruit les avions impliqués dans ces raids. Puis, sur ordre de l'Élysée, tout le reste. Le grand malentendu s'installe entre, d'un côté, les soldats bombardés et leurs familles et, de l'autre, les membres de la haute hiérarchie militaire. Traumatisés, les premiers veulent comprendre, savoir ce qui s'est passé, que les auteurs de ce crime répondent de leurs actes et soient punis. Les seconds, eux, sont déjà passés à autre chose.

À leurs yeux, les pilotes et les techniciens étrangers ne sont que des « exécutants » d'un ordre donné en haut lieu. « Nous sommes dans une logique militaire : on a été attaqués par l'armée de l'air ivoirienne, pas par des mercenaires, affirme le général Bentégeat. On fait la guerre à un groupe criminel ou à un État, pas à des individus. Nous ne sommes pas animés par un sentiment de vengeance. Nous n'avons pas de réflexe judiciaire[1]. »

Les mercenaires, de simples exécutants sans intérêt, vraiment ? Certes, mais d'un ordre dont les militaires français aimeraient bien connaître l'origine, ne serait-ce que pour comprendre et pour anticiper la suite. Durant quatre jours, l'équipe des techniciens « slaves » (biélorusses, ukrainiens et russes) interpellés à l'aéroport d'Abidjan par les légionnaires est aux mains des forces spéciales placées sous les ordres directs du général Poncet. Ce dernier affirme qu'il n'avait pas de moyen à sa disposition pour les interroger, pas d'interprète[2]. Vraiment ?

À la tête d'une brigade de l'Otan déployée au Kosovo, au début des années 2000, l'officier n'avait pas hésité, à Mitrovica alors en proie aux violences entre Serbes et Albanais, à retenir des suspects de violences afin de les interroger en toute discrétion[3]. « On avait mis en place un mini-Guantánamo », relate même un ancien proche de Poncet, qui a servi à ses côtés en Côte d'Ivoire[4].

---

1. Audition du général Henri Bentégeat devant le tribunal de Paris, 9 avril 2021.

2. Cf. chapitre 8.

3. Dans « L'armée en mots troubles », art. cité, Jean-Dominique Merchet écrit : « Alors que Serbes et Albanais s'affrontent, ses hommes arrêtent des miliciens, les détiennent quelques jours et les interrogent. »

4. Entretien avec l'auteur, février 2024.

En réalité, un lieutenant-colonel de gendarmerie, membre des forces spéciales, a bien interrogé les « instructeurs » slaves retenus à l'aéroport hors de tout cadre légal, mais apparemment sans en obtenir grand-chose[1]. Pourtant, plus tard, quand la justice demandera la déclassification du supposé interrogatoire des quinze techniciens slaves, elle n'obtiendra en tout et pour tout que quatre pages blanches barrées au feutre noir, remises à la première magistrate chargée d'instruire cette affaire, Brigitte Raynaud. Les autorités françaises chercheraient-elles à cacher des informations sensibles livrées par ces hommes ? S'ils ne sont pas impliqués directement dans le bombardement de Descartes, ces techniciens pouvaient pourtant à tout le moins identifier formellement les pilotes et expliciter la chaîne de commandement qui a conduit à la frappe contre les soldats français…

Après coup, le conseiller juridique de la force Licorne, Jean-Marie Deligne, ne parvient toujours pas à s'expliquer pourquoi ils ont été libérés aussi rapidement. « Ils auraient pu être interrogés dans le cadre d'une enquête de flagrance. La loi réprimant le mercenariat aurait pu être activée[2]. » Jean-Marie Deligne insiste : « La loi pénale française est applicable à partir

1. Lire Jean-Dominique Merchet, « Bouaké : la justice française réclame des comptes à Abidjan », *Libération*, 26 décembre 2005.

2. Votée au printemps 2003, alors que la presse fait état de la présence de nombreux mercenaires en Côte d'Ivoire, la loi Pelchat sanctionne l'activité de mercenaire d'une peine de cinq ans d'emprisonnement et de 75 000 euros d'amende. Ironie de l'histoire, après l'adoption de cette loi, au printemps 2003, le ministère de la Défense déclare : « Nous aurons une base juridique pour des poursuites pénales. »

du moment où des ressortissants français sont visés[1]. » Tous les instruments juridiques existaient bel et bien, donc, pour entamer des poursuites et interroger les mercenaires. Mais ils n'ont pas été activés.

Durant ces jours décisifs qui suivent le bombardement de Bouaké, où tous les équipages étrangers sont encore à disposition des Français, le juriste est totalement tenu à l'écart des tractations en cours. « Je n'avais pas la confiance du général Poncet, je n'étais pas dans le cercle de décision. Poncet est un homme très méfiant », regrette-t-il. Quant à la directrice des affaires juridiques au ministère de la Défense à Paris, Catherine Bergeal, elle assure que les techniciens slaves ont été libérés « avant même que nous ayons été informés de leur arrestation[2] ». Elle non plus ne faisait pas partie du « premier cercle », mais cette fois autour de la ministre de la Défense.

Son collègue au ministère, le juriste David Sénat, ne sera consulté que bien plus tard, le 20 décembre 2004, sur une demande d'ouverture d'une enquête judiciaire par le Tribunal aux armées de Paris à la suite de la plainte déposée par les familles des victimes contre X pour « assassinats, tentatives d'assassinat et destruction de biens ». Le ministère répond favorablement, permettant enfin à l'enquête de démarrer. Mais que de temps perdu ! Les techniciens et pilotes se sont évaporés depuis bien longtemps. Tout comme un certain nombre

1. Audition de Jean-Marie Deligne devant le tribunal de Paris, le 6 avril 2021.

2. Audition de Catherine Bergeal devant le tribunal de Paris, le 6 avril 2021.

d'éléments potentiellement utiles à l'enquête. Les bâtiments éventrés par le bombardement, qui menaçaient de s'effondrer, ont été rasés dans la foulée, sur ordre du commandement de l'opération Licorne. Tant pis pour l'enquête, qui aurait permis de balayer les futurs soupçons de coup fourré franco-français.

Quant au procureur militaire ivoirien, Ange Kessi, sa demande d'accéder au lycée Descartes pour démarrer ses propres investigations est sèchement écartée par le commandement français. Du pain bénit pour les « ultras » du régime de Laurent Gbagbo qui, aussitôt, accusent la France de vouloir cacher la vérité. Ils ne reculent devant rien : s'étonnant de la vitesse à laquelle les cercueils ont été transférés vers Paris, sans qu'aucune autopsie ait été pratiquée, ces derniers vont jusqu'à affirmer que les cercueils étaient vides, et que le bombardement de Bouaké n'est qu'un grossier montage… Tous les coups sont permis dans cette bataille de la communication entre les deux camps.

Le général Poncet rétorque : « Qu'aurait démontré l'autopsie ? Que les victimes avaient été tuées par les avions ivoiriens… Il faut comprendre que sur le moment, la priorité a été donnée au rapatriement des blessés, en même temps qu'on lançait un raid héliporté sur Yamoussoukro, qu'on empêchait le franchissement des ponts d'Abidjan, qu'on prenait le contrôle de l'aéroport et qu'on commençait l'évacuation des expatriés[1] ! » Une justification qui est loin de convaincre

1. Lire sur le site de RFI : Anthony Lattier, « Affaire de Bouaké (2/5) – Les zones d'ombre d'un bombardement meurtrier », 3 mai 2016.

l'avocat de plusieurs parties civiles Jean Balan : « On peut comprendre l'émotion des militaires sur place. Mais une fois les corps rapatriés à Paris, rien n'empêchait que cela ne fût fait. » Non seulement, rien ne l'empêchait, mais c'est même une obligation légale dès qu'un crime a été commis, explique un magistrat proche de l'enquête[1]. Une nouvelle fois, la justice est totalement court-circuitée, sans que personne y trouve rien à redire à Paris.

Cette désinvolture va alimenter les théories du complot les plus fantaisistes en Côte d'Ivoire, mais aussi en France. Le général Poncet, et plus largement les hauts responsables militaires et politiques à Paris, se sont, une fois de plus, tiré une balle dans le pied.

## *Enterrés dans leurs uniformes souillés*

J'ignore alors tout de ces blocages. Le calme est revenu en Côte d'Ivoire, les rebelles ont été contenus au nord et très vite, les médias sont passés à autre chose. Dès la mi-novembre, la mort en France de Yasser Arafat puis son enterrement devant une foule immense à Ramallah, en Cisjordanie, ont éclipsé la suite des événements dans l'ancienne colonie française. Au lendemain de Noël, un terrible tsunami a ravagé une partie de l'Asie du Sud-Est, provoquant des dizaines de milliers de morts. En pleine tourmente à Abidjan, sur la base militaire du 43e BIMa, la représentante des Français de Côte d'Ivoire, Catherine Rechenmann,

1. Entretien avec l'auteur, 9 avril 2024.

avait lancé aux journalistes qui l'entouraient : « Là, maintenant, nous sommes sous les feux des projecteurs, mais dans quelques semaines, tout le monde nous aura oubliés[1]. » Elle avait raison, Bouaké disparaît de la carte médiatique.

Passé le temps de l'émotion en France, que vont devenir les plus de huit mille Français installés dans l'ancien fleuron du « pré carré » en Afrique de l'Ouest, parfois depuis plusieurs générations, qui ont fui les violences en Côte d'Ivoire ? Un tel afflux de « rapatriés » dans l'Hexagone, c'est du jamais-vu depuis la guerre d'Algérie. J'en connais certains personnellement, et décide d'exercer un droit de suite sur ces rapatriés de Côte d'Ivoire. À Paris, le gouvernement a annoncé des mesures d'aide calquées sur celles dont avaient bénéficié, au début des années 1960, les pieds-noirs d'Algérie. Des fonds sont débloqués. Mais nombre de Français se sentent abandonnés. Comme exilés dans leur propre pays. « Le tsunami en Asie nous a précipités dans les oubliettes de l'histoire », se plaint une ancienne institutrice de 40 ans, dont le mari, commerçant, est resté en Côte d'Ivoire pour « tenter de sauver les meubles ».

Au même moment, en janvier 2005, une information judiciaire est formellement ouverte au Tribunal aux armées et Brigitte Raynaud, son unique juge d'instruction, peut enfin démarrer son enquête. Cette quadragénaire, aussi discrète qu'opiniâtre, officie au sein de cette juridiction spéciale depuis plus de dix ans.

1. Thomas Hofnung, « Les rapatriés de Côte d'Ivoire “comme amputés” », *Libération*, 18 février 2005.

Elle connaît bien le monde militaire[1]. Mais sur le dossier de Bouaké, comme sur celui du Rwanda où elle enquête sur de possibles exactions de l'armée française, « Madame la juge » se sent bien seule face à la raison d'État, soutenue mollement par le procureur Jacques Baillet. Ses demandes de déclassification de documents restent souvent lettre morte.

Dans son enquête, Brigitte Raynaud va toutefois bénéficier d'un soutien inattendu, et non négligeable : celui du ministre de l'Intérieur, Nicolas Sarkozy. Ayant succédé à Dominique de Villepin place Beauvau en juin 2005 et alors que l'élection présidentielle de 2007 se profile déjà, la bataille fait rage entre ces deux successeurs potentiels de Jacques Chirac. Attaqué par son rival dans l'affaire Clearstream[2], Nicolas Sarkozy ne manque pas une occasion de rendre coup pour coup à « DDV ». La juge Raynaud demande-t-elle à bénéficier du concours de la brigade criminelle de la police plutôt que de recourir aux gendarmes, placés sous l'autorité directe du ministère de la Défense de Michèle Alliot-Marie ? Le ministre de l'Intérieur, qui flaire une affaire embarrassante pour le parrain des accords de Marcoussis, répond favorablement à sa demande, et l'enquête prend alors véritablement son envol. Les officiers déployés en Côte d'Ivoire, des responsables

1. Lire son portrait dans *Le Monde* : Gérard Davet, « Brigitte Raynaud seule face à la "grande muette" », 22 décembre 2005.

2. Le scandale financier Clearstream, du nom d'une société financière luxembourgeoise, est déclenché par l'enquête du journaliste Denis Robert et implique des personnalités politiques telles que Dominique de Villepin ou Nicolas Sarkozy dans un procès pour évasion fiscale et blanchiment d'argent.

du renseignement, se succèdent dans le cabinet de la juge, qui les interroge minutieusement de sa voix douce et ferme. L'instruction progresse, et Brigitte Raynaud va d'étonnement en étonnement.

La juge découvre dans les pièces fournies par l'armée que les victimes du bombardement, non seulement n'ont pas été autopsiées, mais que leurs dépouilles ont été placées dans leur cercueil sans aucun soin, le corps ensanglanté, leurs uniformes souillés[1]. Pourquoi un tel manque d'égards ? Sans doute en raison du chaos à Abidjan et de la volonté des autorités d'organiser un hommage solennel aux Invalides au plus vite, histoire de tourner la page. Celui-ci a eu lieu, en présence des familles éplorées, le 10 novembre, quatre jours seulement après le bombardement.

Mais ce n'est pas tout. Un an après, la mère de l'un des soldats tués à Descartes fait une terrible découverte. Se sentant prête, celle-ci demande à la juge Raynaud de pouvoir regarder les photos de la dépouille de son fils prises par les militaires et versées au dossier d'instruction. En les consultant, elle pousse soudain un cri du cœur : « Mais ce n'est pas le corps de mon fils ! » Deux dépouilles ont en effet été inversées au moment de la mise en bière des militaires tués. À la suite de cette horrible découverte qui ravive la douleur des familles, les deux cercueils sont exhumés pour procéder à la permutation des restes des soldats victimes de cette tragique

1. Les précisions qui suivent dans ce chapitre figurent notamment dans les articles publiés par la presse française au fil des mois, notamment dans *Le Monde* et *L'Express,* ainsi que dans mon enquête parue dans *Libération* le 3 juillet 2006 : « Soldats tués à Bouaké : la France a laissé faire ».

méprise. Aux Invalides, le président de la République aura donc décoré à titre posthume deux victimes qui ne se trouvaient pas dans le « bon » cercueil.

Bien plus tard, à la barre du tribunal de Paris, en mars 2021, la femme de l'une des victimes, Bernadette Delon, devenue veuve à 42 ans, peinera à retenir ses larmes : « On nous a refusé de voir les corps, refusé que leurs frères d'armes les rhabillent. Deux corps ont été inversés, un soldat enterré en slip, c'est tellement indigne de l'armée française d'enterrer des gens qui se sont battus pour elle dans ces conditions ! » Et elle ajoute : « Pourquoi une telle précipitation ? On a l'impression qu'on veut nous cacher quelque chose… »

## *Le « mandat cadeau » de Gbagbo*

Malgré le peu d'empressement des autorités politiques et militaires à coopérer, l'enquête judiciaire se poursuit avec, par intermittence, des éléments qui fuitent dans la presse. Interrogé le 9 décembre 2005 par la juge, le général Poncet, mis en examen depuis peu dans l'assassinat du coupeur de route ivoirien Firmin Mahé[1], lâche un nom : celui de Robert Montoya. Il assure que l'homme d'affaires, installé au Togo, a aidé le régime ivoirien « au niveau de la fourniture des armes, et probablement des techniciens ». Ainsi, c'est un intermédiaire français qui aurait fourni au pouvoir de Laurent Gbagbo les Sukhoï et les équipages étrangers responsables in fine de la mort de soldats français ?

1. Cf. chapitre 11.

C'est à peine croyable. Peu de temps après ses révélations, le général Poncet bénéficiera, au beau milieu de l'enquête, d'un non-lieu dans l'affaire Mahé.

En Côte d'Ivoire, où je retourne régulièrement en reportage, le calme est apparent : quelque chose a changé. Sur le boulevard Valéry-Giscard-d'Estaing, sur le pont Charles-de-Gaulle ou rue Alphonse-Daudet, les « Blancs » ont disparu. Depuis les affrontements de novembre 2004 entre les militaires de la force Licorne et les partisans du président Gbagbo, les Français font profil bas à Abidjan. Rares sont ceux qui osent encore déambuler dans les rues de la capitale économique. Au passage de l'un d'eux dans le quartier des affaires du Plateau, un jeune homme lance à l'un de ses compagnons : « Y a pas désordre, regarde : il y a un Blanc qui marche[1]. »

Les mystères de Bouaké sont passés au second plan. La grande affaire, sur place, c'est la préparation de l'élection présidentielle censée se tenir au terme prévu du mandat de Laurent Gbagbo, en octobre 2005. L'Afrique du Sud joue les médiatrices, en lieu et place d'une France reléguée sur le banc de touche. L'opposition promet le Grand Soir si le président sortant ne quitte pas le pouvoir. Notant un afflux de journalistes français à la veille de cette échéance cruciale, la presse locale en est sûre : « Il va se passer quelque chose en Côte d'Ivoire », titre un quotidien pro-Gbagbo, sous-entendant que la France prépare un mauvais coup, avec ses « auxiliaires » de la presse tricolore.

1. Lire Thomas Hofnung, « La Côte d'Ivoire, ce désert français », *Libération*, 23 juillet 2005.

En définitive, les menaces de l'opposition tournent court, et l'ONU est contrainte d'annoncer, résignée, tout comme Paris, la prolongation du mandat de Laurent Gbagbo « pour un an ». Le chef de l'État ivoirien, au plus mal en novembre 2004, entame ce que ses concitoyens vont appeler « le mandat cadeau » et qui va durer… jusqu'à fin 2010. L'Afrique du Sud en sera pour ses frais, comme la France avant elle. En habile tacticien, celui que tout le monde surnomme « le boulanger » pour sa capacité à rouler ses adversaires dans la farine, réussit même un coup politique hors pair : au printemps 2007, le chef politique des rebelles Guillaume Soro accepte de devenir son Premier ministre. La France prend note. Tout ça pour ça…

À Paris, l'enquête sur le bombardement de Bouaké continue. Brigitte Raynaud tombe des nues en apprenant qu'un groupe de mercenaires biélorusses a été interpellé au Togo dix jours seulement après les faits… puis relâché[1]. Un événement passé jusqu'ici totalement inaperçu. Elle convoque l'ex-ministre de l'Intérieur togolais, François Boko, réfugié à Paris depuis quelques mois après avoir démissionné avec perte et fracas de son poste à Lomé, qui lui confirme avoir mis à disposition des autorités françaises les mercenaires durant près de deux semaines, avant de les libérer devant le refus de Paris de les entendre. Conscient de la portée explosive de ses révélations, et inquiet pour sa sécurité personnelle, l'ancien ministre togolais refuse de signer le procès-verbal de son audition. Lequel ne tardera pas à fuiter dans la presse.

1. Cf. chapitre 8.

Pour en savoir plus sur ces deux affaires, la magistrate décide, en janvier 2006, de se rendre à Lomé. Brigitte Raynaud veut notamment vérifier si, en fournissant au régime de Laurent Gbagbo des armes de guerre, Robert Montoya n'est pas susceptible d'être poursuivi pour complicité dans l'affaire du bombardement de Bouaké.

## *Robert Montoya, un ex-gendarme français au service de Gbagbo*

Le vent a tourné pour l'ancien gendarme de l'Élysée, lui qui se montrait étrangement si serein au lendemain du raid meurtrier sur le lycée Descartes, certain d'être protégé en haut lieu à Lomé, et donc à Paris. La preuve : les mercenaires ont pu quitter sans encombre la Côte d'Ivoire, puis – malgré le zèle de François Boko – le Togo. Tellement à l'aise, Robert Montoya, qu'il a même poursuivi, au lendemain du bombardement de Bouaké, la mise en œuvre de son contrat avec les autorités d'Abidjan en entamant la réparation de certains matériels de guerre commandés par le pouvoir de Laurent Gbagbo. Jusqu'à ce qu'il soit stoppé net par les autorités de Lomé. Celles-ci s'inquiètent. Le nom du Français revient de plus en plus souvent dans la presse internationale. En décembre 2005, le voilà inculpé par la justice togolaise pour « trafic illicite d'armes, de munitions et de matériels de guerre » entre 2002 et 2004. Ses locaux sont perquisitionnés par la police.

L'homme qui évite habituellement d'apparaître en pleine lumière se voit contraint de sortir du bois.

Interrogé en présence de ses avocats par *Le Monde*, Robert Montoya dément « en bloc » les accusations dont il fait l'objet, évoquant de simples « rumeurs »[1]. « La Côte d'Ivoire n'avait pas besoin de moi pour se fournir en matériel militaire, explique-t-il alors. Concernant les avions utilisés lors du bombardement de Bouaké, ils ont été acquis à l'occasion d'un contrat passé entre deux États souverains, en l'occurrence la Côte d'Ivoire et la Biélorussie. Je n'ai rien à voir là-dedans. Quant au soutien que j'aurais apporté à l'exfiltration des pilotes, je me demande où les services secrets ont été pêcher ça, c'est absurde ! »

Puis Robert Montoya explique que son activité principale « n'a rien à voir avec la sécurité ou les armes » : « Mes sociétés sont essentiellement spécialisées dans les produits tropicaux et la logistique. » Et pour mieux tenter de prouver sa bonne foi, il affirme que, « si la justice française le souhaite », il viendra « évidemment [s']expliquer ».

Mais sa ligne de défense est des plus fragiles, et il le sait. Sous pression, et à l'abri des oreilles trop curieuses, l'ancien gendarme a déjà été contraint de reconnaître certains faits, le 4 janvier 2006, devant les enquêteurs togolais[2] : « Le président Gbagbo m'a sollicité en 2002 en vue d'aider à la restructuration de son armée, en proie à une rébellion située dans le nord du pays. Étant en relation avec une société

---

1. Gérard Davet et Fabrice Lhomme, « Robert Montoya, un "plombier" en Afrique », *Le Monde*, 10 janvier 2006.

2. Gérard Davet et Fabrice Lhomme, « Côte d'Ivoire : l'enquête sur l'attaque antifrançaise de Bouaké se focalise sur Robert Montoya », *Le Monde*, 31 janvier 2006.

d'État biélorusse (BSVT) dont je suis le représentant, j'avais alors proposé au président Gbagbo de traiter de manière officielle, c'est-à-dire d'État à État [afin d']aboutir à la fourniture de matériels de combat et d'assistance technique. Ces accords ont ainsi abouti à la livraison de matériels de combat et des techniciens devant assister les militaires ivoiriens. Des avions Sukhoï au nombre de deux, deux hélicoptères MI-24 et des véhicules de transport blindés, des armements légers et des munitions ont pu être acheminés en Côte d'Ivoire. »

Le mois suivant, Brigitte Raynaud indique au parquet qu'elle souhaite émettre un mandat d'arrêt contre l'intermédiaire français pour « complicité d'assassinats ». Lequel ne sera jamais exécuté. Robert Montoya quitte discrètement le Togo pour poursuivre son business sous des cieux plus cléments.

## *Vingt ans plus tard, Montoya droit dans ses bottes*

Contacté à de multiples reprises via une messagerie sécurisée, Robert Montoya finit par accepter d'échanger avec moi[1]. D'emblée, il m'assure que « les forces françaises étaient nécessairement au courant [de ses activités] puisque je ne me cachais pas [...]. Alors que j'avais des contacts français, aucune interdiction ne m'a été signifiée ». Il ajoute : « Le ministère de la Défense ivoirien avait établi des accords de défense avec le Bélarus [l'autre nom de la Biélorussie], calqués

1. Échanges en date des 14 et 15 juillet 2024.

sur le modèle établi avec la France, et signés en grande pompe à Minsk. Autour de ces accords, il y avait un ex-colonel français, conseiller de Gbagbo, qui n'a certainement pas manqué d'informer les personnes intéressées au ministère français de la Défense. » Robert Montoya s'était donc à l'époque associé avec un ancien militaire pour accéder au palais et proposer ses services[1]. Marché conclu !

Interrogé sur d'éventuels échanges avec ces personnels slaves, à l'issue de leur libération au Togo et avant qu'ils ne disparaissent définitivement dans la nature, Robert Montoya affirme n'avoir eu aucun contact avec eux. Il botte en touche sur les raisons qui ont conduit au bombardement de Bouaké : « Ce qui m'a été confirmé par leur responsable biélorusse à Abidjan, c'est qu'ils ne parlaient pas français et très mal l'anglais et que, s'agissant d'avions biplaces, les instructions étaient données par les copilotes ivoiriens, placés sous le commandement du colonel Mangou. » On l'aura compris : les Biélorusses n'y sont pour rien, donc Robert Montoya non plus…

Et il conclut d'ailleurs notre dialogue à distance en ces termes : « Dès le début, avec le déchaînement médiatique, j'ai compris que j'allais porter un grand chapeau. » Un grand chapeau qui dissimule mal l'inertie coupable des autorités françaises face à ces flux d'armements susceptibles de mettre en danger le cessez-le-feu pourtant arraché de haute lutte par Paris

1. Lire Mathieu Olivier et Vincent Duhem, « Bombardement de Bouaké : le rôle trouble de Robert Montoya, marchand d'armes », *Jeune Afrique*, 4 août 2017.

en 2003. De fait, les procédures judiciaires ouvertes contre Montoya ont tourné court. Et la justice française a abandonné toute idée de poursuites contre lui.

## *La juge marquée au fer rouge de l'affaire Bouaké*

Avant de quitter, à sa demande, le Tribunal aux armées, Brigitte Raynaud se livre à un dernier coup d'éclat, en forme de baroud d'honneur : en février 2006, elle demande l'émission de deux mandats d'arrêt contre les présumés pilotes des deux Sukhoï impliqués dans le bombardement du lycée Descartes. La juge s'appuie sur une note déclassifiée de la DGSE datant du 17 novembre 2005. Celle-ci identifie formellement aux commandes des avions Yury Sushkin et Boris Smahin, deux des Biélorusses qui figuraient au sein du groupe interpellé au Togo. Entendu comme témoin le 10 février 2006, le directeur de la DGSE à l'époque, Pierre Brochand, est interrogé par la magistrate sur la fuite des pilotes. Sa réponse est prête : « À l'époque, nous ne savions pas que parmi les huit ressortissants biélorusses, présentés comme des techniciens, il pouvait y avoir les pilotes des Sukhoï. »

Une version des faits qui sera répétée *ad nauseam* par quasiment tous les responsables français interrogés par la suite dans le cadre de l'enquête. Mais pas tous : les responsables de la Direction du renseignement militaire (DRM), tel Michel Masson, affirment au contraire que Paris connaissait déjà au moment des faits l'identité des pilotes au sein du groupe des mercenaires et qu'au moins l'un d'entre eux figurait dans la bande arrêtée au Togo[1]. Entre la DRM et la DGSE, la guerre de l'ombre fait rage.

Mais la juge se heurte, encore et toujours, au refus du procureur du TAP, Jacques Baillet, cette fois d'émettre les mandats d'arrêt contre les pilotes présumés. Selon lui, l'identité des deux pilotes n'est pas formellement établie.

Avant de tirer sa révérence, Brigitte Raynaud envoie un dernier courrier à la ministre de la Défense Michèle Alliot-Marie pour expliciter l'une des raisons de son départ du TAP : « Aucun concours spontané ne m'a été fourni par les services qui dépendent de votre autorité [...]. Aucun renseignement ne m'a été fourni sur les raisons pour lesquelles les mercenaires et leurs complices, identifiés comme auteurs de ce crime, avaient été libérés sur instruction ou avec le consentement des autorités françaises. »

Soumise tout au long de son enquête à de fortes pressions, Brigitte Raynaud demande à être détachée de la magistrature, et se voit proposer de s'occuper de… politique de la Ville, ce qu'elle accepte. Tout cela ressemble à une exfiltration en bonne et due forme. Quelques années plus tard, Brigitte Raynaud reviendra vers la magistrature, sans faire la carrière qu'elle aurait pu escompter au sein de la justice. Marquée au fer rouge de l'affaire Bouaké.

1. Lire Thomas Hofnung, « Soldats tués à Bouaké : la France a laissé faire », art. cité.

# CHAPITRE 13

## L'enquête ensablée

Brigitte Raynaud partie en février 2006, la justice poursuit ses investigations cahin-caha avec une nouvelle juge d'instruction, Florence Michon, 32 ans. Celle-ci a besoin de temps pour se familiariser avec cette affaire tentaculaire. Mais pour y parvenir, elle peut compter sur un homme qui, au fil des années, va apparaître comme la mémoire vivante de cette enquête et prendre de plus en plus d'importance dans le dossier, M^e^ Jean Balan.

### *Le Don Quichotte de Bouaké*

Je fais sa connaissance au printemps 2006. Stupéfait par les révélations de mes confrères sur le rôle de l'intermédiaire français Robert Montoya et sur la fuite des pilotes capturés au Togo, je me lance à leur suite dans une enquête pour *Libé*[1]. Pour tenter de fissurer la chape de plomb qui pèse sur cette affaire, Jean Balan reçoit volontiers les journalistes dans son cabinet

1. Cette enquête fera la une du journal le 3 juillet 2006, « Soldats tués à Bouaké : la France a laissé faire », art. cité.

installé à deux pas de la place de l'Opéra à Paris, au-dessus d'un restaurant chinois.

Sur son bureau, les dossiers s'accumulent, et les mégots débordent du cendrier. Toujours entre deux cigarettes, le briquet à la main, l'avocat chemine sur le même parcours que la juge Raynaud : chaque nouvelle pièce qui apparaît dans l'instruction lui donne le tournis, suscite chez lui des questions vertigineuses et renforce sa détermination à faire éclater la vérité. Car Jean Balan est du genre tenace.

Bombardement inexpliqué de la base française, enquête sur le terrain entravée, convoi militaire bizarrement échoué devant la résidence de Gbagbo et surtout pilotes évaporés dans la nature avec la complicité passive de Paris… Au gré des auditions, Me Balan va acquérir une conviction : la France a quelque chose de très grave à cacher[1]. Mais pas n'importe quelle France, celle des ministres, celle des politiques. À ses yeux, les militaires sont avant tout des exécutants au service d'un pouvoir prêt à toutes les turpitudes pour atteindre ses objectifs politiques.

Durant toutes ces années, nous nous retrouverons par intermittence, au gré des rebondissements de cette longue instruction, y compris chez lui, dans son pavillon parsemé de multiples collections de petits objets, en bordure d'une voie ferrée dans l'Oise. De sa voix rauque de fumeur impénitent, tour à tour lasse et tonitruante, il n'hésite pas à engueuler son interlocuteur, avant de partir d'un grand éclat de rire, l'œil pétillant.

1. Lire Jean Balan, *Crimes sans châtiment*, Éditions Max Milo, 2021.

Jean Balan peste souvent : à ses yeux, la presse ne parle pas assez de ce « scandale d'État », « bien plus grave que Clearstream ou que l'attentat de Karachi[1] ».

Au fil du temps, l'avocat va acquérir la conviction que le bombardement de Bouaké est une « manipulation franco-française » qui a mal tourné. Et Jean Balan de se mettre en colère quand on fait part de ses doutes, lorsqu'on demande quelles sont ses preuves d'une telle prise de risque côté français. Sa colère est à la mesure d'un sentiment d'impuissance qui gagne parfois ce don Quichotte de l'affaire Bouaké : comment lutter contre la puissante machine de l'État qui a ses raisons que la justice doit ignorer ?

L'armée, Jean Balan l'a connue de l'intérieur, sous d'autres latitudes. Né en Roumanie, sa famille a émigré en Israël, où le jeune homme a servi dans les rangs de Tsahal. Au début des années 1980, il décide de refaire sa vie, et redémarre de zéro, cette fois en France. Déjà père de famille, il s'inscrit à la fac pour suivre des études de droit. Devenu avocat, le voilà qui arpente les couloirs du Palais de justice à Paris, avec sa silhouette massive de troisième ligne de rugby, chapeau de cowboy vissé sur la tête, barbe et cheveux hirsutes. C'est cet homme-là, alors que le drame de Bouaké n'intéressait

1. Le 8 mai 2002, à Karachi, au Pakistan, un attentat a provoqué la mort de 14 personnes, dont 11 employés français de la Direction des constructions navales (DCN). Le bus militaire qui les transportait est pulvérisé devant l'hôtel Sheraton de Karachi par « un mélange d'explosifs militaires puissants ». L'attentat est d'abord attribué à al-Qaida, avant que les juges français chargés de l'affaire privilégient l'hypothèse de représailles à l'encontre de la France, organisées par une partie des services secrets pakistanais.

pas grand monde, qui a saisi à bras-le-corps le dossier et qui va le porter durant toutes ces années, au nom des familles. L'affaire de sa vie, sur laquelle il est tombé par hasard.

Début 2005, cet avocat atypique, qui détonne au barreau de Paris avec son look de personnage tout droit sorti d'un film du réalisateur finlandais Aki Kaurismaki[1], traîne ses bottes dans les allées du Palais de justice de Paris quand il apprend que les victimes esseulées du bombardement de Bouaké cherchent un avocat[2]. Le voilà commis d'office. Un peu perdues dans le dédale de la justice, les familles se passent le mot. Jean Balan va devenir au fil des mois le défenseur d'une vingtaine de parties civiles, leur porte-voix le plus puissant.

La juge Florence Michon remet l'ouvrage sur le métier et saisit la Commission consultative du secret de la Défense nationale (CCSDN) pour obtenir la déclassification de plusieurs pièces qu'elle juge primordiales pour la bonne marche de son enquête. Elle demande notamment au ministère de la Défense « la communication des enregistrements des conversations tenues entre les pilotes des deux avions [ivoiriens] Sukhoï ayant bombardé le camp, leur retranscription et, le cas échéant, la traduction de ces retranscriptions ». Mais le 17 juillet 2008, la Commission rend un avis défavorable à la déclassification de « six DVD et du CD-Rom

1. Lire Thomas Hofnung, « Dans l'affaire du bombardement de Bouaké, les juges passent, M^e^ Jean Balan reste », *Le Monde*, 11 juillet 2018.

2. Lire le portrait que lui a consacré Emmanuel Fansten : « Jean Balan, les morts de Bouaké chevillés au cœur », *Libération*, 29 mars 2021.

“INTREP” établis par le 2e régiment de hussards du 2 au 6 novembre 2004 en Côte d'Ivoire[1] ». Autrement dit, elle s'oppose à la divulgation d'éléments confidentiels portant sur les équipages des Sukhoï recueillis par les hommes chargés du renseignement, basés à l'aéroport de Yamoussoukro. S'ils existent, les enregistrements des conversations à l'intérieur des cockpits entre les pilotes biélorusses et copilotes ivoiriens des SU-25, ou entre les équipages et la tour de contrôle, demeurent inaccessibles, protégés par le secret-défense.

La juge Florence Michon se voit également refuser la déclassification des rapports de fin de mission de l'ambassadeur Gildas Le Lidec[2] et du colonel Destremau. En revanche, elle obtient l'analyse des caractéristiques techniques du SU-25[3] ainsi que le dossier sur Robert Montoya établi par la DGSE. Ainsi, l'État joue la carte de la transparence, mais jusqu'à un certain point, juste ce qu'il faut pour ne pas être accusé de faire obstacle à la manifestation de la vérité. En revanche, des éléments cruciaux demeurent dans l'ombre, raison d'État oblige.

---

1. Rapport de la Commission consultative du secret de la Défense nationale (2007-2009), p. 143.

2. Gildas Le Lidec pensait que Laurent Gbagbo devait être exonéré de responsabilité de la frappe sur Bouaké et appelait Paris à se mettre en retrait en Côte d'Ivoire.

3. Ce qui ne sera pas suffisant pour établir, lors du procès devant la cour d'assises de Paris, en avril 2021, si les SU-25 qui ont bombardé Bouaké disposaient de boîtes noires ou pas.

## *Le mercenaire français de Gbagbo*

C'est à cette période que surgit dans l'affaire Bouaké un personnage improbable, à la fois rocambolesque et intrigant : Jean-Jacques Fuentès[1]. Entendu quelques semaines auparavant dans le cadre de l'enquête judiciaire, celui que ses proches surnomment « JJ » a décidé de sortir de l'ombre, peut-être pour se protéger d'éventuelles représailles après le bombardement de Bouaké[2].

Vétéran des conflits des années 1990 au Liberia et en Sierra Leone, mais aussi au Zaïre de Mobutu (aujourd'hui la République démocratique du Congo), ce pilote, alors âgé de 48 ans, occupe une place très particulière dans le dossier : il est « le mercenaire français de Gbagbo[3] ». Grassement payé pour effectuer des missions de reconnaissance à bord de son avion, un Strikemaster de fabrication britannique, Jean-Jacques Fuentès est à Yamoussoukro, sous contrat avec l'armée ivoirienne, quand celle-ci lance l'opération Dignité. Le 6 novembre, aux alentours de 14 heures, il se tient sur le tarmac, aux côtés des équipages biélorusses et ivoiriens, lorsqu'une salve de missiles fuse en direction des

1. C'est le journaliste indépendant Alain Chabod qui l'interviewe pour la première fois longuement devant une caméra, avant que d'autres médias ne s'en emparent.

2. Ce ne sera pas suffisant : en mai 2007, Fuentès sera arrêté à Bordeaux, puis extradé vers Malte pour l'exportation illégale (en 2003) de deux avions militaires vers la Côte d'Ivoire. Une affaire d'où il sortira finalement blanchi par la justice maltaise. Fuentès sera à nouveau entendu par la juge Florence Michon en mars 2010 sans être inquiété.

3. Ainsi est titré mon article dans *Libération*, le 13 février 2007.

deux Sukhoï. Abasourdi, ignorant tout du drame qui s'est joué une demi-heure plus tôt au lycée Descartes de Bouaké, il croit d'abord à une attaque des forces rebelles, avant de comprendre que les tirs émanent des forces françaises installées à 600 mètres de là.

Si « JJ » intéresse particulièrement la juge française, c'est qu'il a vécu les heures qui suivent au plus près des équipages impliqués dans le bombardement de Bouaké. Mélange de gouaille et d'assurance, il veut bien se confier. Après l'avoir rencontré une première fois en 2007, à son domicile d'Arcachon, il accepte de me revoir des années plus tard près de la gare Montparnasse, à Paris[1].

Malgré ses déboires avec les autorités françaises, l'homme n'a rien perdu de sa faconde. Sans se faire prier, il relate à nouveau la surprise totale, puis la panique qui s'empare des pilotes et techniciens biélorusses à Yamoussoukro juste après les représailles de l'armée française, ce 6 novembre 2004. La fuite éperdue dans les hautes herbes qui bordent le tarmac, la prise en charge des mercenaires par des commandos de l'armée ivoirienne, qui les exfiltrent rapidement vers le palais présidentiel, où ils logent et où se situe le QG des opérations[2]. Cet aréopage se croit sans doute à l'abri, derrière les murs épais de l'édifice ceinturés par des douves où sommeillent d'un seul œil des crocodiles qui font le bonheur des touristes. Mais dans la

1. Entretien avec l'auteur, Paris, le 8 juin 2016.

2. Cf. chapitre 8. Selon d'autres sources, c'est un mercenaire sud-africain présent sur place qui aurait pris en charge les techniciens et pilotes slaves, au moins dans un premier temps.

soirée, un déluge de feu s'abat sur l'emprise monumentale : sur instruction du général Poncet, qui répercute à sa façon un ordre de l'Élysée, les forces françaises pulvérisent les aéronefs de l'armée ivoirienne qui stationnent sur place[1]. « Elles ont même visé les bureaux de l'état-major de Philippe Mangou, sans l'atteindre », assure le pilote.

« JJ » reprend une gorgée de bière et enchaîne : en plein désarroi, les Biélorusses le supplient de les aider à quitter au plus vite la Côte d'Ivoire, de peur d'être liquidés par les Français. Ils vont même jusqu'à lui proposer de lui verser une partie de la somme en liquide qu'ils viennent de recevoir des mains de leur client ivoirien (« 50 000 dollars », précise Fuentès). Attablé dans ce café de Montparnasse, il se remémore, goguenard, les mots des pilotes : « Appelle tes copains français ! On n'est pas au courant ! Tout ça, ce n'est pas notre faute ! »

Après des heures d'angoisse et d'attente, poursuit-il, c'est l'heure du départ, dans la nuit du 7 au 8 novembre, à bord de deux minibus, dont l'un est rempli de commandos ivoiriens, en mission de protection rapprochée. Direction : la frontière avec le Ghana, par des chemins de traverse, sur des pistes en latérite. Après l'avoir franchie sans encombre, le groupe prend la route du Togo, où les attend selon « JJ » l'intermédiaire français, Robert Montoya, ce que ce dernier conteste. Le mercenaire français dit avoir perdu leur trace à ce moment-là.

---

1. Cf. chapitre 2.

Les pilotes et leurs acolytes ont donc quitté la Côte d'Ivoire sans être inquiétés par les forces françaises. Interrogés dans le cadre de l'enquête, tous les militaires français – du capitaine Bellamy, présent sur l'aéroport de Yamoussoukro, au général Poncet, en passant par le colonel Destremau – assurent n'avoir jamais reçu l'ordre de les capturer. Priorité à la destruction des aéronefs pouvant infliger de nouvelles pertes aux forces de Licorne, puis à la sécurisation des milliers de ressortissants français attaqués par les patriotes de Gbagbo. « On était alors en guerre avec les Ivoiriens, Abidjan était sens dessus dessous, les soldats de Licorne étaient débordés et avaient bien du mal à reprendre le contrôle de la situation », m'affirme un observateur, très proche des milieux militaires[1]. Le convoi des mercenaires biélorusses serait, en quelque sorte, passé sous les radars de Licorne. Finalement, plus vite ils quitteront la scène du crime, mieux ce sera. Pourquoi ? Jean-Jacques Fuentès a son idée sur la question.

## *Échanges de bons procédés entre militaires français et ivoiriens*

« Le mercenaire français de Gbagbo » vide son demi, avant de reprendre le fil de son récit : « L'objectif de l'opération Dignité est de faire tomber Bouaké, avec l'accord tacite de Paris. »

Le 6 novembre au matin, poursuit « JJ », l'offensive terrestre dirigée par le capitaine Boniface Konan est

1. Entretien avec l'auteur, Abidjan, 12 mars 2024.

sur le point d'aboutir, les forces gouvernementales sont entrées dans les faubourgs de Bouaké, les rebelles des Forces nouvelles aux abois, « pris en tenailles ». C'est alors que survient la frappe sur le lycée Descartes... Que s'est-il passé ?

« Gbagbo n'était pas au courant des détails opérationnels de l'opération Dignité. Sur le théâtre, à Yamoussoukro, c'est un officier formé par l'armée française, à Salon-de-Provence, qui dirigeait les opérations aériennes : le lieutenant-colonel Patrice Ouei[1]. »

Dans ses déclarations devant la juge Florence Michon, en mars 2010, Jean-Jacques Fuentès précise avoir rencontré Laurent Gbagbo à Abidjan peu de temps après la frappe sur le lycée Descartes. Comme l'ambassadeur de France, Gildas Le Lidec[2], il décrit un président ivoirien « complètement sonné », hors jeu.

Il poursuit : « Les cibles sont désignées grâce au renseignement français. » Une accusation très grave, de la part d'un mercenaire à la solde de Gbagbo à l'époque et qui a peut-être quelques comptes à régler avec Paris, mais qui ne peut être a priori balayée d'un revers de la main. Le général Poncet affirme, pour sa part, que ce sont les services israéliens qui avaient « cartographié » la ville de Bouaké à l'aide de drones en prévision de

1. Cet officier est lui-même sous l'autorité de l'état-major de l'armée de l'air, dirigée par le colonel-major Séka Yapo. Formé en France, Séka Yapo est considéré comme étant proche des durs du régime, emmenés par l'épouse du chef de l'État, Simone Gbagbo, et l'ancien ministre de la Défense, Kadet Bertin, devenu conseiller pour les questions de défense du chef de l'État, ou encore Moïse Lida Kouassi, lui aussi ancien ministre de la Défense.

2. Cf. chapitre 3.

l'offensive. L'un de ces deux aéronefs sera d'ailleurs mis hors d'état d'usage à Abidjan par les forces françaises après le raid sur Descartes. Mais qu'en est-il au moment où les frappes ont lieu et que les rebelles tentent soit de fuir soit de se dissimuler dans la ville ? On se souvient aussi de l'appel du général Poncet, faussement détendu, au chef d'état-major des armées ivoiriennes, Mathias Doué, le 5 novembre au soir[1] : « Alors, mon général, comment cela avance ? Vous êtes satisfait de la progression de vos troupes vers Bouaké ? Vous veillez bien à la précision des frappes aériennes, hein ? »

Pour éviter, précisément, une erreur de frappe qui pourrait provoquer des morts côté Licorne, tout en permettant à l'armée ivoirienne d'en terminer rapidement et sans trop de casse, les Français échangeaient-ils discrètement des renseignements tactiques avec l'état-major opérationnel sur les cibles à « traiter » ? À Yamoussoukro, au sein de l'état-major des forces ivoiriennes, un officier français est chargé de faire la liaison entre les deux armées, et notamment de récupérer la liste des cibles susceptibles d'être visées par les Sukhoï « dans la demi-heure suivante », qu'il répercutait aussitôt au PC d'Abidjan et aux forces françaises à Bouaké[2]. Hors procédure et sous le sceau du secret, un certain nombre de militaires français confient à Me Balan : « Voyez du côté de Fuentès, il sait beaucoup de choses… »

1. Cf. chapitre 1. Cet échange a été rapporté à l'auteur par un témoin de la scène.

2. Ainsi que l'indique l'ordonnance de mise en accusation devant la cour d'assises de Paris (lire p. 55).

Lors de notre entretien à l'ombre de la gare Montparnasse, ce dernier se veut très précis : « Le 5 novembre vers 16 heures, puis le 6 novembre à 11 heures, le lieutenant-colonel Patrice Ouei reçoit deux appels et en réfère au patron de l'armée de l'air, Séka Yapo. C'est la cellule de l'Élysée, assure Fuentès, sans étayer outre mesure son propos, qui lui transmet les coordonnées GPS d'un lieu où doit se tenir une réunion de chefs rebelles : un gymnase situé à 800 mètres du lycée Descartes. La frappe doit permettre de décapiter la tête de la rébellion. »

Le camp ivoirien décide de passer à l'action pour donner le coup de grâce à la rébellion, alors que les forces loyalistes sont sur le point d'entrer dans le centre de Bouaké. Selon Fuentès, Laurent Gbagbo aurait été à ce moment précis « doublé » par un « quarteron de chefs (militaires) » qui, dans un excès de zèle, espéraient porter « la couronne de la victoire » de Bouaké avec ce raid de la dernière heure.

C'est à ce moment-là que survient l'erreur fatale. Le mercenaire français insiste sur un défaut de communication dans le cockpit entre les pilotes biélorusses – qu'il tient en piètre estime, les qualifiant de « charlots » – et les copilotes ivoiriens[1]. Un ancien officier supérieur français, très proche du dossier, me confie aussi avoir pu écouter les enregistrements des échanges dans l'avion au moment de la frappe, sans toutefois en préciser l'origine[2] : « Cela se passe très vite, dit notre source. Le

1. Entendu par la justice en mars 2010, Jean-Jacques Fuentès avait tenu les mêmes propos.

2. Entretien avec l'auteur, Abidjan, mars 2024.

pilote demande : “C'est ça ?” Une voix lui répond : “Oui, c'est ça !” Et il déclenche le tir de roquettes. »

Quant aux premiers rôles de ce drame, les copilotes ivoiriens eux-mêmes, ils affirment que cette frappe est une terrible erreur. Entendu par la justice ivoirienne au tout début de l'affaire[1] en 2005, Ange Gnanduillet reconnaît avoir fait « partie de l'équipage » impliqué dans le bombardement de Bouaké, tout en assurant être allé « en mission pour traiter les zones rebelles qui [avaient] été identifiées auparavant ». Ce n'est que « plus tard », ajoute-t-il, qu'il aurait appris que le cantonnement français avait été pris pour cible par mégarde. Son supérieur Patrice Ouei, qui nie pour sa part avoir participé directement au raid du 6 novembre, estime que l'attaque de la base française ne peut provenir que « d'une erreur ».

Quelques mois plus tard, en mars 2006, le journaliste du *Figaro* Patrick de Saint-Exupéry interroge les deux hommes dans les locaux de l'état-major de l'armée à Abidjan, en présence du procureur militaire Ange Kessi[2]. Le capitaine Gnanduillet réitère ses propos : « Si c'est de notre fait, c'est vraiment une bavure. »

---

1. À Abidjan, le tribunal militaire, destinataire d'une commission rogatoire internationale délivrée par la juge Raynaud, fait part de ses difficultés. « Il est évident que travailler sur un sujet aussi sensible [...] suscite des réactions souvent hostiles », indique le commissaire du gouvernement (le procureur militaire), Ange Kessi, dans une lettre envoyée à la juge Raynaud le 27 septembre 2005. Cité dans Gérard Davet et Fabrice Lhomme, « L'enquête française désigne le pouvoir ivoirien », *Le Monde*, 19 octobre 2005.

2. Lire Patrick de Saint-Exupéry, « Deux pilotes ivoiriens parlent de la “bavure” de Bouaké », *Le Figaro*, 9 mars 2006.

Patrice Ouei déclare : « Je n'étais pas dans un avion, mais je peux dire que personne n'a voulu cela. Qu'on ne nous dise pas que cela a été fait sciemment. » Les deux militaires ivoiriens insistent : « Nos avions ont fait ce samedi [6 novembre 2004] deux ou trois passes sur Bouaké. À la troisième, nous avons visé une position de rebelles à 500 mètres des Français. Nous tirions des bombes et des roquettes. Ça n'est pas précis. Beaucoup moins que des missiles. »

Strictement encadrés par les autorités d'Abidjan, ces témoignages ont été jugés nuls et non avenus par des autorités françaises qui, se fondant notamment sur le témoignage des soldats touchés à Descartes, continuent d'affirmer que le SU-25 visait bien cette cible, et pas une autre. D'ailleurs, la promotion des deux pilotes par le régime ivoirien quelques mois après le bombardement, révélée par une note du renseignement militaire français, n'est-elle pas lourde de sens[1] ? L'idée qu'ils aient pu être récompensés pour panser les plaies d'une armée humiliée par la réplique française et sauver la face a été balayée du revers de la main à Paris.

## *Des responsables français qui se dérobent*

Dans le sillage de Brigitte Raynaud, la juge Florence Michon se heurte aux mêmes difficultés sur cette affaire. L'enquête prend un tour plus politique. La magistrate

1. Gérard Davet et Fabrice Lhomme, « Attaque de Bouaké : mandat d'arrêt en vue contre les pilotes ivoiriens », *Le Monde*, 21 décembre 2005.

veut comprendre pourquoi les autorités françaises ont laissé filer les pilotes au Togo. Pour ce faire, elle décide de convoquer deux ministres qui ont joué un rôle de premier plan dans le dossier ivoirien : Michèle Alliot-Marie (Défense) et Dominique de Villepin (Intérieur). Lors de ces auditions, tous deux vont démontrer un sens aigu de l'esquive.

« DDV » est sans doute l'un des responsables les mieux informés sur le sujet. Ministre des Affaires étrangères en 2002, quand éclate la crise en Côte d'Ivoire, il est l'artisan des accords de Marcoussis (janvier 2003), censés stabiliser l'ancienne colonie française. En novembre 2004, devenu ministre de l'Intérieur depuis quelques mois, il continue de suivre de très près le dossier ivoirien, via son ancienne conseillère Afrique, Nathalie Delapalme, restée à son poste au sein du cabinet de Michel Barnier. Et pourtant, interrogé en juin 2008 par la juge Michon, il affirme n'avoir rien su, rien vu, rien entendu sur l'arrestation des pilotes présumés au Togo, arguant que cette affaire n'entrait pas dans son périmètre, place Beauvau.

Le 7 mai 2010, Michèle Alliot-Marie, à l'époque garde des Sceaux, est entendue durant quatre heures par la juge d'instruction[1]. Face à une Florence Michon très pugnace, « MAM » assure qu'« il n'y avait pas de base juridique, puisque pas de mandat d'arrêt international » pour interpeller les pilotes en novembre 2004. En juillet 2006, dans un entretien à *Libération*, la ministre nous avait expliqué, visiblement sur la défensive, que

1. Thomas Hofnung, « Bouaké : face à la juge, MAM joue l'esquive », *Libération*, 26 juin 2010.

« la justice n'avait aucune preuve sur laquelle fonder ce mandat d'arrêt ». À la sortie de l'entretien, la ministre avait pris à part un de mes confrères pour l'interroger : « Mais pourquoi me sollicite-t-on autant sur cette affaire ? Qui cherche à me déstabiliser ? »

Près de quatre ans plus tard, piquée au vif, la juge Michon lui rétorque qu'il existait au moment des faits « des éléments à notre sens tout à fait exploitables et pertinents recueillis par les militaires français affectés à cette seule tâche sur l'aéroport de Yamoussoukro ».

Des centaines de photos ont en effet été prises par les soldats de Licorne chargés du renseignement, permettant d'identifier par recoupement les équipages[1]. Après le raid de Bouaké du 6 novembre, le capitaine Jean-Hilaire Millet dit avoir pris des clichés précis des mercenaires à Yamoussoukro, qu'il transmet « dans les quarante-huit heures ou soixante-douze heures suivantes » à l'état-major de Licorne à Abidjan, y compris les photos prises de loin (600 mètres) des pilotes restés casqués. « Dans la quinzaine de jours qui ont suivi » au moment donc où les huit Biélorusses sont toujours à Lomé, le capitaine Millet précise avoir « fait un travail plus poussé de comparaison de photographies ». Et il conclut : « Nous avons des photographies exploitables des membres des équipages susceptibles d'avoir été aux commandes des avions en cause lors du bombardement de nos troupes[2]. »

1. Cf. chapitre 2.

2. Thomas Hofnung, « Soldats tués à Bouaké : la France a laissé faire », art. cité.

Face à la garde des Sceaux, la magistrate assène, implacable : « L'appréciation des éléments de preuve relevait non pas des services du ministère de la Défense, mais de l'autorité judiciaire, qui était déjà saisie. » Il était en effet tout à fait possible de dépêcher sans délai des magistrats au Togo pour entendre les suspects et « apprécier si les mandats d'arrêt devaient être délivrés, en vue d'une extradition ». Mais le pouvoir politique en a décidé autrement. « J'entends encore Michèle Alliot-Marie [à l'époque ministre de la Défense] me dire, sur mon lit d'hôpital, que tout serait mis en œuvre pour faire la lumière sur cette affaire et punir les responsables du bombardement », réagit un ancien soldat de Licorne[1].

L'avocat Jean Balan, qui a assisté aux interrogatoires des deux ministres, ne décolère pas. Il les accuse de mentir sous serment, et veut saisir la Cour de justice de la République (CJR), seule instance habilitée à juger des ministres en exercice au moment des faits. Mais, durant plusieurs années, rien ne bouge. Florence Michon quitte son poste en 2010, peu après l'interrogatoire de Michèle Alliot-Marie. L'enquête s'enlise sous son successeur, Frédéric Digne, et les ministres concernés réfutent tout mensonge.

À Abidjan, le scrutin présidentiel enfin organisé fin 2010 vire à la crise ouverte, puis aux affrontements violents. S'estimant volé de sa victoire au profit d'Alassane Ouattara, soutenu par les Occidentaux, et notamment par la France de Nicolas Sarkozy,

1. Thomas Hofnung, « Bouaké, l'enquête sabotée », *Libération*, 4 novembre 2011.

Gbagbo refuse le verdict des urnes et se bunkérise. Alors que la situation devient dramatique à Abidjan, en proie au chaos, l'armée française, qui agit sous mandat de l'ONU, intervient, permettant aux forces rebelles de Guillaume Soro de capturer Laurent Gbagbo dans sa résidence de Cocody en avril 2011. Quelques mois plus tard, soupçonné d'être impliqué dans des crimes de guerre, le président déchu sera remis à la Cour pénale internationale (CPI). Pour les partisans de Gbagbo, le président Nicolas Sarkozy a accompli ce que Jacques Chirac n'avait pas pu faire en novembre 2004.

Curieusement, la chute de Gbagbo à Abidjan, et l'arrivée au pouvoir de son pire ennemi, Alassane Ouattara, ne change rien à la donne : l'enquête sur le bombardement de Bouaké piétine. Les caciques de l'ancien régime placés sous les verrous à Abidjan, ou en exil à l'étranger, ne sont pas entendus par la justice française. En 2012, le Tribunal aux armées de Paris, considéré comme anachronique, est supprimé. Désormais les militaires seront jugés par des tribunaux de grande instance, selon la procédure classique. « Dans un premier temps, cela a complètement désorganisé les enquêtes en cours », observe Jean Balan[1]. La même année, une nouvelle juge chargée d'instruire le dossier Bouaké, la quatrième, est enfin nommée : il s'agit de Sabine Khéris.

1. Entretien avec l'auteur, 16 février 2024.

## *Les trois ministres français épargnés par la justice*

Cette magistrate a beau être expérimentée, elle démarre, comme ses prédécesseurs, de zéro, avec dans ses tiroirs un dossier devenu tentaculaire : au fil des années, celui-ci s'est étoffé au point de comporter plus de quinze mille pages. C'est Me Balan qui fait encore et toujours office d'aiguillon. La juge convoque à nouveau plusieurs témoins clés, et étonnamment confie les clés de l'interrogatoire à l'avocat. Les généraux Poncet, Bentégeat, Thonier, le colonel Destremau défilent dans le cabinet de la juge. Mais rien de véritablement neuf n'émerge de cette série d'auditions. Sabine Khéris se heurte, elle aussi, au mur de la raison d'État. Les plus hauts responsables, militaires et politiques, continuent de se renvoyer la balle. Le 2 février 2016, convaincue que les anciens ministres cachent la vérité, elle signe une ordonnance de renvoi des trois ministres devant la Cour de justice de la République :

« Les hautes autorités françaises du ministère de l'Intérieur, de la Défense et des Affaires étrangères ont été prévenues de l'arrestation des pilotes biélorusses impliqués dans le bombardement de Bouaké, y écrit la juge Sabine Khéris. La décision de ne rien faire » concernant ces pilotes « a été prise à l'identique » par les trois ministères, « ce qui permet de penser à l'existence d'une concertation à un haut niveau de l'État ». Pour la magistrate, « en donnant l'ordre de ne rien faire, en ne prévenant pas le procureur de la République », ces autorités « savaient que ces pilotes seraient mis en liberté et échapperaient à la justice ».

Soupçonnés de « recel de malfaiteurs », d'« entrave à la manifestation de la vérité » et de « non-dénonciation de crime », les trois anciens ministres encourent chacun trois ans d'emprisonnement et 45 000 euros d'amende[1].

Mais avant un éventuel procès devant la CJR[2], le parquet doit d'abord saisir la Commission des requêtes de cette juridiction. Le procureur général de l'époque, Jean-Claude Marin, s'abstient opportunément de le faire. C'est finalement son successeur François Molins qui enclenche la procédure en janvier 2019, à contrecœur, comme il l'avoue lui-même : « Les éléments constitutifs de l'infraction ne sont pas là », mais, dit-il, « par souci d'impartialité », il saisit la Commission des requêtes pour qu'elle se prononce[3]. L'homme qui était le directeur de cabinet de « MAM » au moment de l'audition de la ministre dans l'enquête veut écarter toute accusation de collusion[4].

1. Thomas Hofnung, « Bouaké : pourquoi la juge veut renvoyer Alliot-Marie, Villepin et Barnier devant la Cour de justice », *Le Monde*, 23 février 2016.

2. Créée en 1993, la Cour de justice de la République juge les membres du gouvernement pour les actes délictueux ou criminels commis dans l'exercice de leur fonction. Accusée d'être une justice d'exception, sa suppression a été plusieurs fois envisagée.

3. « Bombardement de Bouaké en 2004 : Alliot-Marie, Villepin et Barnier ne seront pas poursuivis », *Le Monde Afrique*, 23 mai 2019.

4. En novembre 2011, après avoir été directeur de cabinet de la garde des Sceaux Michèle Alliot-Marie, François Molins est nommé procureur de la République près le tribunal de grande instance de Paris, poste qu'il a occupé jusqu'à sa nomination en qualité de procureur général près la Cour de cassation. Sa nomination au poste de procureur à l'issue de son passage à la Chancellerie a fait bondir nombre de magistrats.

Sans surprise, la Commission des requêtes tranche défavorablement quelques mois plus tard : en mai 2019, elle estime que l'inaction des ministres ne suffit pas à constituer une infraction. L'entrave, explique-t-elle, suppose « un acte positif », qui n'est pas démontré en l'espèce. Affaire classée. Fidèle à son franc-parler, Me Balan pointe le rôle « néfaste » du procureur Molins dans cette affaire[1]. Gravement mis en cause par l'avocat, François Molins n'a jamais souhaité réagir publiquement à ces accusations.

Les trois ministres désormais innocentés ne seront certes pas jugés pour leurs actes, mais ils n'échapperont pas à la comparution comme témoins dans le procès qui, après bien des vicissitudes, s'annonce. Le 7 janvier 2019, après quatorze ans d'instruction, des dizaines et des dizaines d'auditions, des milliers de pages de dossier, la juge Khéris signe une ordonnance de renvoi devant la cour d'assises de deux soldats ivoiriens et d'un mercenaire biélorusse. Tous trois seront jugés en leur absence pour « assassinats » et « tentatives d'assassinats ».

Dans son ordonnance, la magistrate s'appuie sur de nombreux témoignages et documents des services de renseignement français pour incriminer deux officiers de l'armée de l'air ivoirienne, Patrice Ouei et Ange Gnanduillet, 63 et 61 ans, ainsi que Yury Sushkin, un pilote biélorusse de 66 ans. Longtemps suspecté d'avoir participé au raid meurtrier, un autre mercenaire biélorusse, Boris Smahin, a finalement bénéficié d'un non-lieu, faute d'éléments suffisamment solides pour étayer sa participation directe au raid.

1. Entretien avec l'auteur, 16 février 2024.

Malgré les innombrables obstacles dressés sur la route des quatre juges qui se sont succédé dans cette affaire, le droit va pouvoir parler. C'est du moins l'espoir ténu auquel s'accrochent les rescapés du bombardement du lycée Descartes et les familles des victimes qui vivent depuis tant d'années avec une plaie béante. Cette ordonnance de renvoi est aussi une première victoire pour M$^{e}$ Balan, qui n'a jamais rien lâché depuis le début de cette enquête. En attendant la tenue du procès, il n'a plus qu'à fourbir ses arguments pour, enfin, tenter de faire éclater la vérité dans le prétoire.

# CHAPITRE 14

## La conjuration du silence

Plus de quinze ans que les victimes attendaient cela. Ce lundi 29 mars 2021 s'ouvre au Palais de justice de Paris le procès des auteurs du bombardement de Bouaké. Les familles des neuf soldats tués dans la frappe du Sukhoï, leurs frères d'armes qui ont survécu à l'enfer au lycée Descartes, tous veulent que les responsables de cet « assassinat[1] » soient punis. Même en leur absence. Car dans cette salle située tout au bout du Palais, le box des accusés est vide. Un temps à la portée des autorités françaises, les deux copilotes ivoiriens, Ange Gnanduillet et Patrice Ouei, et le pilote biélorusse Yury Sushkin[2], se sont volatilisés et ne répondront pas de leurs actes devant le tribunal. Ce sera d'autant moins le cas pour le premier des prévenus, Ange Gnanduillet, puisqu'on apprendra, au beau milieu du procès, qu'il est mort… depuis 2016[3]. Incroyable négligence de la justice française.

---

1. Selon la qualification retenue par la justice française.
2. Lire sa biographie sur Wikipédia : https://fr.wikipedia.org/wiki/Yuri_Sushkin.
3. Sa notice nécrologique a été publiée par le quotidien gouvernemental *Fraternité Matin* le 25 février 2016. Ange Gnanduillet est décédé des « suites d'une longue maladie » à l'hôpital

Mais, peut-être plus encore qu'une condamnation par contumace des auteurs du bombardement, les parties civiles veulent comprendre. Comprendre pourquoi le camp Descartes a été pris pour cible ce 6 novembre 2004. Comprendre pourquoi les autorités françaises ont relâché les techniciens interpellés quelques heures après le raid à Abidjan. Comprendre pourquoi elles ont laissé filer un autre groupe, capturé au Togo par les services locaux dix jours plus tard, dans lequel figurait, c'est désormais un fait acquis, Yury Sushkin. Depuis le drame, ces douloureuses interrogations sont demeurées sans réponse. Et une conviction a grandi chez beaucoup, semblable à celle de Me Balan : la France cache quelque chose de grave, la France a quelque chose à se reprocher.

Les parties civiles sont au nombre d'une quarantaine, en ce début de printemps 2021, à faire les cent pas sur les marches du Palais, serrées les unes contre les autres. Il y a là les familles des neuf soldats tombés dans l'enceinte du lycée Descartes. Leurs veuves, leurs parents, leurs frères et sœurs mais aussi des enfants devenus grands. Et il y a les survivants, comme le soldat Pierrick Pavec qui a tenu à faire le déplacement depuis la Bretagne[1]. La salle Victor-Hugo du tribunal étant trop exiguë pour accueillir tout le monde, une annexe a été mise à disposition, à l'étage en dessous, pour suivre les audiences via un grand écran vidéo.

Les avocats en robe noire s'installent. On reconnaît là Me Balan à sa tignasse poivre et sel. Affairé, tendu,

---

de Treichville, à Abidjan. Son décès a été confirmé par le procureur militaire ivoirien, Ange Kessi.

1. Cf. chapitre 1.

lui aussi attendait ce moment depuis tant d'années. Parmi ses confrères et consœurs, peu partagent son analyse sur un coup franco-français qui aurait mal tourné, et beaucoup n'apprécient guère ses emportements, ses mises en cause par voie de presse de la hiérarchie judiciaire. Certains ne lui adressent pas la parole, ni même un regard. La tribune de presse, elle aussi, est trop petite pour accueillir la douzaine de journalistes qui veulent suivre ce procès prévu pour durer trois semaines. Certains reçoivent l'autorisation de s'installer dans un emplacement vide : le box des accusés.

Enfin la cour d'assises fait son entrée. Elle est présidée par un magistrat expérimenté, Thierry Fusina. Près de quatre-vingt-dix témoins sont convoqués dans cette affaire hors norme. Beaucoup de militaires, mais aussi des ministres. À la tête des Affaires étrangères au moment des faits, Michel Barnier a déjà fait savoir qu'il répondrait à la convocation. Son ex-collègue de l'Intérieur, le très « ivoirien » Dominique de Villepin, laisse planer le doute. L'année précédente, avant que le procès ne soit reporté pour cause de Covid, il avait fait savoir qu'il ne pourrait être là : à la date prévue, il devait être à Hong Kong pour inaugurer une galerie d'art… Quant à l'ancienne ministre de la Défense, dont le témoignage est très attendu par les parties civiles, elle a indiqué qu'elle ne viendrait pas, estimant avoir déjà tout dit à la justice durant l'instruction. Mais face à cette dérobade qui indigne les familles, la Cour a prévu d'insister.

Parmi les grands absents, outre les trois accusés, figure le marchand d'armes Robert Montoya. « On a essayé de le convoquer, mais pas de réponse », déplore le président Thierry Fusina, impuissant. Quant à Laurent Gbagbo, qui a récemment été libéré des geôles de la Cour pénale internationale à La Haye, son témoignage sera lu lors du procès. Les chefs militaires – Henri Bentégeat, Jean-Louis Georgelin, Henri Poncet – seront bien là. Tout comme le conseiller Afrique de Jacques Chirac, Michel de Bonnecorse[1], qui vit depuis sa retraite dans le Lubéron, ou encore les patrons du renseignement français. Le procès peut commencer.

## *Les vies brisées des soldats*

Les premières audiences sont consacrées aux témoignages des soldats de Bouaké et de leurs familles. Une séance de catharsis collective. L'un des premiers à s'avancer est André Albaladéjo, « polycriblé » de balles. « Si je suis là aujourd'hui, c'est à la demande de mes enfants », commence cet ancien sergent-chef mécanicien de 50 ans. Durant des années, il a refusé de parler de tout cela, pour ne pas revivre le drame. « On nous disait : “Papa est tombé d'un camion.” Et pour le reste, silence », raconte à la barre du tribunal son fils Andy, 20 ans, qui l'a convaincu de venir « pour qu'il puisse enfin tourner la page »[2].

1. Michel de Bonnecorse est décédé le 12 août 2024 à Salon-de-Provence à l'âge de 83 ans.

2. Emmanuel Duparcq, « Au procès Bouaké, des ex-soldats blessés brisent le silence », AFP, 31 mars 2021.

Grièvement blessé lui aussi, son camarade Djamel Smaïdi, 40 ans, a vécu le martyre pour éviter l'amputation de son pied : il a été opéré « tous les trois jours » pendant six mois, avant de passer un an dans un centre de rééducation, où il dormait à peine. Ses nuits étaient hantées par des « flashes » où il voyait apparaître les autres victimes du bombardement. Aujourd'hui, « invalide à 85 % », il n'arrive toujours pas « à faire une nuit complète »[1].

Jérôme Bouchet, lui, a reçu un éclat au bras, une blessure légère comparée à celles d'André ou de Djamel. Mais lui non plus ne s'est jamais remis de l'horreur qu'il a vécue ce funeste 6 novembre à Descartes. De retour de Côte d'Ivoire, il a envisagé un temps de repartir en mission, avant de s'apercevoir qu'il ne pouvait pas, qu'il était « juste bon à garder une caserne[2] ». Il n'en dort plus, voit « des cadavres derrière » quand il ouvre une porte, ne parvient plus à se concentrer, se met à boire, s'emporte pour un rien. « Mais pourquoi papa il s'énerve comme ça ? », demande son fils. Jérôme voit un psy, quitte l'armée en 2010, devient ambulancier, mais la mort reste trop proche. Aujourd'hui, il travaille dans l'entretien des routes et commence à aller un peu mieux.

Comme André, Pierrick et Djamel, Jérôme veut savoir la vérité. Il attend avec impatience les explications des ministres. André Albaladéjo lâche : « Je faisais le plus beau métier du monde, j'avais une confiance aveugle en ma hiérarchie : les chefs, les généraux,

1. *Ibid.*
2. Emmanuel Duparcq, « Après Bouaké, des traumatismes à l'ombre du Château Villepin », AFP, 30 mars 2021.

les ministres, le président... Malheureusement tout est en train de tomber. » L'ancien mécano a quitté l'armée en 2010. Djamel Smaïdi, aujourd'hui fonctionnaire, « espère entendre la vérité de la bouche de certains politiciens », à commencer par l'ex-ministre de la Défense Michèle Alliot-Marie, venue le voir à l'hôpital quelques jours après le bombardement. Ce jour-là, « elle m'a dit : “Monsieur Smaïdi, ne vous inquiétez pas, on saura la vérité et on attrapera ceux qui ont fait ça” ». Il soupire, dépité : « Et après, on apprend l'épisode du Togo... »

## *« Les hasards accidentels de la guerre »*

Après les soldats du rang et les sous-officiers déployés sur le terrain, c'est au tour des officiers supérieurs de défiler à la barre. Interrogés sur le début de toute l'affaire – le bombardement de Descartes et la riposte quasi instantanée et massive de l'armée française –, ils imposent leur narratif à une Cour qui ne demande qu'à être convaincue, évitant de les pousser dans leurs retranchements. Oui, le bombardement était bien un acte volontaire, délibéré, visant les forces françaises. Oui, il a selon toute vraisemblance été ordonné par l'entourage du président Gbagbo. Et pourtant, aucune preuve matérielle ne vient étayer ces affirmations catégoriques lors des audiences. Aucun enregistrement audio n'est produit. Il faut croire sur parole les chefs militaires français.

Aucun témoignage décisif permettant de valider l'hypothèse d'un ordre formel n'est, en outre, présenté.

Les Ivoiriens sont les grands absents de ce procès. Hormis les copilotes recherchés par la justice française, pas un responsable politique, pas un militaire ne vient témoigner, raconter l'autre versant de l'histoire. Laurent Gbagbo ? Lu par le tribunal lors d'une audience, son témoignage recueilli par la juge Khéris à la CPI s'apparente à un long exposé géopolitique des plus confus, imprécis, sans intérêt pour la manifestation de la vérité[1].

Mais pour quelle raison le régime de l'ancien président aurait-il décidé de frapper les Français ? Celui qui était alors commandant de la force Licorne, Henri Poncet, a sa propre analyse qu'il développe longuement devant la cour d'assises. L'homme, qui se pique de psychanalyse, cite Jacques Lacan et parle de « défense paranoïaque », convoquant le traumatisme de l'attentat contre l'immeuble Drakkar de l'automne 1983 à Beyrouth. D'une voix assurée, droit dans son complet bleu, Henri Poncet explique ainsi devant la Cour que les ultras d'Abidjan étaient en train d'échouer militairement à Bouaké et qu'ils ont décidé de changer d'adversaire au dernier moment pour masquer leur défaite, sûrs de neutraliser la force Licorne avec les « milliers d'otages français à Abidjan ». Cette frange jusqu'au-boutiste était sûre de faire partir les militaires français, comme à Beyrouth, dit Poncet, sauf que cette fois ils sont tombés sur Jacques Chirac. Et sur lui-même, le général Poncet, visiblement très satisfait de la façon dont il est parvenu, in extremis, à contenir les foules de Jeunes Patriotes pour éviter la chute de la base militaire

1. Lire à ce sujet Jean Balan, *Crimes sans châtiment*, *op. cit.*

du 43e BIMa[1], un potentiel Diên Biên Phu en terre africaine. À la toute fin de son témoignage[2], Henri Poncet se retourne et s'adresse à ses anciens soldats : « Mes seigneurs, je ne vous ai pas oubliés. » Au fond de la salle, deux hommes, la cinquantaine, se lèvent et se mettent au garde-à-vous.

Entendu par le tribunal une semaine avant lui, le colonel Destremau s'était pourtant montré beaucoup plus nuancé que son supérieur. Interrogé sur la frappe du 6 novembre, il déclarait : « Ma conviction, c'est [que les pilotes] visaient bien cet objectif, le tir était précis. Mais savaient-ils vraiment qui était dans ces bâtiments ? Je ne le sais pas. Tir délibéré ou erreur ? Je n'ai jamais réussi à me forger une opinion[3]. »

Outre le colonel Destremau, quelques voix dissonantes se font entendre au milieu d'une partition bien monocorde. Parmi lesquelles celle du colonel Luc de Revel, qui commandait la base du 43e BIMa à Abidjan. C'est lui qui a désobéi au général Poncet, quand ce dernier lui a ordonné de tirer sur les aéronefs de Gbagbo stationnés dans un hangar de l'aéroport d'Abidjan, gorgé de caisses de munitions prêtes à exploser. Lui, aussi, qui a tenté vainement de s'opposer à la destruction immédiate des deux Sukhoï impliqués dans le raid sur Descartes[4]. Lui qui a repoussé avec succès les patriotes qui encerclaient la base française dans la nuit du 6 au 7 novembre. Ce 2 avril 2021, en se présentant à la barre

1. Cf. chapitre 7.
2. Audience du 9 avril 2021.
3. Audience du 2 avril 2021.
4. Cf. chapitre 5.

juste après le colonel Destremau, il est bien décidé à faire entendre une autre musique devant le tribunal.

D'une voix grave, il énumère la série d'erreurs commises, selon lui, par le commandement français dans toute cette affaire. Erreur, que de riposter dans la demi-heure. « J'ai tenté vainement de retarder les représailles, dit-il devant la Cour. C'était une erreur de frapper tout de suite sans imaginer une minute les représailles contre nos ressortissants. » Il en est persuadé : cette frappe du SU-25 sur Descartes était également « une erreur », pas un acte délibéré des forces ivoiriennes qui, assure-t-il, n'auraient jamais ciblé les Français en tant que tels. Mieux aurait valu, poursuit le colonel de Revel, saisir tout de suite les avions ainsi que les pilotes, autant de « pièces à conviction ».

Erreur, encore, que de mettre totalement hors jeu les diplomates. « L'action diplomatique aurait permis d'arrêter rapidement » la spirale de la violence, notamment en menaçant le régime de Gbagbo d'abattre tout aéronef ivoirien qui décollerait à nouveau[1]. Mais le général Poncet a totalement court-circuité l'ambassadeur, pourtant en contact direct avec le président ivoirien.

Erreur encore et toujours, cette fois de planification, que d'avoir envoyé le colonel Destremau à l'hôtel Ivoire, à deux pas de la résidence du chef de l'État

1. Le chef d'état-major Henri Bentégeat a précisé avoir fait prépositionner, à la veille de l'opération Dignité, des Mirage français sur l'aéroport de Lomé, au Togo, susceptibles d'intervenir très rapidement dans le ciel ivoirien en cas de besoin. Lire Jean-Christophe Notin, *Le Crocodile et le Scorpion*, *op. cit.*

et du siège de la télévision nationale[1]. « Ce lieu ne présentait aucun intérêt militaire, on a envoyé Destremau dans une impasse. »

Devant la Cour, c'est une tout autre vision de l'action militaire qui surgit sous les mots du colonel de Revel. Ce que les experts appellent « le brouillard de la guerre ». Face à une urgence, sous la pression, parfois sous l'emprise de la peur, des décisions hâtives, approximatives, impulsives, voire irraisonnées s'enchaînent. Et si l'affaire de Bouaké était, finalement, l'histoire d'un événement imprévu, impensable, qui aurait échappé à tout le monde, du côté ivoirien comme du côté français ? Celle d'une gigantesque explosion de violence qui s'est soldée par la mort de neuf soldats français, au moins autant du côté de l'armée ivoirienne, des dizaines de civils tués à Abidjan et à travers le pays sur des barrages défoncés par l'armée française. Une histoire qui s'est achevée par l'évacuation dans la précipitation de milliers de ressortissants étrangers. Une gigantesque « connerie », comme le dit le colonel de Revel, en citant l'ancien Premier ministre Michel Rocard : « Toujours préférer l'hypothèse de la connerie à celle du complot. La connerie est courante. Le complot demande un esprit rare. »

Dans un récit qu'il a remis à ses proches, et que je me suis procuré, l'ancien commandant du 43e BIMa parle des « hasards accidentels de la guerre », lesquels ne sont l'apanage de personne : « Pour tous les observateurs, y écrit-il, il était impossible de confondre le camp français avec un objectif des FAFN

1. Cf. chapitre 7.

[forces armées rebelles]. N'oublions pas, cependant, qu'aucun Ivoirien ne peut croire que, dans une capitale censée être parfaitement connue des Français, l'arrivée inopinée du GTIA 1 [groupement dirigé par le colonel Destremau] devant le palais présidentiel dans la nuit du 7 au 8 novembre ait pu être le fruit d'une erreur de parcours, bien qu'elle le fût. » Et Luc de Revel de conclure : « Dans l'un comme dans l'autre cas, il était impossible de ne pas savoir. » Et pourtant, les uns et les autres se sont peut-être juste trompés…

## *La diplomatie évincée*

Quel gâchis ! C'est le sentiment, l'intime conviction même, de l'ambassadeur de France[1]. D'un pas fébrile, un masque hygiénique sur le visage, c'est au tour de Gildas Le Lidec de s'avancer à la barre qu'il saisit à pleines mains. Au fil des ans, devant les enquêteurs ou interrogé par la presse, le diplomate a eu l'occasion de livrer son analyse de ces événements dramatiques. Pour une fois d'accord avec le général Poncet, il accrédite lui aussi l'idée que ce bombardement était volontaire. « La guerre pour Gbagbo et ses proches devait se gagner à Abidjan, pas sur le terrain militaire, assure Le Lidec. Donc dans une confrontation directe avec les Français. » Le temps passant, tout le monde ou presque en France s'est rangé à son point de vue sur

1. Gildas Le Lidec est entendu le 12 avril 2021 par le tribunal de Paris.

la prise de décision : Gbagbo n'y est pour rien, c'est son entourage qui s'est fourvoyé.

Mais au sortir de cette audience, l'ancien ambassadeur se dit profondément abattu. « Ce sont des Ivoiriens qui ont bombardé et tué des soldats français, et toute cette affaire tourne au règlement de comptes entre Français », me lâche-t-il. Cette fois, dit-il, c'est décidé : il ne parlera plus, déterminé à tourner définitivement la page et à remiser dans un tiroir le grand cahier bleu dans lequel il prenait des notes lors de ses interminables nuits de discussion avec le président Gbagbo, dans sa résidence de Cocody. Je le reverrai tout de même à deux reprises après le procès, pour confronter les faits et nos analyses. Même s'il le souhaitait, l'ambassadeur Le Lidec ne parvient pas, lui non plus, à se débarrasser des fantômes de Bouaké.

Avant de quitter le tribunal, Gildas Le Lidec a tout de même tenu à faire part de ses doutes sur l'un des points clés de toute cette affaire : « la rapidité de la réaction française » qui a abouti à la neutralisation des deux Sukhoï à l'aéroport de Yamoussoukro. « Je continue à être étonné, a-t-il dit devant la Cour. Un samedi, à l'heure du déjeuner, une décision aussi rapide ? » Et de se demander s'il ne s'agit pas d'« une décision prise localement, et avalisée a posteriori, couverte après coup ». Son interrogation reste en suspens dans la salle d'audience, face à une Cour interdite, alors que des hommes en civil prennent discrètement des notes sur les bancs du public. Le tribunal n'y reviendra plus, il ne souhaite pas s'aventurer sur ce terrain glissant et faire basculer le procès des pilotes et copilotes en autopsie des manquements et dysfonctionnements du côté français.

Pourtant, cette décision ultrarapide est d'une importance capitale pour comprendre l'enchaînement des événements : en décidant de riposter quasi instantanément, sans chercher à immobiliser les avions et à interpeller les équipages, la chaîne de commandement française a choisi un mode d'action purement militaire, au détriment d'un autre – politico-diplomatique et judiciaire – qui aurait produit de tout autres effets. Elle a tranché sans être en mesure d'avoir de certitude sur les raisons de cette frappe, décidant de répliquer quoi qu'il en coûte pour la sécurité des ressortissants français à Abidjan, pourtant la priorité des priorités jusqu'au bombardement. Un acte lourd de conséquences pour des milliers de personnes, que les plus hauts gradés de l'armée française vont veiller à justifier lors du procès, tout en jetant un voile pudique sur les circonstances exactes de cette prise de décision.

## *Quand les chefs militaires récrivent l'histoire*

S'il est un responsable unanimement respecté au sein des armées, c'est bien lui, Henri Bentégeat, l'homme en complet sombre, portant des lunettes, qui se présente face au tribunal dans l'après-midi du 9 avril 2021. Élégant et d'une extrême courtoisie, le général possède des états de service impressionnants : patron du régiment le plus décoré de France, le RICM (dirigé en 2004 par le colonel Destremau) ; chef d'état-major particulier de Jacques Chirac (1999-2002), puis chef d'état-major des armées (2002-2006). Autrement dit, le numéro un.

D'une voix posée, presque douce, Henri Bentégeat entame son témoignage :

« Le 6 novembre, je reçois un appel de Poncet : deux SU-25 de l'armée de l'air ivoirienne ont bombardé Descartes, il y a de nombreuses victimes. C'est un coup de tonnerre terrible ! Le général Poncet me demande l'autorisation de détruire les SU à Yamoussoukro. Je lui réponds : "Préparez-vous et attendez feu vert du président." »

Henri Bentégeat ajoute aussitôt, comme pour mieux se couvrir : « Les conséquences seraient terribles dans tous les domaines. »

Le patron des armées dit, dans la foulée, avoir joint le chef d'état-major particulier du président, le général Jean-Louis Georgelin, sans donner davantage de précision sur la chronologie des faits. Même s'il jouit d'une relation de confiance exceptionnelle, presque d'une forme de complicité avec le président de la République, il n'est pas question de l'appeler directement, par respect des règles[1]. « Quinze minutes plus tard, assure Bentégeat, ce dernier me dit : "Le président est horrifié, il te donne l'ordre de détruire les deux SU mais aussi tous les aéronefs de l'armée de l'air ivoirienne !" — Tu te rends bien compte de ce que cela implique ?", préfère vérifier le chef d'état-major. — Oui, il assume" », lui assène le général Georgelin.

Devant ce même tribunal, le matin même, le commandant de la force Licorne avait pourtant donné une version des faits légèrement différente de celle de

1. Lire à ce sujet Jean-Christophe Notin, *Le Crocodile et le Scorpion*, *op. cit.*

Bentégeat. Poncet avait en effet affirmé ne pas avoir requis lui-même l'autorisation de détruire les deux SU-25, c'est le général Bentégeat, avait-il relaté, qui lui aurait demandé : « Est-ce que tu es en mesure de détruire les deux SU ? — Oui, répond Poncet, s'ils se posent à Yamoussoukro... » Et le chef de la force Licorne d'ajouter, lui aussi : « J'ai prévenu Bentégeat : cela va être violent à Abidjan... »

Chacun sait donc que « cela va être violent à Abidjan », mais tout le monde fonce droit dans le mur. Devant le tribunal, Poncet a achevé son témoignage en ces termes : « Chirac a donné l'ordre à Bentégeat, qui me l'a répercuté. »

## *Le rôle clé du général Georgelin*

En réalité, le responsable qui a oralement donné cet ordre à Bentégeat n'est pas Jacques Chirac, mais le quatrième homme de cette très courte chaîne de commandement : le général Jean-Louis Georgelin. C'est lui qui, en ce début d'après-midi du samedi 6 novembre, est en contact direct avec Jacques Chirac[1].

Le lundi 12 avril 2021, l'ancien chef d'état-major particulier se présente devant la Cour, laquelle a donc déjà entendu à ce stade les généraux Poncet et Bentégeat. Devenu entre-temps grand chancelier de l'ordre

1. Décédé le 26 septembre 2019 et protégé de son vivant par son immunité d'ancien chef de l'État, le président Chirac n'a jamais pu être interrogé sur les événements de novembre 2004 en Côte d'Ivoire.

de la Légion d'honneur, Jean-Louis Georgelin a une réputation contrastée au sein des armées. Personnage haut en couleur, il fonctionne au rapport de force, y compris avec les puissants. Alors qu'il se présente face au tribunal, je me remémore notre échange, lors d'un dîner organisé avec les auditeurs de l'IHEDN (Institut des hautes études de défense nationale[1]) au printemps 2013, à la Chancellerie, sur les bords de la Seine :

« C'est vous, le journaliste ? me demanda-t-il au moment où je le saluais.

— Oui, c'est moi... Je vois que mon général est bien renseigné...

— Absolument, il faut toujours connaître ses ennemis ! »

Au cours du dîner, il s'était détendu, et nous avions passé un très bon moment en sa compagnie.

Huit ans plus tard, devant la cour d'assises, il relate cet après-midi du 6 novembre 2004 : « J'étais chez moi[2]. J'ai été prévenu par Bentégeat. » Georgelin dit avoir aussitôt informé le chef de l'État, et enchaîne : « On se retrouve très vite dans son bureau. Je lui rends compte des faits, et lui recommande que nous détruisions les deux SU. » Là encore, le flou le plus total entoure la chronologie des faits. « Très vite » ? La Cour n'en saura pas plus, et n'en demandera pas plus.

1. Placé sous l'autorité du Premier ministre, l'Institut des hautes études de défense nationale (IHEDN), installé au sein de l'École militaire, réunit chaque année une centaine de personnes, des « auditeurs », qui sont pour un tiers des officiers militaires et aux deux tiers des civils intéressés aux questions de défense, au sens large.

2. Le chef d'état-major particulier loge quai Branly, de l'autre côté de la Seine par rapport à l'Élysée.

Quoi qu'il en soit, poursuit le général Georgelin devant le tribunal, c'est à ce moment que Jacques Chirac lui aurait affirmé : « Nous n'allons pas simplement détruire ces deux avions, mais tous les avions de Gbagbo susceptibles de frapper nos forces. » Fin de la discussion.

Or, à un observateur avisé et bien introduit dans les milieux militaires, l'ancien chef d'état-major particulier a pourtant livré une version sensiblement différente du déroulement de cette séquence, à laquelle j'ai eu accès : c'est lui-même, a-t-il confié, qui a suggéré à Jacques Chirac de ne pas se cantonner aux deux Sukhoï, mais de « tout » détruire. En la circonstance, tout est affaire de présentation. Persuadé qu'en Afrique on ne comprend que « le langage de la force », comme il l'explique sans fard devant la cour d'assises, et qu'il est impossible d'accepter qu'on tue des soldats français sans réagir, le général Georgelin a su visiblement trouver les arguments pour convaincre le chef de l'État.

Mais à la barre du tribunal, le grand chancelier de l'ordre de la Légion d'honneur n'en dit mot. Tout comme il omet de préciser qu'avant de présenter de vive voix les faits et ses préconisations au chef de l'État, une réunion s'est tenue autour du chef d'état-major particulier rassemblant une poignée de conseillers militaires et diplomatiques de l'Élysée, notamment le responsable de la cellule Afrique de l'Élysée, Michel de Bonnecorse. Le ministre des Affaires étrangères, Michel Barnier, y participe à distance, au téléphone. On passe alors en revue le déroulement des événements, le bilan actualisé des victimes et les différentes options à la disposition du chef des armées, le président de la République. Une fois cette réunion achevée, il est temps de voir Jacques Chirac.

Revenons sur la chronologie. Appel de Poncet à Bentégeat, qui lui-même joint Georgelin, lequel se rend à l'Élysée et y organise une réunion rapide avec les principaux conseillers impliqués dans le dossier, en ayant pris soin d'associer au préalable le ministre Barnier, et enfin réunion avec le chef de l'État dans son bureau… Fin de la réunion, appel de Georgelin à Bentégeat, qui répercute à Poncet, lequel donne l'ordre de passer à l'action à Yamassoukro… Le tout, donc, si l'on en croit les témoignages des chefs militaires lors du procès, entre l'atterrissage des SU-25 vers 13 h 30 et l'ordre donné de leur destruction à 14 heures. Soit en une demi-heure. Difficile à croire, pour ne pas dire tout bonnement impossible.

Mais le tribunal n'est pas là pour juger l'action des décideurs français juste après le bombardement. Nul doute, dès lors, que la Cour va concentrer tous ses efforts sur les agissements de ces différents acteurs par rapport aux pilotes et aux copilotes impliqués dans la frappe sur Descartes. Le chapitre le plus sensible de toute cette affaire, et le plus attendu par les rescapés du raid et les familles des victimes. C'est désormais aux responsables politiques placés au sommet de l'État d'entrer en scène.

À la fin de son témoignage, le général Poncet avait déclaré, un brin méprisant, en lançant une forme de défi à la Cour : « Je ne pense pas que vous aurez beaucoup de réponses des ministres, qui vont s'inspirer des trois singes de la sagesse bouddhiste : je ne vois rien, je ne dis rien, je n'entends rien. »

# CHAPITRE 15

## Une valse à trois temps

Pour les parties civiles, c'est le moment tant attendu, celui où les responsables qui étaient aux commandes à Paris vont pouvoir enfin s'exprimer et expliquer ce qu'il s'est vraiment passé en novembre 2004. Dans le box des accusés absents alloué pour la circonstance à la presse, je retiens mon souffle. Quels mots les ministres vont-ils bien pouvoir employer pour justifier leur surprenante passivité au moment des faits ?

### *Un ministre étranger à l'affaire*

Le premier d'entre eux à se présenter est l'ancien ministre des Affaires étrangères, Michel Barnier. Michel Barnier ? Dans l'assistance, comme dans cette drôle de tribune de presse, nous sommes beaucoup à avoir oublié qu'il dirigeait alors le Quai d'Orsay tant l'empreinte laissée dans ce dossier par Dominique de Villepin est restée forte. Ce lundi 12 avril, dans la matinée, l'homme à la chevelure blanche, alors en lice pour l'élection présidentielle du printemps 2022, apparaît serein devant le tribunal. Et pour cause, il a un seul et même message à faire passer, succinct et limpide : la Côte d'Ivoire, c'était l'Élysée et les militaires qui géraient, Jacques Chirac lui avait bien spécifié de ne pas y toucher. Alors il s'est exécuté.

Juste après sa nomination à la tête du Quai d'Orsay, en mars 2004, raconte-t-il, Michel Barnier se rend au « château » pour faire part au chef de l'État de sa volonté de s'impliquer dans deux grands dossiers sur le continent africain : le Rwanda (on est à la veille du dixième anniversaire du génocide) et la Côte d'Ivoire. « Sur le Rwanda, explique Barnier, le président me dit : "Tu prends ton risque." Sur la Côte d'Ivoire, sa réponse a été très claire : "C'est une question qui concerne les militaires." Or le chef des militaires, c'est le président. » Reçu cinq sur cinq par Michel Barnier, qui ajoute devant le tribunal : « J'ai compris à ce moment-là que tout se réglerait au niveau du chef de l'État et des autorités militaires. » Et « ça n'a pas changé après ». Y compris, donc, juste après le bombardement du lycée Descartes, puis dix jours plus tard, du côté du Togo.

Ce préalable étant posé, l'ancien patron de la diplomatie française n'a plus qu'à dérouler son témoignage. Les quinze techniciens arrêtés à l'aéroport d'Abidjan à l'aube du 7 novembre et relâchés quatre jours plus tard, à la demande du Quai d'Orsay, comme l'a précisé l'ambassadeur Gildas Le Lidec ? Il n'a « aucun souvenir d'avoir donné une telle instruction ». Les huit Biélorusses interpellés au Togo ? « Je n'ai pas eu entre les mains le télégramme diplomatique » faisant état de leur arrestation. Entendu avant lui, l'ancien ambassadeur de France au Togo, Alain Holleville, avait pourtant raconté par le menu toutes les démarches entreprises pour alerter sa hiérarchie à Paris. Mais

Michel Barnier insiste : « La question ne m'a pas été posée à moi, personnellement [...]. Nous recevons des centaines de télégrammes du monde entier tous les jours. Une quinzaine d'entre eux atterrissent sur le bureau du ministre après l'analyse et le tri effectués par les services concernés et le cabinet. » La crise en Côte d'Ivoire était alors le sujet le plus brûlant pour Paris, mais apparemment pas pour le cabinet du ministre des Affaires étrangères.

Sur ce dossier, Michel Barnier avait, de toute façon, insiste-t-il, d'autres priorités à traiter, notamment l'évacuation massive de ces milliers de personnes qui fuyaient les manifestations antifrançaises en Côte d'Ivoire. Voilà « où se trouvent mes responsabilités », conclut-il. Pour tout le reste, prière de voir avec l'Élysée.

## *« DDV » : ministre de l'Intérieur qui se renferme*

Le lendemain matin, la salle du tribunal est pleine à craquer pour écouter ce que va dire son prédécesseur au Quai d'Orsay, nommé en mars 2004 à la tête du ministère de l'Intérieur. Le flamboyant Dominique de Villepin, l'artisan des accords de Marcoussis en 2003, l'homme qui parle directement à Laurent Gbagbo, entre d'un pas décidé dans le tribunal, souriant mais l'air concentré. Durant deux heures, « pour éclairer la Cour », précise-t-il, et non pas pour « assumer une culpabilité ou des responsabilités qui passent par d'autres », « DDV » se lance dans un exposé de haute volée sur la crise en Côte d'Ivoire, puis répond du tac au tac aux questions de la Cour.

Le rôle joué par la France, la personnalité complexe de Gbagbo, les luttes de factions à Abidjan, tout y passe. Même s'il dit ne pas avoir été associé à cette décision ni même consulté, l'ancien locataire du Quai d'Orsay a son explication, toute diplomatique, sur l'étrange passivité dont a fait preuve Paris à la suite de l'arrestation des Biélorusses au Togo : « Notre seul interlocuteur possible au sud du pays, c'est Laurent Gbagbo. Est-ce que lancer une action judiciaire immédiate [...] ne prendrait pas le risque d'enflammer les choses ? C'est une question qui se pose. » À l'en croire, donc, la realpolitik l'aurait emporté sur le droit et la morale. Il n'en dira pas plus.

Brillant, l'ancien conseiller de Chirac, nul ne peut le contester. « C'est formidable, vous avez donné un cours magistral ! s'exclame l'avocat Jean Balan, résumant bien le sentiment général. J'étais un peu comme un étudiant qui écoute son professeur, bouche bée. » Mais redescendons sur terre : comment le ministère de l'Intérieur qu'il dirigeait en 2004 a-t-il agi lorsqu'il a été prévenu – en tout premier lieu – par le commissaire Claude Taxis depuis Lomé[1] ? Dominique de Villepin, devenu entre-temps avocat, a eu le temps de fourbir ses arguments : le fonctionnaire de police « a reçu la réponse claire qu'il ne devait pas suivre cette affaire puisque le ministère de l'Intérieur est en charge de l'intérieur, pas de l'extérieur ». Une instruction que ce retraité de la police continue d'ailleurs d'appliquer,

---

1. Cf. chapitre 8. Chargé des questions de coopération policière au sein de l'ambassade, le commissaire Taxis est aussi conseiller technique auprès du ministre togolais.

vingt ans plus tard, affirmant d'abord ne pas pouvoir répondre à mes questions sans l'accord explicite de sa hiérarchie, avant de renoncer purement et simplement.

Mais qui, au juste, a donné au commissaire Taxis l'instruction de ne pas « suivre cette affaire » à l'époque ? Dominique de Villepin reste dans le flou. « Je n'ai pas traité ce dossier », assure-t-il, tout en précisant qu'il a tout de même pris soin, avant de s'exprimer devant le tribunal, de vérifier ce qu'il en était du côté de son directeur de cabinet et du directeur général de la Police nationale… « Personne n'était au courant », insiste-t-il. Incompétence administrative ou volonté délibérée de dissimuler la vérité, la Cour n'ira pas plus loin dans ses questionnements, au grand dam des victimes et de leurs familles.

Au début de son intervention, l'ancien ministre a également souligné qu'il n'avait été « ni présent, ni associé, ni informé » des grandes décisions liées à l'affaire de Bouaké, gérée selon lui par le « triangle Élysée-Défense-Affaires étrangères ». Or depuis le témoignage de Michel Barnier devant la Cour, on sait ce qu'il est censé en être du côté des Affaires étrangères… Mais « DDV » était-il totalement « out » dans cette affaire, comme il le proclame ? Au détour de son exposé, l'ancien chef de la diplomatie confie : « J'ai appelé Laurent Gbagbo quelques semaines plus tard, il était profondément blessé par la dégradation des relations entre nos deux pays. » Curieux pour quelqu'un qui ne s'occupait plus de « l'extérieur »…

Avant de prendre congé de la Cour, Dominique de Villepin tient à préciser que s'il avait eu vent de l'arrestation des mercenaires au Togo, il en « aurait alerté l'Élysée », là où tout convergeait. « L'information a été transmise à deux ministères et a été traitée », ajoute-t-il, avant de conclure : « On peut ne pas aimer la réponse, mais elle a été faite et assumée. » Faite et assumée c'est bien là le sujet, mais par qui ? Or après l'audition de Dominique de Villepin, en forme de cours de géopolitique et de droit constitutionnel, on l'ignore toujours.

Une drôle d'impression parcourt l'assistance : comme si « DDV » avait dit énormément de choses, sauf l'essentiel.

## *« MAM », ministre de sa défense*

Après un Michel Barnier se campant en simple exécutant des décisions de l'Élysée et un Dominique de Villepin exclusivement accaparé par les affaires intérieures, tous les regards se tournent vers Michèle Alliot-Marie. Elle a laissé planer le doute sur sa venue devant le tribunal, mais l'ex-ministre de la Défense a finalement consenti à livrer son témoignage. C'est bien, à tout le moins, ce qu'attendaient les familles des soldats tués et les blessés, auxquels elle avait promis sur leur lit d'hôpital la vérité sur ce bombardement de Bouaké.

Dans l'après-midi de ce 13 avril, c'est une femme fébrile qui se présente devant la Cour. Loin de l'image martiale qu'elle veillait à renvoyer lorsqu'elle dirigeait les armées depuis l'hôtel de Brienne. À la barre, Michèle Alliot-Marie, alias « MAM », a la mémoire qui flanche. Seize ans après les faits, elle se lance dans un récit confus, mélangeant considérations militaires, diplomatiques, juridiques et personnelles sur les événements de novembre 2004. Malaise dans le prétoire.

Quels étaient véritablement son niveau de responsabilité et son impact sur le cours des événements ? Devant le tribunal, « MAM » commence par rappeler, dans le sillage de son collègue du Quai d'Orsay, que son ministère n'était pas « décisionnel » mais un simple « ministère d'exécution ». À l'évocation du bombardement du lycée Descartes, elle retrouve ses accents martiaux : « Ma réaction, cela a été de dire qu'il fallait supprimer tous les aéronefs en vol. » Mais, ajoute-t-elle, résignée, l'Élysée a fait un autre choix : la destruction au sol de toute la flotte militaire de Gbagbo. En réalité, la ministre de la Défense n'a pas eu son mot à dire : contrairement à son homologue des Affaires étrangères, elle n'a même pas été conviée, semble-t-il, à la réunion du samedi 6 novembre, dans l'après midi, à l'Élysée autour du général Georgelin, avant qu'il ne rende compte au président Chirac.

Mais, ce 13 avril 2021, face au tribunal, il n'est pas question pour elle de s'en prendre au sacro-saint « château ». Michèle Alliot-Marie décoche ses flèches en direction de l'ONU[1], qui a tous les atours du bouc émissaire idéal : « L'ONUCI ne faisait rien sur le terrain, c'était scandaleux. » Sur ce terrain, justement, on se souvient que le général Poncet s'était en réalité

1. Dans un entretien avec Christophe Boisbouvier diffusé par RFI le 6 novembre au matin, Michèle Alliot-Marie affirmait déjà : « L'ONU réagit extrêmement mal », ajoutant que sur le terrain les Casques bleus n'avaient pas de mandat pour « abattre les avions et les hélicoptères » et qu'une « réflexion [était] en cours pour obtenir un mandat plus robuste de l'ONUCI ».

entendu avec le commandant des forces de l'ONU, le général sénégalais Abdoulaye Fall, pour ne pas avoir à intervenir. Un arrangement dont aucun élément ne permet d'affirmer que la ministre française de la Défense avait à l'époque connaissance. Entre autres faits…

La voici maintenant interrogée par la Cour sur le cœur du sujet de cette audience : la réaction et le comportement des plus hautes autorités de l'État dans l'affaire des pilotes interpellés au Togo. Différence capitale par rapport à ses collègues de l'Intérieur et des Affaires étrangères, Michèle Alliot-Marie reconnaît avoir été prévenue en temps réel de ce rebondissement. Mais, au comble de la confusion, elle hésite dans ses propos, s'interrompt, indique avoir été informée à deux moments différents de cette arrestation. Dans un deuxième temps, raconte-t-elle, « j'ai dit, cette fois-ci on les récupère », avant de préciser : « Mais là, on m'a dit qu'il y avait un problème (juridique). » « On » ? Michèle Alliot-Marie s'empresse d'ajouter : « Je ne sais pas qui au cabinet estimait que ce n'était pas possible… » Murmures dans la salle. Ces propos de la ministre sont en totale contradiction avec ceux de sa directrice des affaires juridiques au ministère de la Défense, Catherine Bergeal[1].

Entendu par le tribunal juste après son ancienne patronne à la mémoire défaillante, son ancien conseiller juridique, David Sénat, va réaffirmer haut et fort qu'« il était tout à fait possible de récupérer les pilotes, comme cela a été fait pour le terroriste Carlos au Soudan en 1994[2]

1. Cf. chapitre 12.

2. Recherché par la justice française pour de multiples attentats, le terroriste Carlos est enlevé à Khartoum en août 1994 par

ou les pirates en Somalie[1] ». Pour David Sénat, le droit a bon dos : « Il devient paradoxalement utile pour expliquer une décision politique inexplicable. » Toutefois, le juriste trouve quelques circonstances atténuantes à Michèle Alliot-Marie : la ministre, dit-il, n'était « pas nécessairement associée à des décisions qu'elle a dû assumer publiquement par la suite » et qui émanaient, selon le conseiller, de l'état-major des armées placé sous l'autorité du chef de l'État. Une position très inconfortable pour « MAM » qui expliquerait son malaise constant dans cette affaire et les zigzags incessants dans ses déclarations.

La justice n'a-t-elle pas été un « angle mort » dans cette affaire ? lance un avocat à l'adresse de David Sénat. Sourire en coin, ce dernier réplique : « Un angle de mort naturelle ou de mort voulue ? » Lors de cette audience, je retrouve l'homme que nous avions rencontré, plusieurs années auparavant, avec mon confrère de France Inter, Emmanuel Leclère[2] : affable, ouvert, le trait vif. Aucun esprit de revanche

---

des agents de la DST, sur ordre du ministre de l'Intérieur, Charles Pasqua, sans mandat d'extradition, puis ramené – anesthésié – dans un avion militaire en France. Condamné à la réclusion criminelle à perpétuité pour assassinats, il est incarcéré à la maison centrale de Poissy dans les Yvelines, où il purge toujours sa peine.

1. David Sénat semble ici faire allusion à l'affaire de la prise d'otages du voilier le *Ponant*, en 2008. Après avoir libéré leurs otages en échange du versement d'une rançon, six Somaliens sont arrêtés sur le sol somalien par des commandos français et transférés en France, où ils seront jugés en 2012. Deux d'entre eux seront acquittés, les autres condamnés à plusieurs années de prison.

2. On peut réécouter son témoignage exclusif dans l'enquête d'Emmanuel Leclère sur France Inter, diffusée le 6 novembre 2014 : « Bombardement de Bouaké : l'enquête rendue impossible ».

chez un fonctionnaire qui pourtant a subi les foudres de sa hiérarchie, mis en cause dans l'affaire dite « des fadettes[1] », mais la volonté tranquille de raconter les faits tels qu'il les a vécus. Sans crainte de contredire, devant une cour d'assises, son ancienne patronne.

En ce 13 avril, alors que la lumière décline en cette fin d'après-midi, Michèle Alliot-Marie continue de patauger dans ce marigot politico-judiciaire, aux relents de Françafrique. Devant le tribunal, elle confie à propos des mercenaires biélorusses : « J'ai demandé s'il y avait possibilité de monter une opération de la DGSE pour les récupérer. Je m'en souviens, c'était un après-midi et j'ai eu la réponse le lendemain matin : ils sont déjà repartis. » Stupéfaction et indignation sur les bancs du public. Mais pourquoi diable avoir envisagé une opération des services secrets français, alors que les autorités togolaises n'attendaient qu'une seule chose : que l'ancienne puissance coloniale vienne cueillir les Biélorusses maintenus en détention durant une dizaine de jours à Lomé ?

« C'est facile quand on est ici à Paris de dire on aurait pu faire ceci, faire cela, réagit-elle, d'un air courroucé. J'avais des militaires sur le terrain et des milliers de Français à évacuer, il fallait que le drame de Bouaké ne se reproduise pas à un autre endroit, c'est ça qui était important. » Et elle conclut son témoignage en

1. Le pouvoir l'accuse, sur la base d'une enquête des services de renseignement, d'avoir donné au journal *Le Monde*, le 16 juillet 2010, des PV de l'affaire Bettencourt gênants pour le ministre du Travail, Éric Woerth. Appelée par l'Élysée via Claude Guéant, la garde des Sceaux Michèle Alliot-Marie débarque alors David Sénat de son poste de conseiller pénal au ministère de la Justice.

confiant avoir vécu les morts de Bouaké comme « une atteinte personnelle ». « La Défense, clame l'ancienne ministre, c'est une grande famille. » Cette fois, dans la salle annexe du Palais de justice, ce sont des huées qui montent des rangs des parties civiles.

L'audience est levée. Les trois ministres aux commandes à l'époque des faits se sont tous exprimés, et le trouble reste entier, béant. Depuis le début, l'hôtel de Brienne a tout fait pour enterrer l'affaire, affirme Me Jean Balan, suivi par sa consœur, Me Patricia Coutand. D'autres avocats se montrent moins catégoriques : « Acte délibéré ou incurie, incompétence totale des services de l'État, je ne sais pas si on aura jamais une réponse », résume Me Carole Delestrade. Et de regretter que ce brouillard tenace « continue d'alimenter le doute et le soupçon » chez les victimes[1].

## *Tous les chemins mènent à l'Élysée*

Affaires étrangères, Intérieur, Défense : chacun s'est renvoyé la balle avec dextérité, en mentionnant in fine la responsabilité ultime de l'Élysée et des chefs militaires en prise directe avec le président Chirac. Mais, entendu la veille par le tribunal, le 12 avril, le conseiller Afrique de l'Élysée n'avait pas éclairé davantage la Cour. Après avoir reconnu que la crise en Côte d'Ivoire était « l'un des dossiers les plus chauds, les plus critiques pour le président, chef des armées », qui

1. Emmanuel Duparcq, « Affaire Bouaké : malgré le procès, les victimes auront "toujours un doute" », AFP, 14 avril 2021.

monopolisait à lui seul « le tiers » de l'activité de la cellule Afrique, Michel de Bonnecorse affirme à propos de l'arrestation des huit mercenaires au Togo : « Ce n'est pas remonté jusqu'à l'Élysée, j'ai appris cette affaire par la presse. » Soit plus d'un an plus tard, début 2006... et alors que la ministre de la Défense, pourtant tenue à l'écart des décisions les plus cruciales dans cette affaire, admet elle-même avoir été informée en temps réel? Qualifier cela d'étonnant serait un euphémisme. Très calme, toujours courtois, Michel de Bonnecorse précise que le dossier des mercenaires a été « essentiellement traité par le ministère de l'Intérieur, par téléphone... » La boucle est bouclée : retour à la case départ, la case « DDV ».

Résumons : le ministère des Affaires étrangères renvoie vers l'Élysée, qui renvoie vers l'Intérieur, qui lui-même dévie vers la Défense, les Affaires étrangères et l'Élysée[1]... Et pour être tout à fait complet, citons les propos des deux principaux chefs militaires, en ligne directe avec l'Élysée, totalement contradictoires. « Le 16 novembre, explique devant la Cour le chef d'état-major des armées, le général Bentégeat, j'apprends par mon état-major que les pilotes ont été arrêtés au Togo. Ce n'est pas de ma compétence. Mon avis n'a pas été sollicité. C'est le ministère de la Défense qui a décliné, et j'ai appris plus tard par l'attaché de défense à Lomé qu'ils avaient été libérés. »

---

1. Lire au sujet des divisions et rivalités franco-françaises dans la gestion de la crise ivoirienne l'article très complet de Laurent d'Ersu : « La crise ivoirienne, une intrigue franco-française », *Politique africaine*, 2007, 1er trimestre.

De son côté, le chef d'état-major particulier du président Chirac, le général Jean-Louis Georgelin, répond sans l'ombre d'une hésitation : « Sur cette question, je n'ai en aucune façon été concerné, je n'ai aucun souvenir d'aucun échange sur la question des mercenaires d'Abidjan et du Togo. Je n'ai jamais été saisi de ce dossier, et je n'en ai jamais parlé avec le président. » De sa voix de stentor, il se livre ensuite à un petit rappel d'ordre institutionnel : « C'est une affaire qui concernait les ministres, le ministère de la Défense, sa direction juridique, le ministère des Affaires étrangères. Le président n'avait pas vocation à entrer dans le champ des ministres. » Par-delà la mort, la personne du chef de l'État est fidèlement préservée par son ancien bras droit militaire. Qui lui non plus n'a rien vu, rien entendu, rien su. Les trois singes, image chère au général Poncet, sont aussi militaires.

*

En fin de compte, les parties civiles auront assisté à un sinistre spectacle, parfois pathétique, durant lequel les plus hautes autorités de leur pays ont soit esquivé leur responsabilité, soit invoqué des pertes de mémoire, soit encore argué de dysfonctionnements administratifs, pudiquement occultés par la Cour.

En ce 13 avril 2021, alors que la nuit est en train d'envelopper Paris et que le tribunal s'est vidé, un dernier témoin se présente à la barre. Il est médecin général des armées. Humbert Boisseaux raconte avoir été dépêché en urgence en Côte d'Ivoire, au lendemain du bombardement du lycée Descartes. Parvenu à Bouaké, il fait face à des soldats traumatisés, en détresse : « Deux des soldats tués à Bouaké venaient d'être papa. Beaucoup de leurs camarades ne comprenaient pas pourquoi, eux, des soldats en mission pacificatrice avaient été attaqués de manière sournoise. C'était difficile à comprendre, notamment au regard de la vie. Pour nombre d'entre eux, rester et poursuivre la mission jusqu'à Noël était insupportable. On a travaillé en petits groupes : finalement, trois d'entre eux seulement ont demandé à être rapatriés. »

Le médecin Boisseaux marque un temps d'arrêt, puis reprend : « Au lendemain des attaques du Bataclan [en novembre 2015], plusieurs anciens de Bouaké m'ont rappelé. Ils ont repris un "petit parcours de soins". Une attaque comme celle qu'ils ont vécue à Bouaké, c'est une blessure qui marque définitivement, une cicatrice. Et pour faire son deuil et même pour guérir, il faut avoir les tenants et les aboutissants du "pourquoi". Ce sont les réponses qui contribuent à un apaisement et à s'engager dans une dynamique de soins. »

L'audience est levée.

# CHAPITRE 16

## Rien que la vérité, toute la vérité… mais laquelle ?

« Ma colère est apaisée, mais le doute persiste. On a eu la reconnaissance d'une partie de l'État, la justice. Mais pas de l'autre partie, les anciens ministres, qui n'ont même pas daigné s'excuser », lâche, désabusé, l'ancien adjudant-chef Pierrick Pavec. Il vient d'apprendre le verdict de la cour d'assises de Paris. Le 15 avril 2021, plus de seize ans après les faits, celle-ci a condamné à la perpétuité, en leur absence, les trois accusés.

Dans leurs plaidoiries, prononcées la veille, les avocats des victimes et de leurs familles avaient demandé des peines « exemplaires », à la mesure de « l'horreur » du bombardement effectué par l'armée ivoirienne, et du « sacrifice de la vie » des soldats frappés. Ils ont été entendus. L'avocat général, Jean-Christophe Muller, a requis la réclusion à perpétuité à l'encontre des trois accusés, dont l'un est pourtant décédé, comme on l'a appris au beau milieu du procès. En énonçant la condamnation, le président de la Cour, Thierry Fusina, souligne que les deux copilotes ivoiriens et le pilote biélorusse se sont « attaqués sournoisement » à des soldats français membres d'une force de paix et « avec une préméditation certaine ». Justice a été rendue. Mais justice a-t-elle vraiment été faite ?

À l'issue de l'audition de quelque quatre-vingt-dix témoins, dont les plus hauts responsables de l'État et des armées, le procès n'aura permis ni d'identifier formellement le donneur d'ordre de ce bombardement « sournois », ni de comprendre pourquoi les autorités françaises ont laissé s'enfuir les pilotes. Partagé par l'ensemble des parties civiles, le doute de Pierrick Pavec, persistant, poisseux, continue d'alimenter jusqu'à aujourd'hui des soupçons très graves envers l'attitude des plus hautes autorités de l'État français. Les uns et les autres n'en ont pas fini avec les fantômes de Bouaké, certains ont même décidé de créer une association pour poursuivre leur quête de vérité hors des sentiers d'une justice qui a montré ses limites[1]. À l'issue de ce procès très décevant, tous en sont encore et toujours réduits à se débattre avec un certain nombre d'hypothèses, sans pouvoir trancher.

## *L'hypothèse Balan : une bavure franco-française*

Beaucoup, y compris dans les rangs des militaires[2], souscrivent à l'interprétation défendue par M^e^ Balan :

1. Il s'agit de l'association commémorative Descartes-Bouaké, dirigée par l'un des rescapés du bombardement, Jérôme Bouchet, et dont l'une des responsables est Alexia Capdeville, fille de l'un des militaires tués dans le bombardement du 6 novembre 2004.

2. C'est le cas, notamment, de Renaud de Malaussène, nommé numéro deux de la force Licorne quelques mois après

le bombardement de Bouaké serait en réalité le résultat d'une terrible bavure franco-française.

Manipulé par les autorités de l'ancienne puissance coloniale, explique l'avocat emblématique de cette affaire, le SU-25 ivoirien aurait sciemment visé un bâtiment du lycée Descartes censé être vide au moment des faits. Cette théorie se base notamment sur le fait que le foyer du camp venait d'être fermé inopinément par les autorités du camp « pour inventaire ». Le but de l'opération, selon ses tenants ? Disposer d'un prétexte, à la suite de cette erreur de frappe spectaculaire mais sans conséquence, pour mettre un terme à l'offensive ivoirienne et se débarrasser une bonne fois pour toutes de Gbagbo en provoquant un coup d'État mené par une faction de l'armée ivoirienne dissidente.

Tout le reste s'enchaînerait « naturellement » : les blindés expédiés le soir du 7 novembre devant la résidence de Gbagbo dans une tentative désespérée d'appliquer jusqu'au bout le plan initial, la fuite des pilotes de la Côte d'Ivoire vers le Togo avec l'assentiment des autorités de Paris, de peur qu'ils ne dévoilent d'inavouables complicités françaises… Hélas, les soldats de la force Licorne qui sont venus s'abriter aux abords du bâtiment visé auraient tout fait déraper.

Mais « l'hypothèse Balan » ne résiste pas à l'examen des faits. Malgré la désapprobation de Jacques

---

les événements de novembre 2004, aux côtés du général Poncet. Accusé d'avoir couvert l'élimination de Firmin Mahé, il a été suspendu de ses fonctions et a quitté l'armée depuis. Lire sa préface dans Jean Balan, *Crimes sans châtiment*, *op. cit.*

Chirac, mis devant le fait accompli par ses collaborateurs, Paris a bel et bien donné son aval à l'opération Dignité de Laurent Gbagbo, se contentant de définir des lignes rouges à ne pas franchir. L'objectif premier était d'en finir avec les rebelles du Nord, pas avec Laurent Gbagbo[1]. Qui plus est, le bombardement d'un bâtiment vide de la force Licorne aurait-il vraiment constitué un argument suffisant pour chasser Gbagbo du pouvoir, au risque de provoquer des représailles sanglantes contre les milliers de ressortissants français à Abidjan ?

Et qui, à Paris, aurait pris le risque démesuré de confier à un équipage ivoiro-biélorusse, placé sous le commandement d'un état-major dirigé par des « durs » antifrançais du régime, le soin de bombarder une base de la force Licorne sans y faire de victimes ? Cette hypothèse est jugée « complètement farfelue » par le général Jean-Louis Georgelin et « monstrueuse » par le général Bentégeat[2]. Lequel ajoute au passage que si l'ancienne puissance coloniale avait voulu déposer Laurent Gbagbo, elle disposait de « bien d'autres moyens de faire un coup d'État ». Cette fois, les deux chefs sont raccord.

---

1. Lire à ce sujet *D'une guerre à l'autre*, par le sergent Yohann Douady, *op. cit.* Déployé à Bouaké au moment de l'offensive des forces de Gbagbo et du bombardement du lycée Descartes, l'auteur souligne à plusieurs reprises la collusion des forces françaises avec celles d'Abidjan.

2. Anthony Lattier, « Affaire de Bouaké (5/5) – Les hypothèses : une responsabilité française ? », 6 mai 2016.

## *L'hypothèse Poncet : changer d'adversaire*

Lors du procès, une autre hypothèse a été détaillée, cette fois par le général Poncet. Devant la Cour, le commandant de la force Licorne s'est dit persuadé que les « ultras » d'Abidjan avaient délibérément visé le camp Descartes pour masquer leur déroute militaire face aux rebelles en frappant les Français, les poussant dans un premier temps à riposter avant de se retirer de Côte d'Ivoire, sous le choc.

Là encore, cette « vérité », endossée par plusieurs hauts responsables, dont Dominique de Villepin, ne tient pas la route. Tous les témoignages qui émanent des acteurs présents sur le terrain à Bouaké – des rebelles au colonel Destremau, en passant par des sources civiles sur place – concordent : les forces loyalistes de Gbagbo étaient sur le point d'entrer dans la ville. Au moment de la frappe, « les Fanci étaient dans les faubourgs de Bouaké », assure un résident très bien informé[1].

D'autres faits balayent l'hypothèse Poncet qui a le grand avantage de justifier a posteriori la riposte immédiate et massive de la force Licorne, tout en exonérant les autorités françaises de leur responsabilité dans l'emballement qui a suivi. En tout premier lieu, cette scène très troublante : une fois leur frappe effectuée, les Sukhoï sont revenus se poser tranquillement à Yamoussoukro, sous le nez des Français. Les équipages en sont descendus sans hâte, comme

1. Entretien avec l'auteur, Paris, 29 mars 2024.

d'habitude. Après la riposte des soldats de Licorne déployés à l'autre bout du tarmac, les équipages biélorusses et ivoiriens ont été saisis de panique, et se sont enfuis à toutes jambes. Mis au courant du raid meurtrier sur Descartes dans les minutes qui ont suivi, les chefs militaires ivoiriens sont littéralement tombés des nues.

Détaché auprès du colonel Mangou à Yamoussoukro, le lieutenant-colonel français Philippe Issard reçoit l'ordre de sa hiérarchie de décamper au plus vite. Avant de s'exécuter, cet officier de liaison français avec les forces ivoiriennes explique au commandant de l'opération Dignité les raisons de son départ précipité. « Sa réaction a été instantanée, raconte Issard à la barre du tribunal : il est entré dans une colère noire. Il a foncé vers le QG des opérations en hurlant[1]. » Le patron de l'armée de l'air ivoirienne, le colonel-major Édouard Séka Yapo, a lui aussi été totalement pris au dépourvu : « Je ne voulais pas ça ! Je ne voulais pas ça ! », s'est-il écrié, catastrophé, en apprenant la nouvelle[2]. L'hypothèse Poncet mène clairement à une impasse.

## *L'hypothèse de Revel : une bavure ivoirienne*

Le bombardement meurtrier du lycée Descartes résulte-t-il, dès lors, d'une terrible erreur des forces ivoiriennes ? C'est la thèse défendue par le colonel

1. Témoignage du lieutenant-colonel Philippe Issard devant le tribunal de Paris, 7 avril 2021.

2. D'après le témoignage de Jean-Jacques Fuentès recueilli lors de l'enquête, 30 mars 2010.

de Revel à la barre du tribunal, ainsi que par les copilotes ivoiriens : les SU-25, qui traquaient frénétiquement les rebelles depuis le ciel, auraient raté leur cible. Selon le mercenaire français Jean-Jacques Fuentès, présent sur place, l'état-major de Yamoussoukro aurait eu vent le matin même de la tenue d'une réunion de chefs rebelles, à quelques centaines de mètres du camp Descartes. Dans leur précipitation, assure « JJ », les forces loyalistes auraient « tapé » le mauvais bâtiment.

Pourtant, tous les témoins directs de la scène – les soldats présents sur la base logistique de Licorne – l'affirment : les deux Sukhoï, qui survolaient la ville en tous sens depuis deux jours, ne peuvent pas s'être trompés. « Même vu du ciel, et même en allant vite, il était impossible de commettre une telle erreur », répètent ces témoins. Ils fondent leur certitude sur le modus operandi des deux SU-25. Après avoir fait une première passe au-dessus du camp, l'un des deux avions a effectué un piqué sur le lycée Descartes, avant de lâcher sa salve de roquettes en plein sur l'objectif. Par ailleurs, arguent-ils, comment confondre le camp Descartes, son drapeau tricolore, sa croix rouge peinte sur le toit de l'un des bâtiments et ses véhicules militaires rangés au cordeau, avec un simple gymnase ou une villa dans laquelle devaient prétendument se réunir des chefs rebelles aux abois ?

Détail troublant : près de vingt ans après les faits, les Ivoiriens impliqués dans ces événements continuent d'esquiver les questions à ce sujet. Contacté à l'occasion d'un déplacement à Abidjan, l'ancien ministre de la Défense Kadet Bertin, conseiller pour les questions de défense du chef de l'État en novembre 2004 et souvent cité à Paris comme un homme très bien informé, refuse de me voir, se contentant de déclarer au téléphone : « Tout cela appartient au passé, je ne veux plus y revenir. Voyez le président Gbagbo[1]. » Sollicité dans la foulée, l'ancien président ivoirien me fait dire qu'il « n'a pas le temps » de me rencontrer[2] – il prépare sans doute sa campagne pour la présidentielle de 2025, qui s'annonce décisive. Contacté par une connaissance commune, le général Philippe Mangou donne quant à lui son accord… avant de se volatiliser.

À l'occasion du procès à Paris, l'avocat du copilote Patrice Ouei avait réaffirmé que son client était totalement innocent dans cette affaire, et que le raid meurtrier résultait d'une tragique erreur. Au lendemain du verdict, Me Pierre Dagbo Gode clamait que l'officier ivoirien, désormais à la retraite, « n'a jamais été convoqué [par la justice française], il n'a jamais été approché et aimerait être entendu ». Je décide de le prendre au mot. Mais, quand je l'interroge au téléphone[3], l'avocat se montre soudain moins allant : « J'ai perdu la trace de mon client, je ne sais pas où il est ni ce qu'il est devenu. » Accepterait-il que nous nous rencontrions, lui et moi, à Abidjan ? « Aucun problème, je n'ai rien à cacher, répond l'avocat. Mon cabinet a pignon sur rue. » Il ne répondra plus à mes sollicitations… Tout comme le procureur militaire ivoirien, Ange Kessi, qui a supervisé l'enquête côté ivoirien.

1. Échange téléphonique à Abidjan, le 14 mars 2024.
2. Échange téléphonique à Abidjan avec son directeur de cabinet, le 14 mars 2024.
3. Échange téléphonique à Abidjan, le 12 mars 2024.

À Abidjan, comme à Paris, l'omerta règne en maître. Comme si, de chaque côté, il fallait tout faire pour ne pas réveiller les fantômes de Bouaké. Comme si chacun avait quelque chose à se reprocher et à cacher.

## *L'hypothèse Destremau : le « mauvais renseignement »*

« Ma conviction, c'est [que les pilotes] visaient bien cet objectif, le tir était précis. Mais savaient-ils qui était dans ces bâtiments ? »

L'énigmatique formule du colonel Destremau, énoncée lors du procès, fait sens. Les forces ivoiriennes ont bien ciblé volontairement ce bâtiment dans le camp Descartes, mais visaient-elles les Français en tant que tels ?

En 2016, bien longtemps après les événements donc, l'ancien chef d'état-major, Henri Bentégeat, se laisse aller à quelques confidences auprès de RFI. Il affirme avoir écouté, « avec les services de renseignement », les enregistrements des conversations entre les pilotes et, contre toute attente, lâche : « Dans mon souvenir, on ne pouvait pas exclure le fait [que les pilotes] s'imaginent que le camp français était un camp rebelle camouflé. Mais ça n'est pas si clair que ça[1]... »

Selon une autre source militaire française de haut niveau[2], les Français ont acquis par la suite « la quasi-

1. Anthony Lattier, « Affaire de Bouaké (5/5) », art. cité.

2. Ce haut gradé qui a requis l'anonymat s'est confié à un enquêteur hors procédure judiciaire, témoignage auquel j'ai eu accès.

certitude » qu'à côté du lycée Descartes se trouvait une villa où se réunissaient les chefs de la rébellion autour de leur charismatique chef militaire, Chérif Ousmane. Mais, sous le sceau de la confidence, ce haut responsable français exclut pour sa part l'idée d'une bavure et privilégie une autre hypothèse. Selon lui, « l'état-major des Fanci aurait reçu une information selon laquelle les chefs rebelles se réunissaient dans le foyer du camp français ».

Il ne s'agirait plus alors d'une erreur, mais bien d'un acte délibéré, qui devait permettre, dans l'esprit des donneurs d'ordres ivoiriens, de faire coup triple : en décapitant la rébellion et en arrachant la victoire finale à Bouaké, ils révélaient à la face du monde la duplicité des Français qui, pris la main dans le sac, auraient été forcés de quitter définitivement le pays.

Très proche de l'appareil sécuritaire français[1], l'ancien ambassadeur de France en Côte d'Ivoire (de 2009 à 2012), Jean-Marc Simon, corrobore cette hypothèse : « À un moment donné, il semble que [les loyalistes] n'aient plus eu connaissance de l'endroit où avaient disparu les unités rebelles. Et donc, il y a eu un renseignement, qui était un mauvais renseignement, qui est parvenu, semble-t-il, à cette aviation loyaliste, selon lequel ces rebelles s'étaient réfugiés dans le camp français. Et cela explique que les deux avions Sukhoï aient lancé leur panier de roquettes[2]. »

---

1. Lire Antoine Glaser et Thomas Hofnung, *Nos chers espions en Afrique*, *op. cit.*

2. Entretien avec Christophe Boisbouvier, RFI, 26 mars 2021.

Demeurent deux questions essentielles : qui a donné ce « mauvais » renseignement aux forces ivoiriennes et qui, sur la base de cette fausse information, a ordonné la frappe sur ce bâtiment ?

## *La vérité qui dérange*

« Les pilotes ont-ils été intoxiqués ? C'est possible », reconnaît l'ancien chef d'état-major des armées, le général Bentégeat[1]. Mais par qui ?

Le mercenaire Jean-Jacques Fuentès cite l'Élysée sans apporter le moindre début de preuve d'une telle implication du plus haut sommet de l'État, une hypothèse qui paraît totalement farfelue. Que l'armée française ait discrètement fourni du renseignement à l'armée ivoirienne, via différents canaux, c'est possible, et même vraisemblable[2] : sur ses propres positions, sur celles des Casques bleus, et peut-être aussi sur les positions connues des rebelles. Il s'agissait d'éviter une bavure, la multiplication des dégâts collatéraux sur les populations civiles et de faire en sorte que l'opération Dignité réussisse vite. De là à conclure qu'en ce matin du samedi 6 novembre, Licorne aurait fourni elle-même le « mauvais » renseignement sur la réunion des chefs rebelles, il n'y a qu'un pas qu'on ne franchira pas. L'armée française ne dirigeait pas en sous-main l'opération Dignité. Très

1. *Ibid.* Henri Bentégeat accrédite ainsi la thèse d'une manipulation ayant abouti au bombardement du camp français.

2. Cf. chapitre 13.

méfiant, l'état-major ivoirien, en pleine affirmation de sa souveraineté et en quête d'un succès militaire, ne l'aurait jamais accepté.

En réalité, nul besoin d'aller chercher une explication aussi machiavélique. Et si, en définitive, les Ivoiriens s'étaient auto-intoxiqués ? Comme le note l'ambassadeur Jean-Marc Simon[1], le 6 novembre, les forces loyalistes traquent fiévreusement les rebelles cachés dans Bouaké, avant l'entrée imminente des troupes dans le centre-ville. Du côté des Fanci, on a bien présent à l'esprit le souvenir cuisant d'une précédente offensive sur Bouaké, en octobre 2002, qui a tourné au fiasco. À l'époque, les rebelles avaient fait mine de fuir pour mieux tailler en pièces les forces loyalistes dès leur entrée dans la ville.

Selon des témoignages concordants, ce 6 novembre, les rebelles se dissimulent tout près des emprises françaises, utilisées comme autant de boucliers, d'où ils tentent de riposter avec leurs maigres moyens aux raids des deux SU-25. Au même moment, des mouvements ont lieu autour et dans le camp Descartes, notamment pour y acheminer une poignée de civils en quête de protection. C'est le cas notamment de ce ressortissant américain, Robert Carsky, qui rallie le casernement français une demi-heure seulement avant le raid meurtrier. Ce petit groupe de civils est précisément hébergé dans les bâtiments visés.

Les forces loyalistes, qui disposaient d'indicateurs à Bouaké, ont semble-t-il acquis la conviction que les rebelles se cachaient à cet endroit précis. Ont-elles

1. Entretien avec Christophe Boisbouvier, RFI, 26 mars 2021.

mal interprété un renseignement qui leur est parvenu sur cette possible réunion clandestine ? Ou ont-elles été manipulées par un « agent double », à la solde des rebelles ? Contacté à Abidjan, l'ancien chef rebelle Chérif Ousmane n'a pas répondu à mes sollicitations. Me revient soudain en mémoire ce témoignage d'un résident de Bouaké, dont le chef des rebelles était très proche à l'époque : « Juste après le raid sur le lycée Descartes, Chérif Ousmane s'est écrié : "Nous avons prié toute la nuit, et Dieu a entendu nos prières !" » Il est aujourd'hui le chef d'état-major de l'armée de terre ivoirienne, une position peu propice aux confessions sur son rôle exact dans les événements de novembre 2004...

En définitive, c'est bien le scénario le plus crédible : manipulées ou en conscience, les forces ivoiriennes ont commis une terrible erreur de ciblage ce jour-là. Dans le climat de suspicion généralisée voire de paranoïa aiguë, entretenu depuis des mois par le régime de Gbagbo à l'égard des Français, un petit groupe de militaires ivoiriens, peut-être même à un échelon relativement modeste, s'est persuadé que ce camp français n'en était pas un. Ou que les Français faisaient mine de les soutenir pour mieux les piéger, complotant dans leur dos avec une partie de l'armée ivoirienne en embuscade à Abidjan et qui désapprouvait cette offensive. À commencer par le chef d'état-major Mathias Doué, le camarade de promotion à Saint-Cyr du général Poncet. Mathias Doué, un proche du général Poncet, l'ancien patron des forces spéciales... tout fait sens, tout est surinterprété dans cette atmosphère irrespirable. Les Ivoiriens se sont autopersuadés que les anciens colons jouaient double jeu.

Craignant pour sa vie, le patron de l'armée ivoirienne a d'ailleurs disparu de la circulation quelques jours après le bombardement de Bouaké. Prétextant des soucis de santé, Mathias Doué s'est réfugié dans la bien nommée clinique privée « France-Afrique » tenue par l'un de ses amis français dans le quartier de Biétry. C'est là que les fidèles de Gbagbo l'ont débusqué pour organiser, le 13 novembre, une passation des pouvoirs au goût un peu particulier. Le chef de l'État vient de limoger Mathias Doué, nommant par décret le colonel Philippe Mangou au poste de numéro un de l'armée, malgré l'échec cuisant de l'opération Dignité. Accompagné de caméras, de photographes et d'une dizaine de journalistes, le colonel Mangou se rend à la clinique et s'assied à la gauche du général alité et perfusé. « Ce qui s'est passé m'a fait mal, parce que tout ce que nous avons préparé a été balayé par la main du diable », explique Mathias Doué d'une voix sourde, les yeux dans le vide. Avant d'ajouter à propos de son limogeage et de la promotion de Philippe Mangou : « C'est une fierté pour moi de voir le fils arriver à la succession du père[1]. »

Puis il se volatilise à nouveau. On apprendra par la suite que celui qu'on surnomme « le Chinois[2] » est parvenu à quitter le pays. En août 2005, depuis un lieu resté secret, il lancera sur Radio France Internationale (RFI) un appel aussi tonitruant que tardif à la révolte contre le pouvoir de Laurent Gbagbo, affirmant que le temps est venu de « se débarrasser d'un individu

1. Lire « Le mystère Doué », *Jeune Afrique*, 24 janvier 2005.
2. Cf. chapitre 7.

[le président Gbagbo] et d'un système ». Et d'ajouter avec une combativité qu'on ne lui connaissait pas : « Si la communauté internationale ne veut pas s'engager à le faire partir en douceur, moi, je vais le faire par tous les moyens[1]. » Mais il ne mettra jamais sa menace à exécution. Emportant ses secrets dans la tombe, Mathias Doué décédera en mars 2017, à l'âge de 71 ans, au Maroc où il était hospitalisé[2].

*

Mais chez les Français, en ce mois de novembre 2004, la paranoïa n'est pas moins aiguë. Le climat de défiance est tel vis-à-vis du régime ivoirien et du « boulanger[3] » Laurent Gbagbo en particulier, qu'on ne lui laisse même pas le bénéfice du doute après le bombardement. Il ne peut s'agir que d'un acte volontaire, lâche, décidé au plus haut niveau de l'État ivoirien, exécuté par d'anciens colonisés. Un acte qui mérite un châtiment exemplaire, à la hauteur de l'humiliation ressentie.

Qui est responsable côté ivoirien ? L'ancien ministre de la Défense Kadet Bertin ? Le chef de l'armée de l'air Édouard Séka Yapo ? Le colonel Mangou ? Ou, à un échelon subalterne, le lieutenant-colonel Patrice Ouei qui, en tant qu'ancien commandant de la base aérienne de Bouaké, avait une revanche à prendre ? Lors de la

1. Lire Stéphane Auvray, « Le retour du général Mathias Doué rend Abidjan nerveux », *La Croix*, 22 août 2005.

2. Après la chute de Laurent Gbagbo, en avril 2011, il a regagné son pays, où il a occupé des fonctions non opérationnelles au sein de l'armée, avant de prendre de sa retraite à Abidjan.

3. Cf. chapitre 12.

tentative de coup d'État de septembre 2002, cet officier avait dû fuir piteusement la ville face à l'avancée des rebelles… En l'absence d'investigations poussées du côté ivoirien, on ne le saura peut-être jamais, à moins de rouvrir l'enquête. Ce qui paraît en l'état hautement improbable, au grand dam des familles des victimes.

Le bombardement de Bouaké aura finalement fait sauter le couvercle de la cocotte-minute franco-ivoirienne, laissant éclater au grand jour les contradictions et les arrière-pensées des uns et des autres. Jusqu'à aujourd'hui, les Ivoiriens ne peuvent reconnaître publiquement qu'au moment de remporter une victoire décisive ils ont tout gâché par ce bombardement, dont ils ne savent peut-être même pas eux-mêmes comment il a pu se produire. Accuser la France d'avoir tout orchestré est un alibi commode, destiné à masquer ses propres manquements, et finalement un gigantesque ratage.

Et côté français ? Difficile d'admettre l'incertitude qui, vingt ans après, continue d'entourer cette terrible journée du 6 novembre 2004. On accuse « l'entourage de Gbagbo » pour légitimer la riposte immédiate, on parle d'un plan préétabli pour justifier la destruction en quelques heures de toute la flotte militaire d'Abidjan, du jamais-vu dans l'histoire militaire moderne. En réalité, comme le reconnaissent à mots couverts les hauts responsables militaires français, d'autres scénarios sont possibles, voire probables : un accident, une décision hâtive et irréfléchie, irrationnelle. Mais comment assumer cette réaction quand on connaît la suite, très prévisible elle, et même anticipée depuis des mois : les représailles des Jeunes Patriotes contre des milliers de ressortissants français ? Doit-on parler de mise en danger d'autrui ?

Tout découle de ce « péché originel », et notamment la précipitation avec laquelle les autorités françaises, militaires et politiques, se sont employées à tourner la page, à tout faire pour que, surtout, la justice ne mette pas son nez dans cette affaire. Un éventuel procès des pilotes biélorusses, au moment même où Jacques Chirac entretient d'excellentes relations avec Vladimir Poutine[1], et des copilotes ivoiriens à Paris aurait mis en lumière, en plus d'une série impressionnante de dysfonctionnements, une toile tissée d'ambiguïtés, de contradictions et même de complicités dans l'engrenage qui a abouti au coup de Bouaké :

– Le rôle d'un ancien gendarme de l'Élysée, Robert Montoya, dans la fourniture des armes et des personnels impliqués dans le raid meurtrier sur les soldats de Licorne, au vu et au su des services français.
– L'approbation tacite de Paris, au courant depuis le début des préparatifs de l'opération Dignité, et qui a laissé faire, malgré le mandat de l'ONU stipulant expressément la protection des populations civiles.
– Sur le terrain, le discret soutien des forces françaises aux troupes ivoiriennes, notamment en

1. Un axe réunissant Jacques Chirac, Vladimir Poutine et le chancelier allemand Gerhard Schröder s'est constitué pour s'opposer à l'intervention américaine en Irak, en 2003, et a perduré pendant quelques années.

matière de renseignement, que les pilotes et copilotes auraient pu évoquer lors d'un procès.
– La riposte quasi instantanée de Licorne, malgré l'absence de certitude sur la nature de l'acte, à la suite d'un processus de prise de décision très opaque du côté français.
– Les représailles des Jeunes Patriotes de Gbagbo contre les ressortissants français, un danger connu de longue date. Au point qu'il a dicté l'attitude en retrait de Paris et de ses forces sur le terrain… jusqu'à la frappe fatale sur le lycée Descartes.

« Une immense improvisation sous le coup d'une immense émotion, qui a provoqué une cascade d'événements décousus. » C'est par cette formule que le diplomate Gildas Le Lidec résume les événements qui ont suivi le bombardement de Bouaké. Lui qui, dans la nuit du 6 au 7 novembre 2004, observait depuis le toit de l'ambassade de France les hélicoptères de la force Licorne tirer au canon de 20 mm sur les ponts d'Abidjan en murmurant : « Ils sont devenus fous ! »

ÉPILOGUE

# Tirer les leçons de novembre 2004

Le président de la République, l'air grave, pose sa main sur la stèle rendant hommage aux victimes du bombardement de Bouaké.

Quelques secondes auparavant, sous un soleil implacable, aux côtés de son homologue ivoirien Alassane Ouattara, Emmanuel Macron a dévoilé ce mémorial édifié quinze ans après les faits. Soudain, les hymnes des deux pays retentissent, en présence des épouses des chefs d'État, de la ministre française de la Défense Florence Parly, mais aussi du chef d'état-major des armées, François Lecointre, au garde-à-vous.

C'est la première fois qu'un président français se rend sur place. Sans les familles qui n'ont pas été associées, ni de près ni de loin, à cette courte cérémonie. Nous sommes le 22 décembre 2019, dans l'enceinte de l'ancien lycée Descartes de Bouaké[1]. Le jour de la deuxième mort des soldats.

1. En janvier 2022 les autorités ivoiriennes ont inauguré un nouvel établissement sur l'emplacement de l'ancien lycée Descartes de Bouaké : le Centre de bureautique, de communication et de gestion (CBGG), cofinancé par le Fonds saoudien de développement.

Aucune prise de parole, pas un mot, juste un instant de recueillement. Face à ce désastre, les deux dirigeants ne trouvent rien à dire. Comme s'il fallait tourner la page une bonne fois pour toutes. Sitôt fait, ils s'en vont poser la première pierre d'un nouveau marché cofinancé par la France.

Alassane Ouattara, le successeur de Laurent Gbagbo à la tête du pays, sait combien cette affaire est embarrassante pour Paris. Depuis qu'il a pris le pouvoir au printemps 2011, avec l'aide active de l'ancienne puissance coloniale[1], il s'est bien gardé de remettre en question la loi d'amnistie votée sous son prédécesseur, en 2007, dont ont bénéficié les deux copilotes ivoiriens des Sukhoï. Quant aux responsables politiques et militaires aux manettes à l'époque à Abidjan, ils n'ont jamais été réentendus sur cette affaire.

## *Plus rien ne sera comme avant*

Le bombardement de Bouaké a marqué un tournant dans la relation entre les deux pays. Plus rien ne sera véritablement comme avant. Des militaires de Licorne ont été fauchés par des roquettes tirées depuis un avion aux couleurs de l'armée ivoirienne. Leurs frères d'armes ont répliqué par la destruction de toute la flotte aérienne d'Abidjan – une terrible humiliation pour l'institution militaire ivoirienne, toujours dans les mémoires. Des milliers de civils français ont été attaqués, malmenés, insultés, avant de fuir en catastrophe

1. Lire Thomas Hofnung, *La Crise ivoirienne*, *op. cit.*

un pays qui était devenu un peu le leur. Des civils ivoiriens ont subi le feu de l'ancienne puissance coloniale sur les ponts au-dessus de la lagune Ébrié, devant l'hôtel Ivoire et au niveau des barricades dressées sur les routes à l'intérieur du pays. Des verrous ont sauté, un fossé s'est creusé, que l'inauguration d'une stèle ne peut pas combler.

« La crise en Côte d'Ivoire est à la présence française en Afrique ce que la prise de la Bastille fut à l'Ancien Régime : le symbole de la fin », écrivaient à l'époque les journalistes Antoine Glaser et Stephen Smith[1]. Après Bouaké, Paris s'est mis en retrait dans son ancienne colonie, tétanisé à l'idée que ses ressortissants puissent à nouveau être pris à partie. Comme un symbole, c'est un poids lourd du continent, l'Afrique du Sud, qui reprend alors le flambeau du médiateur pour tenter de sortir la Côte d'Ivoire du bourbier. Au grand dam de la France. Lors d'un déplacement à Dakar, le 2 septembre 2005, Jacques Chirac lance : « L'Afrique de l'Ouest, c'est l'Afrique de l'Ouest. Elle a sa propre caractéristique, il faut bien la reconnaître. Et je souhaite beaucoup que le président Mbeki [...] s'immerge dans l'Afrique de l'Ouest de façon à en comprendre la psychologie et l'âme. » Toujours la même arrogance[2].

Après l'élection de Nicolas Sarkozy à l'Élysée, au printemps 2007, Laurent Gbagbo fait part de son soulagement : « Je respire mieux et je dors mieux, depuis que Chirac n'est plus là et qu'il est remplacé

1. *Comment la France a perdu l'Afrique*, Calmann-Lévy, 2005.
2. Lire, au sujet de ce syndrome, Antoine Glaser, *Arrogant comme un Français en Afrique*, Fayard, 2016.

par un autre[1]. » Maître de l'ambiguïté, il se garde bien toutefois de demander le départ des forces françaises – elles peuvent toujours « servir » en cas de reprise des hostilités. Terrées dans leur bunker du 43e BIMa, à Abidjan, les troupes de Licorne n'en sortiront qu'en avril 2011, pour donner l'estocade à un Laurent Gbagbo enfermé dans son refus obstiné de reconnaître sa défaite dans les urnes, lors de la présidentielle de 2010.

Face à l'impuissance des rebelles pro-Ouattara, l'armée française, qui agit sous mandat de l'ONU, reçoit l'ordre du président Sarkozy de percer les dernières lignes de défense de Gbagbo. Aussitôt dit, aussitôt fait : après de brefs mais intenses combats[2], les forces loyalistes sont repoussées, et les rebelles n'ont plus qu'à capturer le président sortant, le 11 avril 2011[3].

Peu après sa chute, les vainqueurs tombent sur d'étranges reliques : dans un hangar poussiéreux de l'aéroport international d'Abidjan, ils découvrent des avions endommagés, affublés de mâchoires de requin, les Sukhoï détruits par les Français en novembre 2004. Puis, dans l'enceinte du palais présidentiel de Yamoussoukro,

---

1. Entretien avec RFI, 30 octobre 2007.

2. Jean-Christophe Notin, *Le Crocodile et le Scorpion*, *op. cit.*, chap. 8 et 9.

3. Quelques mois plus tard, fin novembre 2011, Laurent Gbagbo est remis à la Cour pénale internationale de La Haye (Pays-Bas), qui avait lancé un mandat d'arrêt contre lui. Accusé de crimes contre l'humanité pour son rôle dans la crise post-électorale, il sera finalement libéré en janvier 2019, et définitivement acquitté deux ans plus tard. Un échec retentissant pour la CPI.

ils exhument des caisses remplies de roquettes de fabrication soviétique, oubliées de tous[1].

Réélu à deux reprises depuis, Alassane Ouattara n'a plus quitté le pouvoir à Abidjan. Très discrets, les militaires français sont toujours déployés sur place à la demande du président ivoirien, telle une assurance tous risques. Entre Paris et Abidjan, les relations sont officiellement au beau fixe. La Côte d'Ivoire fait même figure d'alliée fidèle de la France dans une Afrique de l'Ouest en plein tumulte. Mais l'ancienne puissance coloniale n'occupe plus la place centrale qui était la sienne jusqu'à ces événements. Paris doit compter avec de nombreux concurrents économiques : la Chine, le Maroc, la Turquie… N'était la présence discrète, voire transparente de la base militaire du « 43 » à Abidjan, son statut se serait presque banalisé. Mais qu'en sera-t-il si Alassane Ouattara quitte le pouvoir à l'issue de la prochaine élection présidentielle prévue à l'automne 2025 ? Le pays ne va-t-il pas être, à son tour, gagné par la fièvre antifrançaise qui s'est propagée à toute l'Afrique de l'Ouest ces dernières années ?

## *Une absence de vision politique « compensée » par les militaires*

Fin 2021, un convoi militaire parti d'Abidjan pour rallier la base française de Gao, dans le nord du Mali, a été bloqué au Burkina Faso, puis au Niger, par une foule

1. Lire sur le site Oryx, Stijn Mitzer and Joost Oliemans, « Ivory Coast's Su-25s–The Sharks Won't Bite Again », 31 mars 2021.

hostile aux Français. À plusieurs reprises, les soldats de l'opération Barkhane ont dû faire feu pour se dégager[1]. Des scènes d'une rare violence qui ne sont pas sans rappeler les affrontements sanglants de novembre 2004 entre les soldats de Licorne et les Jeunes Patriotes de Laurent Gbagbo sur la route entre Bouaké et Abidjan. Interrogé sur ces heurts, le ministre des Affaires étrangères Jean-Yves Le Drian botte en touche : « Il y a des manipulateurs, par des réseaux sociaux, par des fausses nouvelles, par l'instrumentalisation d'une partie de la presse, qui jouent contre la France, certains parfois mêmes inspirés par des réseaux européens, je pense à la Russie[2]. » Pointer du doigt les agissements supposés d'une puissance étrangère, a fortiori pâtissant d'une mauvaise image comme la Russie, est moins douloureux que de se regarder dans le miroir. Les leçons de la crise en Côte d'Ivoire des années 2000 n'ont pas été tirées à Paris.

Avec le recul, elles sont pourtant à portée d'analyse. Moins de dix ans après s'être gravement fourvoyée au Rwanda, en soutenant aveuglément le régime qui allait commettre le génocide contre les Tutsi (au printemps 1994)[3], la France s'est elle-même piégée en Côte d'Ivoire. En s'interposant militairement entre les belligérants lors de la tentative de coup d'État contre

1. Le bilan de ces heurts est de quatre blessés dont un grièvement, au Burkina Faso. Au Niger, on relève trois morts et dix-sept blessés.

2. Lire Laurent Larcher, « Au Burkina Faso, un convoi de l'armée française pris au piège », *La Croix*, 23 novembre 2021.

3. Lire Vincent Duclert, *La France face au génocide des Tutsi*, Tallandier, 2024.

Laurent Gbagbo de septembre 2002 et en pesant de tout son poids pour un compromis politique, elle a cru pouvoir régler la crise dans son ancienne colonie. Faire le bien des Ivoiriens à leur place.

En 2002, la stratégie choisie par Paris pour régler cette crise a été formalisée par le ministre des Affaires étrangères, Dominique de Villepin, et endossée bon an mal an par l'Élysée de Jacques Chirac, faute de mieux. Sous l'autorité des dirigeants politiques, les militaires, toujours désireux de démontrer leur volonté de servir, leur savoir-faire et, du même coup, la nécessité de préserver leurs budgets et leurs moyens, ont embrayé au quart de tour. L'Afrique, c'est leur « bac à sable », le terrain de jeu favori d'une caste bien particulière au sein des armées : les troupes de marine, héritières des anciennes armées coloniales. Le chef d'état-major des armées, Henri Bentégeat, est issu de ce moule. Tout comme le patron de la force Licorne en novembre 2004, Henri Poncet, ainsi que le colonel Destremau.

Ces hommes issus de la « colo » ont, pour beaucoup, une vision datée, sinon anachronique du continent africain et de ses populations. Ils sortent de prestigieuses écoles militaires avec quelques convictions chevillées à l'esprit : une grille de lecture « ethniciste » des conflits en Afrique[1] ; l'idée que pour se faire respecter sur ce continent, « il faut faire usage de la force », comme l'a dit devant la cour d'assises de Paris

1. Lors du procès de l'affaire Bouaké, le général Poncet explique ainsi que Laurent Gbagbo, en tant que chef, a couvert ses collaborateurs responsables du bombardement comme le veut l'usage chez les Bétés, une ethnie de l'ouest de la Côte d'Ivoire dont est issu le président ivoirien.

le général Georgelin. Sur place, nombre de militaires évoluent dans une sorte de confusion mentale : les anciennes colonies, c'est encore un peu la France. En Côte d'Ivoire, il n'est pas rare d'entendre un soldat affirmer qu'à l'issue de sa mission il va rentrer « en métropole[1] ».

Sur le terrain, ce sont les militaires qui sont en première ligne. Ils gèrent, sur ordre de politiques qu'ils considèrent comme en grande partie déconnectés des réalités. En Côte d'Ivoire, pris en tenailles entre les troupes loyalistes et les forces rebelles, ils tentent de remplir le mandat qui leur a été confié par Paris en empêchant l'embrasement du pays, comme au Liberia ou en Sierra Leone voisins, où les conflits des années 1990 ont fait des centaines de milliers de morts. Noble mission, sur le papier, mais dont la réussite dépend, in fine, du bon vouloir des acteurs locaux. Alors que faire quand cette bonne volonté n'existe pas ?

Face à l'échec patenté du processus politique de réconciliation initié par Dominique de Villepin, et devant l'absence de stratégie de rechange du pouvoir politique, le militaire comble le vide. « On compense l'absence de vision stratégique et politique par une intervention militaire », résume l'ambassadeur Gildas Le Lidec à propos du laisser-faire des Français lors des préparatifs et du lancement de l'opération Dignité[2]. Et quand la situation dérape, ce sont ces mêmes militaires qui prennent les commandes, détrui-

1. C'est le cas du prévôt Gérard Moricard, cf. chapitre 12.
2. Entretien avec l'auteur, 11 mai 2016.

sant sans attendre les deux avions impliqués dans le raid de Bouaké, présentant les faits à leur façon au président, puis appliquant de manière extensive ses ordres en détruisant les aéronefs militaires ivoiriens jusque dans l'enceinte du palais de Félix Houphouët-Boigny – ce qui provoque tout de même la colère de l'Élysée.

## *« L'histoire d'une crise qui a échappé aux deux présidents »*

La séquence folle de novembre 2004 engendrée par le bombardement de la base française de Bouaké, « c'est l'histoire d'une crise qui a échappé aux deux présidents », souligne à juste titre Patrick Destremau, promu général. Il est aujourd'hui admis que Laurent Gbagbo a subi les événements[1]. Mais ce que l'on ignore trop souvent, c'est à quel point il en fut de même pour son homologue français, Jacques Chirac. Prévenu in extremis de l'imminence de l'opération Dignité, le président français tente de dissuader Laurent Gbagbo de passer à l'acte. En vain. Puis, quand les opérations commencent, il donne l'ordre aux chefs militaires de tout faire pour stopper l'offensive[2] – des directives qui ne sont pas appliquées, probablement pour ne pas mettre

1. Cf. chapitre 16.
2. Entretien en février 2017 à Paris avec un haut gradé militaire, très proche du dossier, qui m'a confié que le président Chirac avait « ordonné » de « clouer au sol » l'aviation de Gbagbo dès le début de l'opération Dignité, en vain.

en danger leurs concitoyens à Abidjan[1]. Enfin, quand l'irréparable a lieu à Bouaké, les militaires prennent les choses en main.

La crise de novembre 2004 met ainsi en lumière un paradoxe : les faiblesses du président tout-puissant, un quasi-monarque dans la Ve République héritée de De Gaulle. Car, en théorie, le chef de l'État français et sa garde rapprochée ont des pouvoirs exorbitants, sans commune mesure avec les pays comparables au nôtre. Le principe est simple : cornaqué par ses conseillers, le président décide souverainement s'il faut intervenir militairement ou pas, et l'intendance suit[2]. Après le bombardement du lycée Descartes, la riposte française a fondamentalement impliqué quatre hommes, pas un de plus : le chef de l'État (Jacques Chirac), son chef d'état-major particulier (le général Jean-Louis Georgelin), le chef d'état-major des armées

1. L'historien Jean-Christophe Notin écrit à propos de la posture adoptée par les militaires français face aux raids lancés par les forces ivoiriennes : « Devaient-ils les en empêcher ? Jacques Chirac semble avoir évoqué une interposition française lors de sa dernière conversation avec Gbagbo. Des ordres se seraient-ils donc perdus entre l'Élysée et l'état-major des armées et Licorne ? », *Le Crocodile et le Scorpion*, *op. cit.*, p. 125.

2. La réforme constitutionnelle du 23 juillet 2008 a toutefois renforcé le contrôle parlementaire. Selon l'article 35 amendé, si le gouvernement décide d'engager une intervention armée, il doit informer le Parlement dans les trois jours. Un débat parlementaire sans vote peut être organisé, comme ce fut le cas le 24 septembre 2014 lors de l'intervention de la France en Irak avec l'opération Chammal ou le 25 septembre 2015 lors de l'engagement des forces aériennes en Syrie. Si l'intervention extérieure se prolonge au-delà de quatre mois, le gouvernement soumet cette prolongation à l'autorisation du Parlement. Lire sur le site Vie publique.

(Henri Bentégeat) et le commandant des forces sur le terrain (le général Henri Poncet). En l'espèce, comme nous l'avons vu, cette chaîne de commandement ultra-courte a fonctionné de manière peu orthodoxe. Ces décisions, prises dans la sidération et dans la précipitation, ont eu des conséquences massives pour les milliers de nos concitoyens en Côte d'Ivoire et pour des millions d'Ivoiriens. Et un impact durable sur la perception de l'action de la France en Afrique.

## *Les petits frères de Sushkin et Smahin*

Dix ans plus tard, dans le Sahel, le même syndrome est réapparu. Incapable de faire le deuil de son ancien « pré carré » en Afrique, Paris a renoué avec ses « bonnes » vieilles habitudes interventionnistes. Début 2013, c'est le retour du « gendarme de l'Afrique » : l'ancienne puissance coloniale expédie ses soldats dans un pays voisin de la Côte d'Ivoire, le Mali, qui l'appelle à l'aide face au péril djihadiste. Dans l'ivresse de la victoire arrachée en quelques semaines, le président François Hollande et son ministre de la Défense Jean-Yves Le Drian se sentent pousser des ailes.

À l'été 2014, avec la bénédiction de l'état-major des armées, la France décide d'étendre son intervention militaire contre les groupes djihadistes à deux pays voisins : le Burkina Faso et le Niger. Dans cet espace désertique, plus vaste que le territoire de l'Union européenne, elle pense pouvoir faire rendre gorge aux groupes djihadistes avec quelque cinq mille soldats, bien équipés et dûment renseignés. L'objectif déclaré par le pouvoir politique ? Empêcher la constitution d'un califat islamiste au cœur du Sahel, qui pourrait servir de tremplin pour de possibles actions terroristes sur le territoire français[1].

Dix ans plus tard, après des dizaines de sommets diplomatiques, des centaines de rapports concoctés par les meilleurs experts, des millions d'euros mobilisés dans l'aide au développement, il n'y a plus un seul militaire français dans ces trois pays. Cinquante-huit soldats français sont morts[2] dans une zone où désormais certains brûlent rageusement le drapeau tricolore, tout en brandissant les couleurs russes. Morts… pour rien ? L'échec est cinglant : des putschistes se sont emparés du pouvoir à Bamako, à Ouagadougou et à Niamey ; la violence ne cesse de se répandre ; les militaires français ont été poussés vers la sortie, remplacés par les petits frères de Yury Sushkin et Boris Smahin, les paramilitaires de Wagner[3]. L'ancienne puissance coloniale n'aurait-elle donc rien appris de ses échecs passés ?

Comme après les événements de Bouaké – au lendemain de la fusillade devant l'hôtel Ivoire d'Abidjan, l'appel du colonel Destremau lancé dans *Libération* en

1. À ce jour, aucun projet d'attentat en France fomenté depuis la zone sahélienne n'a été déjoué par les forces de sécurité ou les services français.

2. En dix ans d'intervention, la France a perdu 57 hommes et 1 femme, dont 8 officiers, 3 officiers mariniers, 17 sous-officiers et 30 militaires du rang.

3. Après la tentative de coup de force de Prigojine contre Poutine, puis sa mort dans un accident d'avion, le groupe Wagner a été rebaptisé « Africa Corps ». Il est présent dans ces trois pays, mais aussi en Centrafrique, jadis « chasse gardée » de la France.

faveur d'une commission d'enquête était resté lettre morte[1] –, les parlementaires français se gardent bien de se pencher sur cette succession de fiascos[2]. En attendant un improbable, et pourtant si nécessaire, exercice de lucidité, l'incendie pourrait bien demain continuer de se propager : au Sénégal, au Tchad, au Gabon, au Cameroun, au Congo-Brazzaville… Et peut-être en Côte d'Ivoire, à nouveau.

## *Le temps d'assumer ses responsabilités*

Le 11 novembre 2004, je débarquais à Abidjan au petit matin. J'y découvrais l'ampleur du désastre déclenché par le bombardement de la base française à Bouaké et la riposte immédiate des soldats de l'opération Licorne. Un aéroport saccagé, une ville sens dessus dessous, des milliers de familles étrangères regroupées au 43e BIMa, des soldats français et des civils ivoiriens tués. Ce pays que j'avais appris à connaître au fil de mes reportages et à aimer, malgré les fortes tensions et les manifestations d'hostilité à l'égard des Français, avait perdu son visage familier. Je ne le reconnaissais plus.

Comment en était-on arrivé là ? Le scénario paraissait relativement clair : le régime de Laurent Gbagbo avait délibérément ciblé les forces françaises lors de son offensive contre les rebelles du Nord, et Paris avait usé de la légitime défense. En représailles, le pouvoir

1. Cf. chapitre 7.
2. Lire Rémi Carayol, *Le Mirage sahélien*, La Découverte, 2023.

ivoirien, comme il l'avait plusieurs fois au cours des mois précédents, avait « actionné » ses Jeunes Patriotes contre les ressortissants étrangers, terrorisés. Sur place, la détresse de ces naufragés d'Abidjan ne pouvait susciter que de l'empathie. Les militaires français, à bord de leurs robustes hélicoptères, se démenaient pour sauver des familles entières au péril de leur vie. Au même moment, Laurent Gbagbo et sa garde rapprochée multipliaient les déclarations provocatrices, allant même jusqu'à mettre en doute la réalité du bombardement de Bouaké et celle des morts français.

Le discours échafaudé à Paris s'est pourtant rapidement fissuré avec les images de Canal+ : les ponts d'Abidjan, l'hôtel Ivoire, sous le feu de l'armée française. On apprenait ensuite qu'un convoi militaire de Licorne s'était égaré devant la résidence de Gbagbo, qu'un ancien gendarme de l'Élysée avait fourni armes et équipages au régime d'Abidjan sous les yeux des autorités françaises, que les corps des soldats tués à Bouaké n'avaient pas été autopsiés et, enfin, que les pilotes biélorusses des deux avions impliqués dans le raid sur le lycée Descartes avaient été arrêtés dans un pays voisin, mais que Paris les avait sciemment laissés filer. De quoi donner le tournis, mais aussi susciter de l'indignation et l'envie forcenée de comprendre les raisons de ce chaos.

Durant vingt ans, je m'y suis attelé et je me suis forgé une conviction. J'ai tenté de saisir comment tout avait dérapé, quelles étaient les responsabilités des uns et des autres. Au fil des années, j'ai accumulé les témoignages inédits que vous avez pu lire, quantité d'informations… et encore et toujours les mêmes interrogations, vertigineuses. Les mêmes hésitations, des doutes sur les témoignages des protagonistes de ce drame, les interrogations sur de possibles manipulations à mon égard. Et puis, il y eut ce procès à Paris, au printemps 2021, qui a condensé à la fois toute cette histoire incroyable et tous ses faux-semblants. À l'issue de ces trois semaines d'audiences, malgré les condamnations, aucune interrogation n'a été levée, au grand dam des victimes. Justice a officiellement été rendue, mais un brouillard épais entoure toujours ce *cold case* aux relents tenaces de Françafrique.

Dans un État de droit comme le nôtre, malgré l'existence de contre-pouvoirs puissants et le travail d'une presse libre, on peut donc parvenir à cacher la vérité, raison d'État oblige. Durant vingt ans, responsables politiques et militaires français s'y sont employés, avec une efficacité certaine. Mais, sous peine de répéter les mêmes erreurs, il est encore temps de faire la lumière, comme j'ai tenté de le faire avec ces événements qui ont laissé une empreinte durable et terriblement négative sur nos relations en Afrique au prix de nombreuses vies. Il est toujours possible d'assumer ses responsabilités. Alors, seulement, les mémoires pourront peut-être s'apaiser en tournant la page du coup de Bouaké.

# Cartes et organigramme

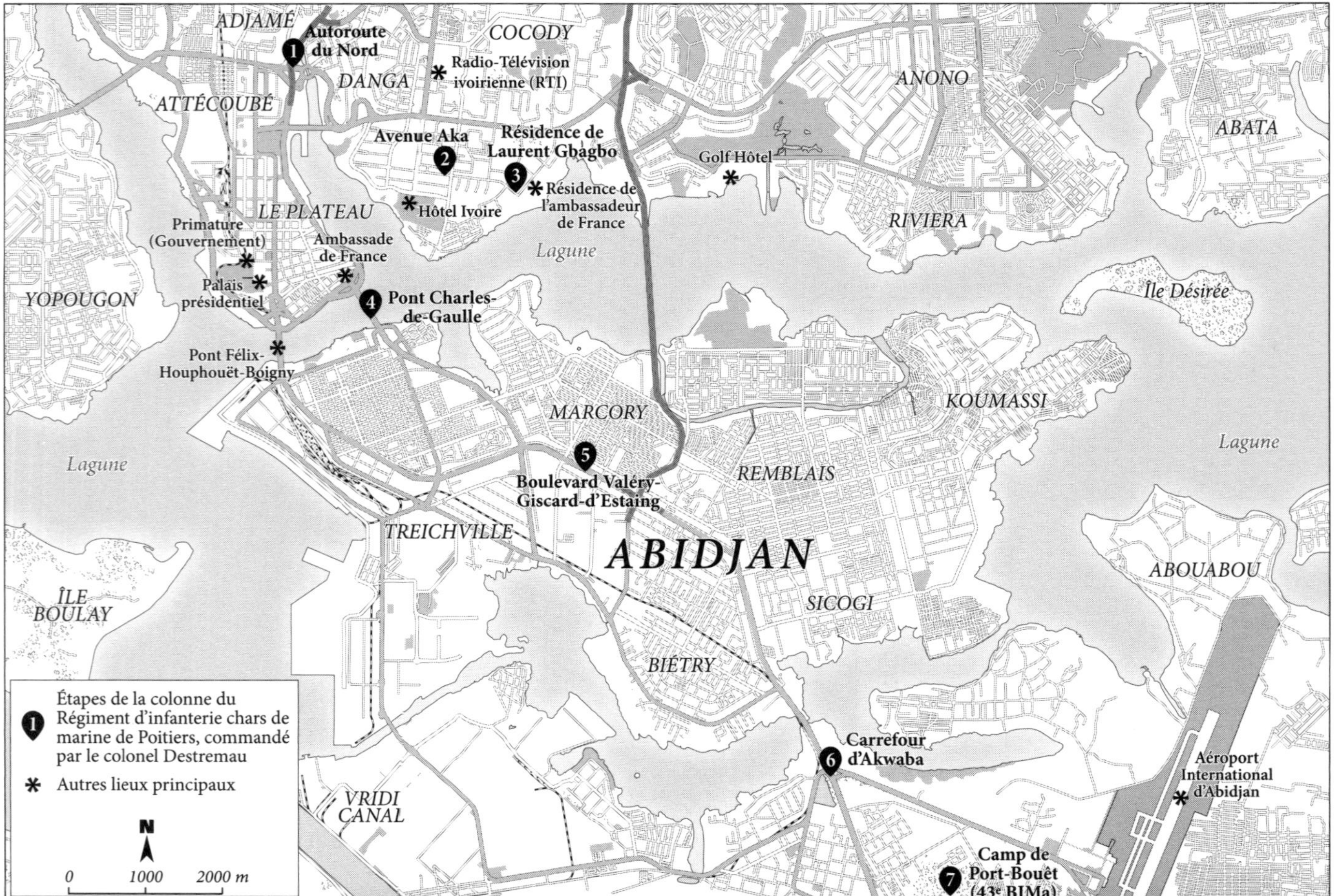
ADJAMÉ
Autoroute du Nord
COCODY
Radio-Télévision ivoirienne (RTI)
DANGA
ATTÉCOUBÉ
ANONO
ABATA
Avenue Aka
Résidence de Laurent Gbagbo
Golf Hôtel
Résidence de l'ambassadeur de France
Hôtel Ivoire
LE PLATEAU
RIVIERA
Primature (Gouvernement)
Ambassade de France
Lagune
Palais présidentiel
YOPOUGON
Pont Charles-de-Gaulle
Île Désirée
Pont Félix-Houphouët-Boigny
KOUMASSI
MARCORY
Lagune
Lagune
Boulevard Valéry-Giscard-d'Estaing
REMBLAIS
TREICHVILLE
ABIDJAN
ABOUABOU
ÎLE BOULAY
SICOGI
BIÉTRY
Étapes de la colonne du Régiment d'infanterie chars de marine de Poitiers, commandé par le colonel Destremau
Autres lieux principaux
Carrefour d'Akwaba
Aéroport International d'Abidjan
VRIDI CANAL
N
0
1000
2000 m
Camp de Port-Bouët (43e BIMa)

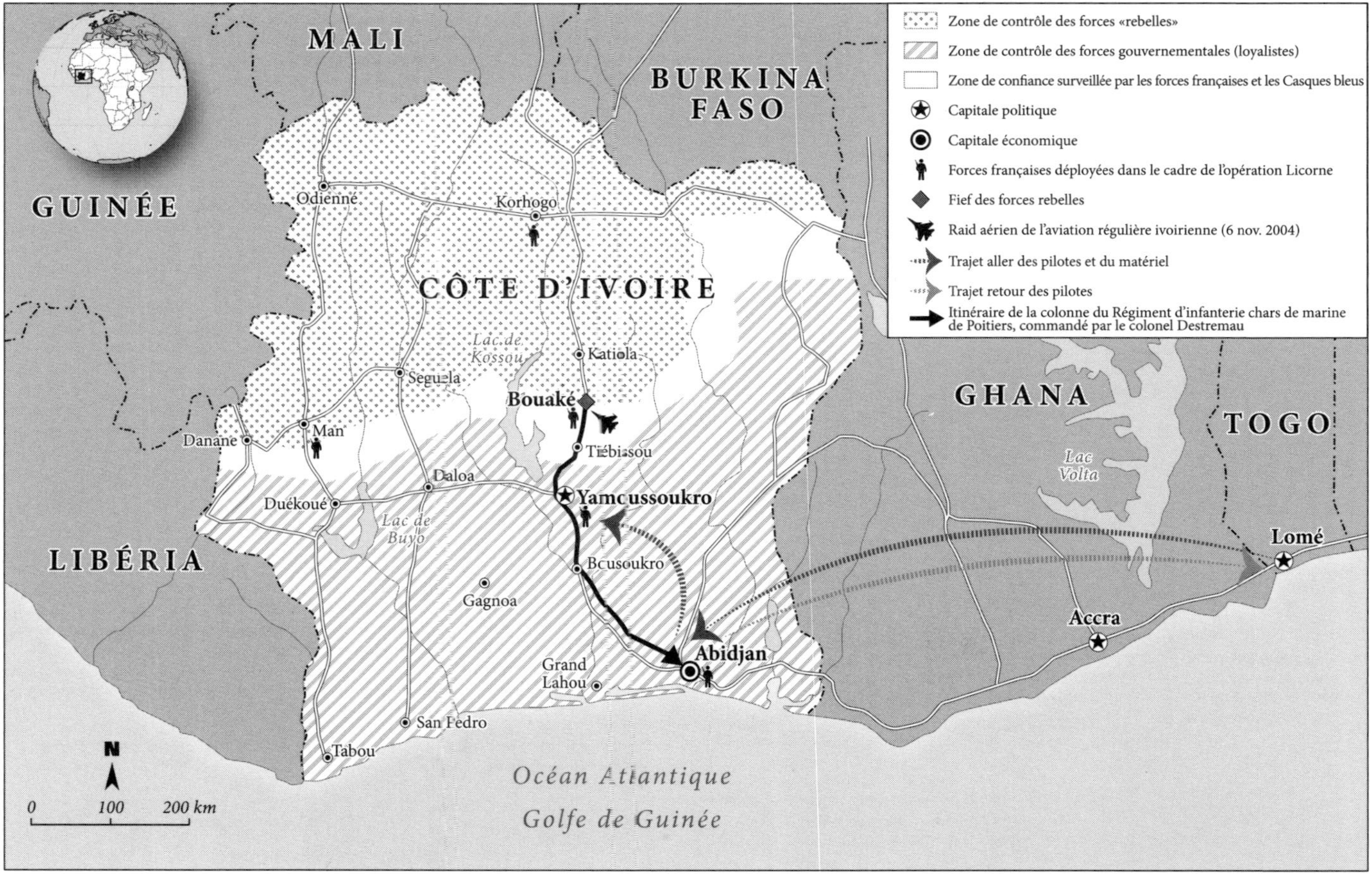
Zone de contrôle des forces «rebelles»
Zone de contrôle des forces gouvernementales (loyalistes)
Zone de confiance surveillée par les forces françaises et les Casques bleus
Capitale politique
Capitale économique
Forces françaises déployées dans le cadre de l'opération Licorne
Fief des forces rebelles
Raid aérien de l'aviation régulière ivoirienne (6 nov. 2004)
Trajet aller des pilotes et du matériel
Trajet retour des pilotes
Itinéraire de la colonne du Régiment d'infanterie chars de marine de Poitiers, commandé par le colonel Destremau
MALI
BURKINA FASO
GUINÉE
CÔTE D'IVOIRE
GHANA
TOGO
LIBÉRIA
Odienné
Korhogo
Katiola
Seguela
Bouaké
Man
Danane
Tiébissou
Daloa
Yamoussoukro
Duékoué
Lac de Kossou
Lac de Buyo
Bouaflé
Gagnoa
Abidjan
Grand Lahou
San Pedro
Tabou
Lac Volta
Accra
Lomé
Océan Atlantique
Golfe de Guinée
N
0
100
200 km

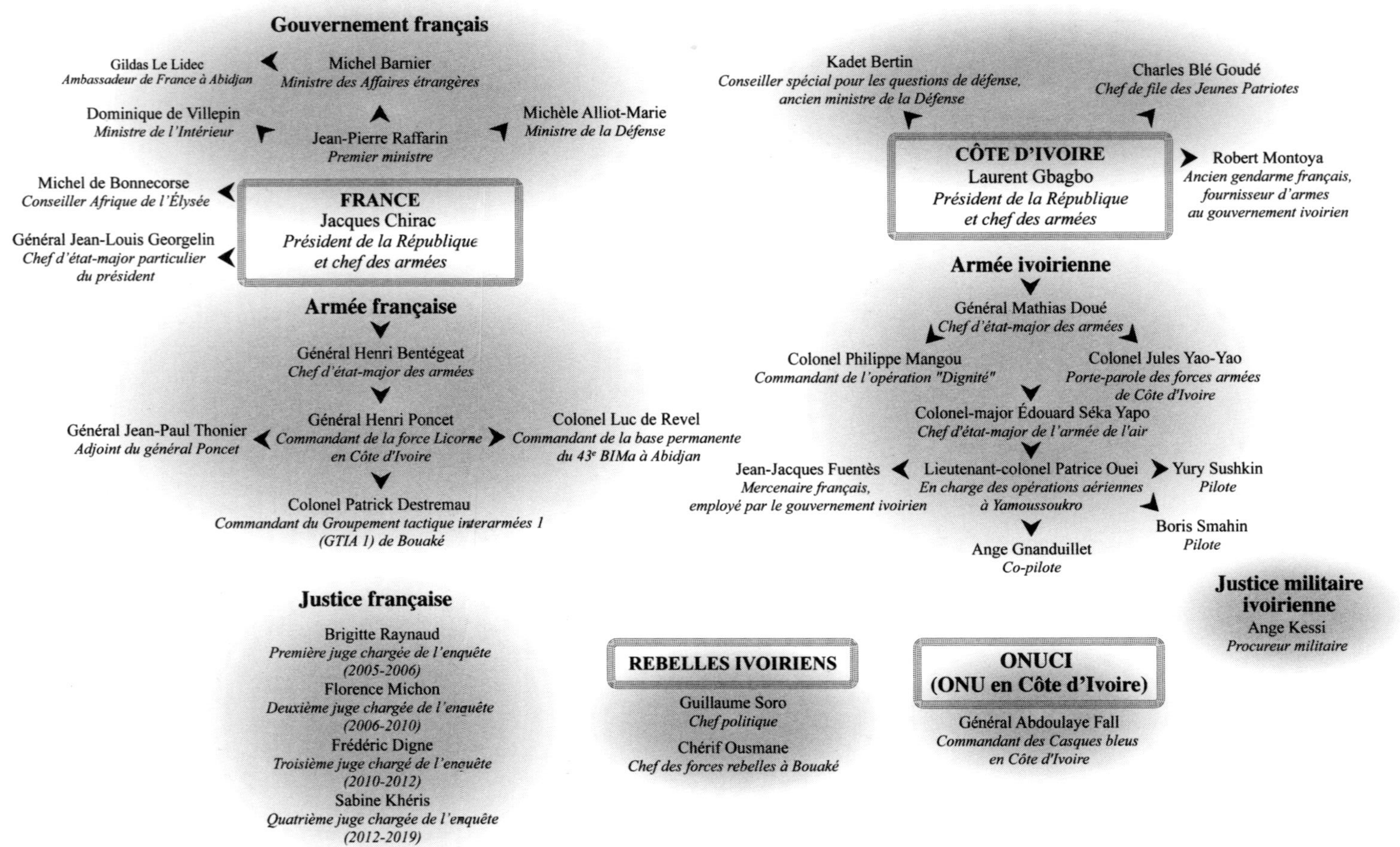
Gouvernement français
Gildas Le Lidec
Ambassadeur de France à Abidjan
Michel Barnier
Ministre des Affaires étrangères
Dominique de Villepin
Ministre de l'Intérieur
Jean-Pierre Raffarin
Premier ministre
Michèle Alliot-Marie
Ministre de la Défense
Michel de Bonnecorse
Conseiller Afrique de l'Élysée
FRANCE
Jacques Chirac
Président de la République
et chef des armées
Général Jean-Louis Georgelin
Chef d'état-major particulier
du président
Armée française
Général Henri Bentégeat
Chef d'état-major des armées
Général Jean-Paul Thonier
Adjoint du général Poncet
Général Henri Poncet
Commandant de la force Licorne
en Côte d'Ivoire
Colonel Luc de Revel
Commandant de la base permanente
du 43e BIMa à Abidjan
Colonel Patrick Destremau
Commandant du Groupement tactique interarmées 1
(GTIA 1) de Bouaké
Justice française
Brigitte Raynaud
Première juge chargée de l'enquête
(2005-2006)
Florence Michon
Deuxième juge chargée de l'enquête
(2006-2010)
Frédéric Digne
Troisième juge chargé de l'enquête
(2010-2012)
Sabine Khéris
Quatrième juge chargée de l'enquête
(2012-2019)
Kadet Bertin
Conseiller spécial pour les questions de défense,
ancien ministre de la Défense
Charles Blé Goudé
Chef de file des Jeunes Patriotes
CÔTE D'IVOIRE
Laurent Gbagbo
Président de la République
et chef des armées
Robert Montoya
Ancien gendarme français,
fournisseur d'armes
au gouvernement ivoirien
Armée ivoirienne
Général Mathias Doué
Chef d'état-major des armées
Colonel Philippe Mangou
Commandant de l'opération "Dignité"
Colonel Jules Yao-Yao
Porte-parole des forces armées
de Côte d'Ivoire
Colonel-major Édouard Séka Yapo
Chef d'état-major de l'armée de l'air
Jean-Jacques Fuentès
Mercenaire français,
employé par le gouvernement ivoirien
Lieutenant-colonel Patrice Ouei
En charge des opérations aériennes
à Yamoussoukro
Yury Sushkin
Pilote
Boris Smahin
Pilote
Ange Gnanduillet
Co-pilote
Justice militaire
ivoirienne
Ange Kessi
Procureur militaire
REBELLES IVOIRIENS
Guillaume Soro
Chef politique
Chérif Ousmane
Chef des forces rebelles à Bouaké
ONUCI
(ONU en Côte d'Ivoire)
Général Abdoulaye Fall
Commandant des Casques bleus
en Côte d'Ivoire

# Remerciements

Je tiens à remercier sincèrement toutes celles et tous ceux – militaires, politiques, diplomates, consœurs, confrères et amis, français et ivoiriens – qui ont accepté, tout au long de ces années d'enquête, de me confier leurs témoignages, souvent douloureux. Ils sont l'âme et le cœur de ce livre.

Je souhaite en particulier adresser mes vifs remerciements à Gildas Le Lidec, à Luc de Revel et à Me Jean Balan pour leur confiance.

Un certain nombre de mes interlocuteurs ont souhaité expressément rester dans l'ombre, raison d'État oblige. Leur aide a été indispensable pour tenter de briser la chape de plomb qui entoure cette affaire. Qu'ils en soient remerciés.

Un merci au carré à Laurent d'Ersu et à Antoine Glaser, amis fidèles, pour nos échanges précieux et ininterrompus. De confraternelles salutations à Emmanuel Leclère, Vincent Hugeux, Emmanuel Duparcq, Jérôme Pin, Christophe Boisbouvier, Romain Rosso, Aliocha Mokroussov, Paul Deutschmann, Charles Maisonneuve et Jean-Christophe Notin. Tous ont contribué, à des degrés divers, à l'aboutissement de cette enquête au long cours.

Des pensées chaleureuses et amicales pour ma chère Marianne Ba, mon frère ivoirien Amadou Coulibaly, Venance « Dégé » Konan et Jean-Louis Billon.

Merci également à Arthur Banga et au tandem abidjanais Jacques Villelongue et Jean-Yves Garnault pour leur soutien.

À Paris, un grand merci à mon amie Marie Deslandes dont le « cabinid » a abrité l'amorce de l'écriture de cet ouvrage, étape cruciale.

Une mention spéciale pour mon ancien journal *Libération*, et toute l'équipe du service étranger, pour lequel j'ai couvert ces événements.

Enfin, pour mon éditeur et partenaire, Thomas Vonderscher, qui a cru en ce projet et l'a porté avec un enthousiasme de tous les instants. Sans ses conseils avisés et stimulants, ce livre n'aurait pas été le même.

Et les derniers sont les premiers, Sophie, Simon, Sacha et Adam. Sans vous, rien de tout cela.

# Table

*Achevé d'imprimer en septembre 2024*
*sur les presses de Normandie Roto Impression s.a.s.*
*61250 Lonrai (Orne)*
*pour le compte des éditions Fayard*
*13, rue du Montparnasse, 75006 Paris*

Composition réalisée par Belle Page

PAPIER CERTIFIÉ

**fayard** s'engage pour l'environnement en réduisant l'empreinte carbone de ses livres. Celle de cet exemplaire est de :
0,500 kg éq. $CO_2$
Rendez-vous sur www.fayard-durable.fr

N° d'éditeur : 39-0133-6/01
Dépôt légal : octobre 2024
N° d'impression : 2403887

*Imprimé en France*